Debout AFRIQUE !

Diatrou DIAKITÉ

Debout AFRIQUE !

Préface du Professeur Many CAMARA

L'Harmattan
Mali

Harmattan Mali/Tropique Éditions
ACI2000 Bamako – Immeuble Jean-Marie CISSÉ
Bureau 10 – Tél.: +223 76 43 00 66 /+223 66 89 33 72
www.harmattanmali.com
Couverture et mise en page : Coco Joyce

L'Harmattan 2023
5-7, rue de l'École polytechnique 75005 Paris

http://www.librairieharmattan.com

ISBN : 978-2-336-42313-5
EAN : 9782336423135

« N'an Laara an Sara »
Se coucher c'est mourir

Joseph Ki-Zerbo

PRÉFACE

Une contribution inédite et innovante

Il est incontestable que la renaissance africaine est aujourd'hui une aspiration profonde des peuples africains, une préoccupation majeure et un front de combat considéré comme crucial par une masse de plus en plus croissante de patriotes, de démocrates et de progressistes anti-impérialistes africains. Cependant, force est de reconnaître que, malheureusement, au Mali c'est l'activisme politique qui l'emporte largement sur la rigueur dans l'analyse des problématiques, l'élaboration de stratégies idoines et la formulation d'actions pertinentes en fonction de la variété des situations concrètes, trois exigences incontournables pour atteindre, par synergies et convergence, cette finalité commune.

Éviter les inconvénients et les impasses fréquentes de ce type d'engagement pratique panafricaniste en se donnant les moyens de penser rationnellement et réaliser avec efficacité la renaissance africaine, tel est le but de Debout Afrique !!!!!, l'ouvrage de Diatrou DIAKITÉ, dont l'intitulé au mode impératif en évoque à la fois la nécessité et l'urgence.

Dans cette perspective, l'auteur apporte une contribution originale qui tient à l'approche générale, la démarche méthodologique et le modèle d'analyse utilisés pour déployer sa réflexion, éclairer les choix stratégiques ou opérationnels qu'il propose et guider l'action collective. Pour lui, avant de s'investir dans l'action, il faut, au préalable, avoir une conscience claire de son bien-fondé, identifier et bien comprendre son fondement ou principe directeur, et cerner ses conditions de faisabilité.

Une approche dialectique et holistique

Son point de départ est la thèse suivante : Pour tout pays africain, il existe un lien dialectique, objectif et indissoluble entre le processus d'acquisition de son indépendance totale, de sa souveraineté pleine et entière ainsi que son développement économique, social et culturel d'une part, et, de l'autre, la construction d'une Afrique politiquement unifiée dans un État fédéral, totalement libérée de toutes les formes de domination étrangère, pleinement souveraine, qui joue un rôle éminent sur l'échiquier mondial. Le combat pour un État fédéral panafricain souverain, puissant et moderne, est le cadre général et le garant nécessaires et indispensables pour la conquête de la souveraineté

nationale et le succès de la conduite du processus de développement national.
Par conséquent, pour concevoir correctement et mettre en œuvre le projet de la renaissance africaine, il faut partir de l'analyse géopolitique et géostratégique du monde en ce XXIe siècle, de la position actuelle de l'Afrique et du profit potentiel qu'elle pourrait tirer des opportunités existantes en valorisant pour elle-même ses potentialités et ses atouts propres, puis mettre en perspective le leadership qu'elle devrait construire à l'échelle de la planète dans la conjugaison des efforts en vue de relever les nouveaux défis posés à l'Humanité.

La renaissance africaine : un désir légitime des Africains et une nécessité historique. Berceau de l'humanité, continent qui a permis à l'être humain de développer ses aptitudes de compréhension scientifique du monde et de création, d'ouvrir tous les chantiers de la civilisation (religion, philosophie, politique, sciences, techniques, arts, industrie, etc.) et d'accomplir des pas décisifs ou déterminants dans la voie du progrès durant plusieurs millénaires, l'Afrique a perdu sa fonction et son statut de pôle d'attraction universel et de référence mondiale. En effet, après avoir été un des principaux creusets du monde et l'épicentre de la civilisation, du pouvoir politique et du progrès, elle a été conquise, dominée, esclavagée ou vassalisée, notamment pendant quatre siècles par l'Occident qui a réalisé son industrialisation, bâti sa prospérité et construit sa modernité grâce au labeur et au sang des Africains, qui plus est, en entravant la dynamique de développement du continent. Pire : aujourd'hui, l'Afrique est abaissée au rang déshonorant et humiliant de dernier des cinq continents de la planète parce qu'elle a perdu son âme et a globalement abdiqué, se confinant désormais essentiellement dans le rôle de serviteur des intérêts des puissances occidentales et de réceptacle, parfois générateur, des tares, handicaps et malheurs du monde (ignorance, passivité, maladies, misère, divisions et conflits sociaux et politiques, guerres, insécurité et instabilité chroniques, etc.).
Dans ces conditions, sa capacité de résilience légendaire apparaît comme étant le symptôme d'un coma profond ! Et dès lors se posent l'évidente nécessité et l'urgence de sa renaissance, d'autant plus que, dans sa folle dérive, l'humanité se trouve actuellement plongée dans l'impasse existentielle. Cette situation dramatique résulte des effets catastrophiques du changement climatique, de la prédation funeste

exercée sur les ressources naturelles et humaines du continent et du modèle de consommation consumériste tous azimuts imposé par le « capitalisme néolibéral » occidental à l'échelle mondiale sous l'hégémonie des États-Unis d'Amérique. Décliné en « impérialisme libéral » par leurs alliés d'Europe de l'Ouest chargés de l'Afrique dans le cadre de la « division inter-impérialiste du travail », destinée à assurer le maintien du système de pillage et de spoliation, il s'applique ici à travers le stratagème du néocolonialisme, « cheval de Troie » permettant d'annihiler la première phase des « indépendances » nationales (d'ailleurs demeurées nominales pour la plupart).
D'où le titre de l'ouvrage : Debout Afrique !!!!! pour signifier qu'il incombe à l'Afrique de renaître, pour ainsi dire, de ses cendres, de se relever pour elle-même et pour le reste du monde en vue de jouer sa partition et de marquer de son empreinte indélébile la nouvelle aventure pour la réinvention de l'humanité.

Principe directeur primordial
L'approche adoptée au départ, renforcée par l'éclairage de l'évolution historique de la civilisation, permet à Diakité d'identifier le principe qui doit gouverner le projet et lui servir de référentiel absolu : la renaissance africaine devra être conçue et conduite dans une double dynamique de réhabilitation et de mutation, c'est-à-dire comme, à la fois, réappropriation identitaire et changement radical de cap dans la conjoncture historique actuelle pour assurer une évolution profonde et globale, une transformation sans perdre les valeurs intrinsèques, l'âme et l'identité spécifique des Africains.

Conditions générales de faisabilité
Elles doivent être réunies en travaillant sur trois principaux axes aux liens tenus et bien articulés. Le premier visera à retrouver, à récupérer, à vivifier et à développer le sens perdu au fil de l'histoire dramatique du continent. Le deuxième s'appuiera sur la culture, définie comme l'ensemble des acquis « civilisationnels » distinctifs (spirituels, scientifiques, techniques, matériels, intellectuels et affectifs) de l'Afrique, qui constituera son socle humaniste et sa source d'inspiration. Quant au troisième axe, il développera chez les Africains les capacités de compréhension, de création et d'invention.
Pour l'auteur, l'acquisition de la « conscience historique » (« connaissance de son passé fait de haut et de bas, de son présent

marqué par une courbe de régression, prise de conscience de la nécessité historique de rompre ses liens de subordination tributaires des cinq monopoles de domination du monde ») est la clé du succès de l'exécution de ces différents chantiers. Toutefois, celle-ci devra être soutenue par la volonté inébranlable de l'Afrique de renaître à elle-même et de marquer sa nouvelle présence au monde en faisant, par l'effort et l'espérance, du XXIe siècle celui de l'Afrique. En plus, les activités devront être menées selon deux approches spécifiques également complémentaires, à savoir :

– une « approche idéologique » axée sur la volonté de construire un « mythe » refondateur et mobilisateur, à fonction motrice (dans le sens où l'emploie Georges Sorel), c'est-à-dire un nouvel imaginaire collectif inspirant (source des croyances, de phantasmes, de rêves, d'aspirations et d'espérance) qui indique une perspective commune vers laquelle convergent les esprits et les volontés des membres des communautés et des nations ;

– et une « approche stratégique prospective » basée sur le concept de « recherche stratégique » (emprunté à Guy Rochet), qui intègre à la fois l'imagination, l'innovation, la créativité et l'efficacité dans une structure d'organisation et de synthèse toujours plus performante. Érigée en méthode de réflexion et d'action, cette dernière permet de rompre les liens culturels, politiques et économiques de subordination tributaire, voire d'aliénation qui rivent l'Afrique au reste du monde depuis plus de quatre siècles. En outre, appliquée à la problématique existentielle de l'Afrique, cette « approche stratégique prospective » rend possibles l'élaboration et la mise en œuvre du projet de Renaissance et de mutation de l'Afrique au 21e siècle (REMA 21) qui sera déroulé en cinq étapes sommairement décrites ci-dessous.

Lignes directrices du mode opératoire

La première consistera pour les Africains à se structurer une vision globale, autonome et partagée d'une Afrique unie, déconnectée du « cercle vicieux tributaire des cinq monopoles de domination impérialiste occidentale » (l'accès aux ressources naturelles de la planète, la technologie, l'information, le marché financier et monétaire mondialisé, et les armes de destruction massive), libérée de la soumission à son système de domination économique, politique, idéologique et culturel, enfin en projection continue sur le sentier de la marche mondiale vers le progrès humain durable aujourd'hui hypothéqué par les forces de l'obscurantisme, de la régression et de la destruction.

La deuxième étape s'appuiera sur des valeurs cardinales refondatrices comme la dignité, la liberté, la souveraineté nationale (culturelle, politique, économique), la justice sociale et la souveraineté démocratique du peuple, le culte du travail comme « moyen d'appropriation, de maîtrise et d'application créatrice de la science et de la technique à la praxis comme base de socialisation et de progrès », l'ambition de concevoir et de bâtir « la nouvelle Afrique comme l'avenir de l'humanité », etc. Ces valeurs de base, constituées en un socle permanent, sont nécessaires et indispensables, car elles fondent les choix de vie et les engagements, déclenchent les sentiments, déterminent les attitudes et les comportements, motivent les mobilisations pour l'action, orientent celle-ci vers des objectifs clairs, hiérarchisés et en interrelation. En plus, elles permettent de transcender les situations particulières, conjoncturelles ou temporaires, d'évaluer les résultats et d'apprécier la pertinence des options politiques, des stratégies et des plans/programmes ainsi que des acteurs qui les portent.

La réalisation de la troisième étape devra porter sur les défis intergénérationnels à relever.

La conscience historique étant acquise et la mission historique de la génération actuelle identifiée, il s'agira d'accomplir les trois tâches capitales et incontournables ci-après :

- assumer, défendre et développer l'œuvre patriotique, progressiste et révolutionnaire anti-impérialiste des générations précédentes ;
- identifier le « chemin critique » de réalisation de la renaissance et de la mutation de l'Afrique à l'ère de la modernité du XXIe siècle (sa reconstitution en tant que force qui pèse dans le monde et la construction de son leadership dans la gouvernance mondiale ;
- définir les tâches que la génération actuelle doit exécuter avant de passer le relais (le flambeau) aux générations futures. « Nous sommes des maillons d'une chaîne entre nos ancêtres et nos descendants, nous sommes donc appelés à devenir des ancêtres… Aussi, devons-nous nous servir de notre histoire, nous la réapproprier pour nous reconstruire et donner les moyens d'un avenir meilleur à nos enfants. »

À cet égard, l'auteur estime que renoncer à ce devoir sacré ou, par la fuite en avant, vouloir se défausser sur d'autres acteurs (antérieurs ou extérieurs) condamnerait la génération actuelle à « mourir deux fois » : de l'inévitable mort naturelle doublée de la mort sociale et symbolique !
Il faudra ensuite, dans le cadre de l'opérationnalisation de ces tâches ci-dessus mentionnées, réaliser deux grandes actions stratégiques dans les quatrième et cinquième étapes :

- d'abord, « concevoir, faire adopter et appliquer de façon inclusive, un projet alternatif africain de développement économique, social, culturel et écologiste » dans un environnement mondial confronté à des problèmes de survie de l'humanité ;
- puis, définir, s'assigner et atteindre l'objectif stratégique global d'une nouvelle Afrique véritablement humaniste, un projet de société qui prend en charge les enjeux et défis posés par les progrès prodigieux de la science, les nouvelles technologies révolutionnaires, les variations et détériorations naturelles de l'écologie, les phénomènes anthropiques (surexploitation des ressources, consumérisme et gaspillage), autant de facteurs porteurs, à terme, de périls pour l'humanité.

Qualités morales exceptionnelles à mettre en avant par les porteurs du projet

L'ampleur des tâches nécessaires pour la réalisation de la REMA 21 étant titanesque, les acteurs africains qui en sont les porteurs doivent être guidés par « les quatre vertus qui, rattachées à la force, donnent de la grandeur aux personnes comme aux nations ». Parmi ces vertus rares, DIAKITÉ emprunte à Louis-Joseph Lebret (Pour une civilisation solidaire) : la « magnificence » (voir grand malgré les difficultés de l'entreprise), la « manuficence » (voir grand malgré le coût des opérations à engager) et la « magnanimité » (voir grand sans souci d'en tirer égoïstement du profit). Il y ajoute la grande ambition et la volonté, farouche et inébranlable, de contribuer de façon significative et déterminante à la mutation scientifique et technologique qui découlera des apports nouveaux de l'Afrique à la socialisation et au progrès de l'humanité au XXIe siècle.
Avant d'appliquer le modèle théorique ainsi construit à la problématique de la renaissance et de la mutation de l'Afrique en ce XXIe siècle, puis à celle de la refondation du Mali en proie à une crise

multidimensionnelle et existentielle, l'auteur revisite les apports des pères fondateurs du concept de « renaissance africaine » afin de valider les fondements de sa démarche et de consolider sa perspective de recherche.

Il retient chez Cheikh Anta Diop, égyptologue, physicien, linguiste et historien sénégalais (« Quand pourra-t-on parler d'une renaissance africaine ? ») des éléments pertinents comme la connaissance approfondie et autonome de tout le passé culturel africain ; le dialogue fructueux des Africains avec leurs propres héritages culturels ; la nouvelle créativité des Africains dans le monde d'aujourd'hui.

Molefi Kete Asante, historien et philosophe afro-américain, théoricien de l'« afrocentricité » (L'Afrocentricité et l'idéologie de la renaissance africaine) confirme l'importance de l'éthique et des valeurs, le partage par les Africains d'un héritage commun de lutte contre toutes les formes d'oppression dans le monde, de l'utilisation d'une idéologie africaine spécifique pour assurer leur progression, la rupture du lien qui les unit à l'histoire et à la culture comme la source majeure des problèmes contemporains de l'Afrique, enfin la nécessité pour eux de redécouvrir la centralité et la possibilité d'agir authentiquement africaines.

Théophile Obenga, égyptologue, linguiste et historien congolais (« La fin de l'africanisme »), souligne le rôle primordial de la confiance en soi dans la réalisation des progrès et l'édification de l'hégémonie des Occidentaux. Il valide la nécessité de la reconstitution de l'Être africain comme condition de la renaissance africaine.

Ce point est d'une importance capitale et mérite que la plus grande attention lui soit accordée.

Il s'agit de la reconquête de l'identité culturelle commune des Africains (« l'africanité ») déchirée et broyée par des siècles de domination, de dépossession, d'oppression, de déracinement culturel, d'aliénation, de déshumanisation (traite, esclavage, colonialisme, racisme, ségrégation raciale, apartheid, etc.) à travers la confiscation de leurs mémoires collectives, l'avilissement de leurs valeurs civilisationnelles, le viol et l'enfouissement de leur imaginaire social, la « récusation de l'humain dans l'Africain » (Achille Mbembe).

Les effets traumatiques de toutes ces ignominies ont créé et entretenu dans l'inconscient collectif presque partout en Afrique des mécanismes complexes de sentiment d'infériorité naturelle, de manque de confiance des Africains en eux-mêmes, de mépris de soi, voire de haine de soi, de soumission volontaire et de mimétisme insensé et funeste.

C'est à la fois une nécessité et une urgence absolues d'évacuer ce refoulé bloquant pour libérer le potentiel de savoirs, de compétences, de savoir-faire, de talents et de génies chez les Africains, de mobiliser massivement, de connecter et de mutualiser leurs intelligences, initiatives et énergies créatrices afin qu'ils soient capables de faire face aux enjeux du monde actuel.
La reconquête de cette humanité niée consacrera le retour de la confiance en eux-mêmes, leur permettra de sortir de l'aliénation pour redevenir sujets agissants (acteurs dynamiques et créatifs) de l'histoire et fera passer l'Afrique « de la mort à la vie, du lieu du désespoir à celui de toutes les espérances ».
Théophile Obenga met en exergue aussi une composante essentielle du modèle théorique de l'auteur en évoquant avec force la persévérance, l'esprit inventif et innovateur, la capacité des Occidentaux à maintenir le cap malgré tous les obstacles comme condition première de leur confiance en soi et de la construction de leur leadership dans le monde.

Faisabilité de la refondation du Mali comme vecteur de la REMA 21

En vue d'élucider la crise multidimensionnelle (sécuritaire, territoriale, sociale, politique, institutionnelle) qui s'est installée au Mali en 2012 et a entraîné l'effondrement de l'État, l'auteur combine plusieurs approches d'investigation : l'analyse contextuelle, l'analyse géostratégique, l'analyse géopolitique, l'analyse historique (saisie des causes, du contenu et des facteurs d'influence du phénomène à travers son évolution depuis sa genèse jusqu'au moment de l'étude en passant par les principales étapes avant de cerner sa tendance actuelle) et l'analyse actancielle (prise en compte des intérêts, motivations, ressorts, objectifs et stratégies des parties impliquées ou concernées, examen des relations réciproques entre acteurs protagonistes externes et internes).
Voici, à grands traits, les éléments saillants de son éclairage.

Nouveau contexte mondial, enjeux et stratégies de l'impérialisme néolibéral occidental pour l'Afrique et le Sahel

Le contexte mondial en ce XXIe siècle est marqué par deux faits majeurs : la dislocation de l'URSS et de son système d'alliance stratégique, voire de liens organiques avec les « démocraties populaires » de l'Europe de l'Est d'une part, de l'autre, la place dominante acquise par la finance dans la progression du processus historique d'intégration mondiale des économies et des sociétés (« mondialisation ») qui se trouve très fortement insérée dans un cadre économique, institutionnel et politique (OMC, FMI, Banque mondiale, consensus de Washington, UE, etc.), consacrant le leadership de la triade États-Unis d'Amérique – Europe occidentale – Japon grâce aux cinq monopoles dont elle bénéficie (l'accès aux ressources naturelles de la planète, la technologie, l'information, le marché financier et monétaire mondialisé, et les armes de destruction massive), et assurant l'hégémonie et la domination des États-Unis d'Amérique.

Cette « néolibéralisation » de l'économie mondiale, qui construit depuis une trentaine d'années un « monde unipolaire » de domination et tend à rendre subalternes, à vassaliser, à asservir ou à marginaliser les autres économies du globe, assigne à l'Europe occidentale, dans le cadre de « la division inter-impérialiste du travail », la tâche néo-impérialiste d'imposer sa domination économique, politique, idéologique et culturelle sur le continent africain, sous couvert de « développement » ou de « coopération » néocoloniale par l'« aide liée », pour une « croissance extravertie » aux fruits confisqués pour l'essentiel par les multinationales et entreprises à participations publiques occidentales au lieu d'être équitablement partagés avec les Africains et au sein des sociétés africaines, donc une « croissance sans développement ». Sa mise en œuvre en Afrique s'appuie ainsi sur la doctrine appelée « Impérialisme libéral » et la pratique du « libéralisme impérialiste mondialisé » (Samir Amin).

En effet, pour tenter de surmonter ses propres contradictions indépassables (crises multiples, répétitives et inévitables de suraccumulation) d'ailleurs inhérentes à la nature même du capitalisme en général, le néolibéralisme, dans sa chasse en meute effrénée à l'efficience et au profit maximal, procède par une « accumulation par l'expropriation » (David Harvey) fondée sur la prédation, l'escroquerie, la spoliation d'une part, et la violence géopolitique, le contrôle militaire d'autre part.

C'est une nouvelle croisade menée sous la bannière de l'expansionnisme messianique de la « Démocratie », des « Droits de l'homme » et de la « Bonne gouvernance » qui se passe de la légalité internationale, l'ingérence dans les affaires d'autres États afin de les affaiblir, les transformer en « États faillis », les disloquer ou les atomiser par la stratégie du chaos consistant en des manœuvres de division, de manipulation et d'instrumentation avec utilisation éventuelle de la force armée pour assurer la mise sous tutelle ou la (re)colonisation politique.

Possibilités et nouvelles opportunités pour l'Afrique

Dans ces conditions, les États africains sont divisés et fragilisés, leurs économies soumises au pillage ; une écrasante majorité de leurs populations plongée dans la paupérisation ou la misère et dans un processus continu de destruction de leur environnement et de leurs vies ; leurs jeunesses sans autres perspectives d'avenir que l'émigration vers les centres d'accumulation de richesses en Occident ou le grand banditisme (trafics illicites, rapines sous étiquettes de guerres de rébellion, de djihadisme ou de terrorisme).

Le cas du Mali, qui fut longtemps un des « maillons les plus faibles de la chaîne », est une illustration éloquente de cette situation.

Cependant, la dialectique de l'évolution historique, induite par les contradictions insolubles, les injustices, les résistances et les révoltes suscitées par le fonctionnement du néolibéralisme, a fini par engendrer la gestation d'un autre pôle, concurrent et plus compétitif que la triade États-Unis d'Amérique – Europe occidentale – Japon suite à l'émergence et à l'impulsion des BRICS (Brésil, Russie, Inde, Chine, Afrique du Sud).

Ce basculement vers un nouveau « monde multipolaire » offre l'opportunité à l'Afrique d'enclencher une dynamique de renaissance à elle-même et au reste du monde, de jouer sa partition et, mieux, d'acquérir, à terme, le leadership dans la nouvelle configuration de notre monde global.

Après avoir été contrainte, pendant plus de quatre siècles, de contribuer à « l'accumulation primitive » du capital par l'esclavage et la traite négrière transatlantique, à l'industrialisation moderne de l'Europe sous la colonisation, et de se soumettre au pillage de ses ressources naturelles et humaines par le néocolonialisme dans le cadre de pseudo-indépendances, elle pourrait désormais se libérer totalement et complètement de la domination, de la dépossession, de l'aliénation et de l'oppression.

Forte de ses atouts et avantages comparatifs (ressources naturelles d'importance géostratégique majeure, vitalité démographique avec une population majoritairement très jeune, capital culturel et social, la force du nombre avec un effectif de 54 États, etc.), l'Afrique devrait aussi (enfin !) réaliser son unité politique au sein d'un État fédéral continental et occuper la place qui lui revient logiquement sur l'échiquier mondial, peser avec efficience dans la gouvernance mondiale et contribuer, de façon décisive à la construction d'une « Nouvelle société universaliste », véritablement humaniste, juste et équitable, solidaire et viable.

Le cas malien

Quant au Mali, « tombé plus bas que terre », selon l'expression de l'auteur, suite aux effets désastreux de la crise multidimensionnelle (sécuritaire, territoriale, sociale, politique, institutionnelle) et existentielle qu'il traverse depuis une douzaine d'années, laquelle est essentiellement un cas d'implémentation de « l'impérialisme libéral » au service du néolibéralisme, il est à la fois un laboratoire et l'incarnation de l'aspiration la plus profonde, de l'espérance commune des peuples africains : leur libération totale, leur émancipation complète et leur épanouissement dans le cadre d'un État fédéral continental.
De quoi s'agit-il ?
Très vaste territoire s'étendant sur 1 241 238 km^2, situé au cœur de l'Afrique de l'Ouest, dans la zone géographique du Sahel, entièrement enclavé (entouré par sept États) et éloigné des côtes maritimes (entre 900 et 1 800 km^2 de l'Atlantique et plus de 4 000 km de la Méditerranée), le sous-sol de ce pays, qui est un continuum de celui saharien, recèle des potentialités minières, gazières, pétrolifères et hydrauliques colossales.
Or, ces matières premières et ressources énergétiques, hautement stratégiques, du Sahel et du Sahara sont convoitées, dans une concurrence féroce, par les grandes entreprises multinationales monopolistiques américaines et européennes mais également par celles des pays dits « émergents » du BRICS et la Turquie, aux économies plus compétitives et devenus les « nouveaux ateliers du monde ».
Afin de faire face à la menace que représentent ces concurrents plus performants, les vieux pays industriels en état d'essoufflement se trouvent ainsi dans la nécessité de préserver leurs « pré-carrés » (leurs anciennes colonies et les actuelles néocolonies sous leur dépendance économique, financière, politique et diplomatique) pour sauver leurs propres économies.
Ils ont donc décidé de fermer l'accès de leurs « propriétés de fait », leurs apanages que sont les terres, eaux, forêts, sous-sol et populations du Sahel et du Sahara à ces concurrents autrement plus efficaces, ou de

contrôler tout au moins les conditions d'accès aux différents marchés de la région.
C'est dire que derrière la crise multiforme (sécuritaire, territoriale, sociale, politique, institutionnelle) et l'état de guerre qui s'est installé au Sahel depuis une douzaine d'années se déroule une lutte sans merci pour dessiner une nouvelle carte de la région.
Pour parvenir à leurs fins, les ex-puissances coloniales européennes et les États-Unis d'Amérique appliquent la « stratégie du chaos », conçue et mise en place depuis la fin du XXe siècle.
La panoplie de techniques employées est très riche. Parmi elles, une des « stratégies de manipulation des masses » (Noam Chomsky) est privilégiée et constamment utilisée : elle consiste à « créer des problèmes, puis offrir des solutions ».
Selon les pays et les opportunités concrètes sont d'abord provoquées indirectement des prises d'otages ou introduits des groupes armés de déstabilisation sous des drapeaux djihado-terroristes.
Puis une fièvre de « lutte antiterroriste » et « contre l'extrémisme islamiste violent » est orchestrée, en prétendant assurer la sécurité des pays du champ et, par prévention, celle de l'Europe et des États-Unis d'Amérique.
Enfin, pour garantir la possession réelle des espaces convoités, des rébellions armées sont suscitées sur des bases purement artificielles ou ressuscitées, dans les deux cas, soutenues par le financement, la formation, l'équipement, l'appui logistique, le conseil, le renseignement et l'appui diplomatique.
En plus, pour mieux tromper les opinions publiques occidentales et états-uniennes, la bannière de la « mission civilisatrice » de l'époque de la colonisation impérialiste de l'Afrique est mise au rancard et remplacée par celle d'une prétendue généreuse « mission humanitaire » et de « protection des droits de l'homme, des peuples et des minorités » : porter secours aux victimes (blessés, déplacés, sinistrés, femmes, filles et enfants ayant subi des violences sexuelles, etc.), garantir la représentativité, la justice et l'équité pour les groupes et communautés démographiquement minoritaires et prétendument victimes de discriminations, voire d'exclusion.
Ce tour de passe-passe permet d'organiser, dans l'indifférence générale, voire avec l'assentiment des citoyens occidentaux, qui n'y voient que du feu, l'occupation militaire des territoires de la région en passant des « accords de coopération en matière de défense » avec les États.

Par conséquent, la conclusion qui s'impose peut se résumer simplement et avec clarté.
Le but de guerre affiché par les dirigeants politiques européens et états-uniens est d'assurer la sécurité préventive de leurs populations et de leurs territoires en assumant leur soi-disant « responsabilité internationale de protection et de solidarité humanitaire » à l'égard de nos populations saharo-sahéliennes et de nos États, compte tenu des liens historiques et/ou d'amitié et de coopération qu'ils entretiennent avec eux. Avec, à la clé, la promotion de la démocratie, de la bonne gouvernance et des droits humains, notamment l'équité/genre !
Mais le but de guerre réel, « l'agenda caché », révélé par le mode d'intervention est plutôt l'occupation militaire de la région pour contrôler la gestion politique, territoriale, voire administrative et institutionnelle afin de garantir l'extension de la mainmise des entreprises et sociétés de leurs pays sur ses richesses faramineuses dans le sillage des interventions de leurs armées.
« Ne céder ni les terres, ni les marchés, ni les produits du sous-sol, ni l'immense étendue d'eau douce sous le Sahara et le Sahel, encore moins la base stratégique de Tessalit (enfin reconquise depuis l'indépendance intolérable du Mali et l'évacuation des armées françaises par Modibo Keïta et son régime de l'US-RDA en 1961 !) qui permet de contrôler les routes maritimes des mers et océans autour de l'Afrique de l'Ouest, plus d'autres régions riches du continent africain comme sa partie centrale, tels sont les objectifs de guerre des puissances occidentales et du capital financier international en perte de vitesse », affirma justement Cheick Oumar Sissoko, célèbre cinéaste et leader anti-impérialiste et panafricaniste malien dans son ouvrage Lettre ouverte au peuple malien : l'homme n'est grand que dans la paix, il faut tuer la guerre ! publié en 2020.
Par le truchement de la France fut ainsi remise au goût du jour sa tentative avortée de création d'un État saharien (décret de création de l'Organisation commune des régions sahariennes-OCRS de 1957), vers la fin de son empire colonial et à la veille des indépendances de ses colonies dans la région, pour sécuriser ses approvisionnements en ressources minières et énergétiques sur un très vaste espace s'étendant du Sud de l'Algérie au Tibesti en passant par le Sud-Est de la Mauritanie, le Nord du Mali et du Niger.
Le scénario, digne d'un film de série noire, un cauchemar sans fin, est maintenant archi-connu et documenté.

Les interventions armées au Sahel ont été précédées et préparées par des opérations de groupes armés rebelles et islamo-djihadistes équipés, entraînés et financés par les puissances impérialistes occidentales. Leurs soutiens passent par les canaux des régimes alliés du golfe arabo-persique comme le Qatar et l'Arabie Saoudite, sous des formes multiples et variées : rançons payées à coups de millions de dollars US pour récupérer des otages qui n'en sont pas en réalité mais plutôt des espions ou agents de renseignements sous couvert d'activités humanitaires, journalistiques ou touristiques ; développement de réseaux de trafics illicites en tous genres comme les cigarettes, le carburant, les armes et les stupéfiants, avec l'appui des services secrets occidentaux et de leurs alliés locaux tapis dans la haute administration et la hiérarchie des forces armées et de sécurité, etc.).

Un groupe de mercenaires payés et armés par le Qatar, avec la bénédiction de la France et de la Communauté internationale, « les Nations unies », investit Benghazi, la 2e ville de Libye. Une rébellion fut construite et développée pour les besoins d'une guerre qui a été engagée contre Kadhafi et son régime.

Entre mars et fin octobre 2011, outrepassant les termes de la résolution 1973 du Conseil de sécurité de l'ONU qui instaure une zone d'exclusion aérienne au-dessus du territoire de la Libye, les armées de l'OTAN, de la Suède, du Qatar, des Émirats arabes unis et de la Jordanie intervinrent en faveur de la rébellion armée et renversèrent le chef de l'État, le colonel Mouammar Kadhafi, et son régime, livrant le pays au chaos dont il ne s'est pas encore relevé, malgré moult tentatives.

Le verrou libyen, dernier rempart en Afrique du Nord étant sauté, les groupes armés pénétrèrent dans la région sahélienne, notamment à travers les territoires du Niger et du Mali.

Manœuvres démoniaques de la France impérialiste et de ses alliés au Mali et au Sahel

En application de la « stratégie du chaos » suivant un plan savamment conçu depuis 2010, l'Élysée de Nicolas Sarkozy, la France organisa ensuite, à partir de la Libye et de la Mauritanie, l'invasion des régions du Nord du Mali par des hordes rebelles touaregs séparatistes constituées d'éléments de la Légion étrangère qui soutenait Kadhafi, débauchés par les services secrets français contre la promesse de leur attribuer un territoire dans le septentrion malien.

Ceux-ci, en alliance avec des groupes salafistes (AQMI, Al-Mourabitoune, Ansar Dine) déjà présents dans les zones frontalières du Nord du Mali et d'autres bandes terroristes et de narcotrafiquants de la sous-région ouest-africaine (notamment le MUJAO), profitèrent du chaos créé à Bamako, la capitale, par le coup d'État militaire du 22 mars 2012 ayant renversé le général Amadou Toumani Touré, chef de l'État, accusé d'incapacité et de trahison nationale, pour occuper plus de la moitié du territoire malien.
Le 6 avril 2012, la rébellion séparatiste touareg armée et ses alliés djihadistes et « terroristes » proclamèrent unilatéralement l'indépendance de cet État fantôme incluant selon eux les régions administratives, zones ou villes de **Tombouctou**, de **Gao**, de **Kidal**, de **Ménaka** et de **Gossi** et y instaurèrent la charia.
Acte rejeté par l'Union africaine et la CEDEAO… et aussi du bout des lèvres par la France en raison d'inexistence de base légale en droit international de sa revendication et parce que se préparait le déploiement d'un contingent ouest-africain sous mandat onusien.
En effet, comme réponse immédiate, la communauté internationale créa, pour une durée d'un an, la MISMA (Mission internationale de soutien au Mali) afin de rétablir la souveraineté malienne sur l'ensemble du territoire. Celle-ci fut placée sous conduite africaine, confiée à la CEDEAO (Communauté économique des États de l'Afrique de l'Ouest), organisation interétatique sous-régionale contrôlée par l'Union européenne (résolution 2085 du 20 décembre 2012 du Conseil de sécurité des Nations unies).
Puis, au moyen de manœuvres diplomatiques et à l'intimidation du président de la deuxième transition politique, Dioncounda TRAORÉ, avant même l'opérationnalisation effective de la MISMA, une opération militaire d'urgence (« Serval ») fut lancée le 11 janvier 2013 par les armées françaises sur le territoire malien en dehors de la légalité internationale et en violation des accords de coopération militaires existants et de la Constitution du Mali.
En réalité, son objectif caché était d'occuper au plus vite le Nord du pays avant l'arrivée des forces internationales dûment mandatées par l'ONU. La suite des événements le révéla.
Le 24 janvier 2013, l'armée française occupa la ville de Kidal, « capitale » de la rébellion séparatiste touareg et, sur instruction de l'Élysée, interdit aux forces armées maliennes (qu'elle était pourtant venue appuyer) d'y entrer.

Elle y ramena la rébellion séparatiste touareg du MNLA (qui muta plus tard en « Coordination des mouvements de l'Azawad » [CMA]) qui avait été auparavant chassée du territoire national par ses anciens alliés du « Mouvement pour l'unicité et le jihad en Afrique de l'Ouest » (MUJAO, groupe armé et organisation terroriste d'idéologie salafiste), exfiltrée et mise à l'abri à Ouagadougou (capitale du Burkina Faso) par les soins de l'ex-président burkinabé Blaise Compaoré, homme lige de la France, sur les instructions de l'Élysée. De cette façon, la zone de Kidal devint un sanctuaire pour les groupes armés de déstabilisation et la base de départ d'attaques djihadistes et terroristes contre le Burkina Faso et le Niger, pays voisins du Mali.
Intervint, ensuite, le lancement de la mission européenne de formation de l'armée malienne – EUTM Mali – (créée par la décision 2013/34/PESC du Conseil de sécurité de l'ONU) le 18 février 2013 pour professionnaliser les soldats maliens, reconstruire l'armée nationale et rétablir ses capacités.
À l'expiration du mandat de la MISMA, la « Mission multidimensionnelle intégrée des Nations unies pour la stabilisation au Mali-MINUSMA (créée par la résolution 2100 du 25 avril 2013 du Conseil de sécurité des Nations unies) prit le relais pour jouer le rôle de force de « stabilisation » pour le « maintien de la paix », une paix qui n'existait déjà plus et, surtout, sans l'avoir rétablie auparavant !
Comme par hasard, la chaîne de décision au sein de la MINUSMA est dominée par les représentants de la France !
À noter également que dans le dossier de la MINUSMA, la France est le porte-plume (« pen-holder ») du Mali. Le porte-plume est le pays chargé de rédiger les projets de résolution. Il prend aussi la direction des négociations envisagées et même l'initiative concernant toutes les décisions du Conseil de sécurité sur les grandes échéances comme la programmation et la tenue des réunions urgentes, les débats et les missions sur le terrain. Il s'agit donc d'un positionnement stratégique qui donne beaucoup de pouvoir au pays qui joue ce rôle à l'ONU.
Le 18 juin 2013, l'accord de Ouagadougou fut signé entre le Gouvernement de transition du Mali et les groupes armés rebelles séparatistes du MNLA et du HCUA. Il permit la tenue de l'élection présidentielle de juillet 2013, mais les combattants rebelles séparatistes refusèrent d'être cantonnés conformément aux clauses contenues dans le document de l'accord et le dénoncèrent ouvertement peu de temps après. L'armée malienne se mit alors en mouvement le 4 juin 2013 en

vue de reprendre toute la zone de Kidal. Le lendemain déjà, elle s'empara d'Anéfis situé tout près de la localité de Kidal. L'armée française intervint après la bataille en y envoyant une centaine d'hommes pour bloquer l'offensive malienne sur Kidal.

Le G5 Sahel ou « G5S », un cadre institutionnel de coordination et de suivi de la coopération régionale en matière de politiques de développement et de sécurité, fut créé lors d'un sommet du 15 au 17 février 2014 par cinq États du Sahel : Mauritanie, Mali, Burkina Faso, Niger et Tchad répartis sur 5 097 338 km^2, avec siège à Nouakchott. Mais sur conseil de la France, l'Algérie, qui a pourtant des frontières communes avec la Mauritanie et le Mali (dont plus de 1 300 km avec ce dernier) et était prévue dans un projet de coordination des états-majors des pays de la région (abandonné à cet effet), fut ignorée. Cette organisation ne devint pas opérationnelle, faute de financements conséquents et de soutien effectif des « partenaires » internationaux. Manipulée par la France, elle fut paralysée. Le Mali la quitta plus tard, le 15 mai 2022 pour protester contre le refus (inspiré par elle) qui lui fut opposé d'en assurer la présidence tournante.

L'opération Serval s'acheva en juillet 2014 pour céder la place à un cadre d'intervention légal : un nouvel accord de « coopération militaire en matière de défense » (« Barkhane »), qui garantit l'impunité totale et absolue aux armées françaises en cas de bavures, crimes ou délits de droit commun, fut alors imposé par la France aux autorités maliennes. Signé le 16 juillet 2014 à Bamako par Bah N'Daw, ministre malien de la Défense, et son homologue français Jean-Yves Le Drian, il donna à la France la possibilité de s'implanter dans toute la région sahélienne sous prétexte de lutte contre le terrorisme. En effet à partir du 1er août 2014, la France inclut la mise en œuvre de cet accord dans le cadre de « l'opération Barkhane » couvrant aussi les cinq pays de la zone sahélo-saharienne » membres du G5 du Sahel (Mauritanie, Mali, Burkina Faso, Niger et Tchad). Le poste de commandement interarmées de théâtre a été installé à N'Djamena, au Tchad.

Cette manœuvre permit à l'impérialisme français l'installation ou le renforcement de ses bases militaires dans les cinq pays de la zone sahélo-saharienne (Mauritanie, Mali, Burkina Faso, Niger et Tchad), membres du G5 du Sahel.

Après l'élection présidentielle de juillet 2013, lorsque l'État malien décida de redéployer son Administration dans la région de Kidal, comme prévu dans l'accord de Ouagadougou (mission officielle du

Premier ministre Moussa Marra en mai 2014), les forces armées de la MINUSMA et de Barkhane appuyèrent les rebelles touaregs, désormais regroupés dans une coordination dénommée la CMA, pour faire échouer cette opération légale en commettant le 17 mai 2014, au gouvernorat de Kidal, des massacres parmi les forces de l'ordre, des tueries au sein de l'armée malienne et des assassinats ciblés de représentants des services de l'État en fonction (administrateurs civils en poste dans la région, conviés à une rencontre avec le Premier ministre).

Le 15 mai 2015, principalement sous le parrainage de la France et de l'Algérie, un « accord de paix et de réconciliation » (« Accord de paix et de réconciliation issu du processus d'Alger ») incompatible avec de nombreuses dispositions de la Constitution en vigueur depuis 1992 fut concocté, imposé aux autorités maliennes et signé entre le gouvernement d'Ibrahim Boubacar Keïta et les groupes rebelles armés séparatistes. Son application légaliserait la partition de fait de l'État unitaire du Mali aux frontières internationalement reconnues.

Élaboré et « négocié » sans aucune consultation des communautés résidentes dans les zones de conflit et de l'ensemble du peuple malien, ne serait-ce qu'à travers ses élus nationaux, cet accord est anticonstitutionnel et, dans bon nombre de ses dispositions, clairement axé sur la partition déguisée du territoire national du Mali. En effet, il comporte l'engagement d'une refonte institutionnelle et constitutionnelle pour assurer la mise en œuvre de l'« accord de paix et de réconciliation », ce qui conduirait à l'autonomie immédiate puis, à court terme, à l'indépendance de la région de Kidal.

En serviteur docile, le président malien, Ibrahima Boubacar Keïta et son gouvernement firent une première tentative de révision constitutionnelle en 2018 afin de mettre en application l'accord de paix qui lui fut imposé. Mais la vaste et vigoureuse mobilisation nationale et populaire autour de la plate-forme Ante A Bana força le président de la République à retirer provisoirement ce projet de révision constitutionnelle.

En réaction à son échec face à la résistance des Maliens à l'application de « l'Accord d'Alger », la France procéda à d'autres actions de déstabilisation dans le centre et le Sud du Mali, au moyen de soutiens déguisés, actifs ou passifs à des groupes armés pour attiser les conflits traditionnels autour de l'utilisation des ressources naturelles (habituellement résolus par le dialogue et la négociation entre protagonistes locaux) et susciter de nouveaux conflits qu'elle a qualifiés de « conflits intercommunautaires » pour masquer ses propres agissements.

Enfin, en mars 2020, « Task Force Takuba », une force opérationnelle composée principalement d'unités des forces spéciales de plusieurs pays de l'Union européenne placée sous commandement français pour « assister les forces armées maliennes dans les opérations antiterroristes qu'elles mènent dans le pays ».

Cette « européanisation » des interventions avait pour objectif déclaré de minimiser les coûts. Une concentration des troupes sur la zone des trois frontières Mali–Burkina Faso–Niger fut organisée.

Après sept ans d'interventions internationales sous le lead de la France, le bilan était désastreux et accablant. Il pointe, entre autres, les éléments suivants :

- au lieu de la restauration de l'intégrité du territoire national et de la souveraineté de l'État malien sur la totalité de son territoire internationalement reconnu, la stabilisation des institutions étatiques, la sécurisation des personnes et de leurs biens, la réconciliation nationale, la bonne gouvernance, conformément à la résolution 2100 du Conseil de sécurité de l'ONU, adoptée en 2013 à l'unanimité de ses membres, qui exigeait le désarmement immédiat de tous les groupes armés, la France procéda au contraire à une occupation militaire de type colonial et à l'installation des groupes armés indépendantistes touaregs à Kidal, leur fief, après les avoir ramené des pays voisins (Burkina Faso, Mauritanie) ;
- Kidal et sa région administrée et gérée par la rébellion armée de la CMA et du HCUA. La tentative de les reprendre par la force le 21 mai 2014 échoua. L'armée française et la MINUSMA jouèrent un rôle trouble lors de cette bataille ;
- alors que l'insécurité était confinée dans la partie septentrionale du Mali en 2012, elle s'était répandue au centre et à l'ouest du pays. La majeure partie du territoire était sous le contrôle des groupes armés séparatistes et terroristes qui se battaient entre eux et contre l'État pour se tailler leurs propres territoires, en réalité des couloirs de zone franche où l'exploitation de l'or, le trafic de drogue et de cigarette, la contrebande de carburant servent à alimenter l'engrenage du crime organisé ;

- d'innombrables destructions de biens, de meurtres et assassinats de jeunes, de vieillards, de femmes et d'enfants ;
- de la désolation, de l'humiliation et du désespoir au sein des communautés victimes ;
- des camps de réfugiés ou de déplacés internes dans de nombreuses localités du Mali et dans des pays voisins ;
- l'insécurité généralisée ;
- l'application de la charia dans de vastes zones du pays ;
- l'exacerbation des divisions et des conflits locaux ;
- la déliquescence de l'État, la perte de son contrôle total de l'ensemble du territoire national et de son caractère unitaire (création de l'enclave de Kidal) ;
- la démoralisation de l'armée, la colonne vertébrale de la nation, qui a été accablée, humiliée ;
- la perte de souveraineté (politique, économico-financière et culturelle) du pays ;
- la désarticulation culturelle et politique de la société ;
- l'aggravation de la mauvaise gouvernance et de la corruption ;
- la montée fulgurante et la persistance de la crise sociale manifestée notamment par les revendications et grèves syndicales répétitives dans tous les secteurs (éducation, santé, administration, finances, transports, etc.) ;
- une quasi-anomie interne.

La triste réalité sans fard des pratiques de la France et de ses alliés occidentaux, c'était des actes de déstabilisation, d'entretien de l'insécurité et des conflits, toutes choses qui paralysent l'État, l'empêchent d'accomplir ses missions régaliennes au lieu de le renforcer, fragmentent, voire atomisent le territoire national, détruisent la cohésion nationale et entraînent la déstructuration des communautés locales, si ce n'est leur dislocation.

Or, ces intervenants internationaux étaient dotés de moyens (humains, matériels et financiers) colossaux (Serval : 4 500 soldats ; MINUSMA : 11 676 militaires ; Barkhane : 5 100 hommes ; Task Force Takuba : près de 900 militaires, avec des arsenaux gigantesques et des budgets d'opérations s'élevant à plusieurs milliards de dollars US par an) face à de petits groupes armés (un total de trois milliers au maximum) très faiblement équipés.

Il apparut donc très clairement qu'en fait leur objectif inavoué consistait à bloquer le déploiement et le contrôle des forces armées et de sécurité intérieure du Mali sur toute l'étendue du territoire national du pays. Autrement dit, il s'agissait de contribuer à paralyser et à mettre hors jeu l'État malien en maintenant, voire en encourageant l'instabilité, le chaos et l'insécurité générale, bref, le plonger dans une situation de faiblesse si aggravée qu'il ne puisse refuser les diktats de la France et des autres puissances occidentales.

L'État imaginaire appelé « Azawad », créé par les rebelles séparatistes, marionnettes de la France, a pour vocation de devenir une « république bananière » pour la mise en œuvre de l'exploitation des ressources des régions nord du Mali.

En somme, c'est une entreprise de reconquête coloniale (ou d'occupation néocoloniale) à peine déguisée.

Les étapes suivantes programmées par le pouvoir de Ibrahima Boubacar Keïta étaient : la révision/changement de la Constitution pour constitutionnaliser l'accord d'Alger du 15 mai et son avenant du 20 juin 2015 en l'état, la mise en place des réformes institutionnelles prévues pour instituer le Sénat, le renouvellement de l'accord de défense France–Mali du 16 juillet 2014, concocté par la France et qui arrivait bientôt à échéance, enfin, la consécration de la partition de l'État unitaire du Mali.

Le 18 août 2020, des éléments des FAMa (Forces armées maliennes) regroupés au sein du Comité national pour le salut du peuple (CNSP) renversèrent Ibrahima Boubacar Keïta et son régime désavoués et combattus par des forces vives de la nation rassemblées dans le Mouvement du 5 juin-Rassemblement des forces patriotiques (M5-RFP) (un conglomérat d'organisations de la société civile et de partis politiques) pour « parachever la lutte du peuple » et mettre fin à la répression sanglante que le pouvoir n'avait pas hésité à abattre sur les manifestants (notamment les massacres commis lors des journées des 10, 11 et 12 juillet 2020).

Suite à ce changement de régime qui réalisait la volonté populaire mais fut qualifié par elle de « coup d'État militaire », la CEDEAO annonça la suspension du Mali de toutes ses instances, avec toutes les conséquences, conformément à son « Protocole additionnel sur la démocratie et la bonne gouvernance ». L'Union africaine décida d'en faire de même en application de ses textes juridiques. Sous pression extrême de la CEDEAO et se trouvant dans un rapport de force très défavorable, les nouveaux détenteurs du pouvoir installèrent, par tactique, à la tête de l'État, le 25 septembre suivant, un homme très

favorable aux intérêts de la France : Bah N'Daw, ancien ministre de la Défense et, très précisément, le signataire, côté malien, de l'accord de défense entre la France et le Mali du 16 juillet 2014 (base légale de l'opération Barkhane). Dans le même esprit, ils nommèrent aussi, deux jours après, le 27 septembre 2020, aux fonctions de chef du gouvernement, Moctar Ouane, ancien ministre des Affaires étrangères (2 mai 2004–6 avril 2011) sous la présidence d'Amadou Toumani Touré et fonctionnaire international malien précédemment en poste à la Commission de l'Union économique et monétaire ouest-africaine (UEMOA), et qui avait la sulfureuse réputation d'être le « Coursier de l'ambassadeur de France à Bamako ». Dans ces conditions, la France avait le contrôle de la transition politique malienne. Par le truchement de ces deux dirigeants et de la CEDEAO, avec l'appui de ses alliés occidentaux, elle empêcha la diversification de la coopération militaire du Mali, le renforcement de l'équipement de ses forces armées, partant la restauration de son intégrité territoriale et de son unité nationale, la paix et la sécurité des personnes et des biens.
C'est dans cet objectif que l'organisation communautaire régionale voulut imposer un calendrier objectivement intenable pour organiser et rendre effectif le retour à l'ordre constitutionnel par des élections régulières, transparentes et inclusives : pour une courte transition d'une durée de 12 à 16 mois maximum dans un pays en guerre, avec des zones occupées, une économie dévastée et des centaines de milliers de citoyens en position de réfugiés dans des États voisins ou de déplacés internes.
Pour satisfaire une exigence récurrente de la France et de la CEDEAO, le président Bah N'Daw et le Premier ministre Moctar Ouane **dissolurent** officiellement le Conseil national pour le salut du peuple (CNSP) par un décret cosigné le 18 janvier 2021 afin d'écarter du pouvoir les chefs militaires qui n'avaient pas fait allégeance à l'Élysée. Ensuite, le président de la transition politique, Bah N'Daw, se rendit une première fois en visite en France du 27 au 29 janvier 2021 pour recevoir du président français, Emmanuel Macron, une feuille de route de gestion de la période transitoire au Mali. Dans un second temps, le 17 mai 202, à l'occasion du sommet France–Afrique sur le financement des économies africaines tenu à Paris, le chef de l'État malien reçut du président Macron l'instruction ferme de limoger du gouvernement les ministres de la Défense (le colonel Sadio Camara) et de la Sécurité (le colonel Modibo Koné), membres de l'ex-CNSP, alliés d'Assimi Goïta,

vice-président de la transition chargé de la Défense et de la Sécurité, tous deux partisans résolus du renforcement de la coopération militaire avec la fédération de Russie. Ce qui fut fait le 24 mai 2021, après son retour à Bamako, sans consulter ni même informer celui-ci. Mais la riposte des chefs militaires patriotes et souverainistes fut immédiate. Peu après, Bah N'Daw et Moctar Ouane, installés depuis seulement neuf mois mais totalement soumis à la France, furent « démis de leurs prérogatives » par leur soin pour porter à la tête de l'État le colonel Assimi Goïta, qui était précédemment vice-président de la transition chargé de la Défense et de la Sécurité. Le 7 juin 2021, il nomma Choguel Kokala Maïga, issu du M5-RFP, aux fonctions de chef du gouvernement.

La France et l'Union européenne mirent alors tout leur poids sur la CEDEAO pour l'amener à infliger au Mali, le 9 janvier 2022, de nouvelles sanctions, cette fois-ci, en violation flagrante de ses propres textes et d'une sévérité extrême, en misant sur l'effondrement de l'économie, l'exacerbation de la crise sociale, la révolte de la population, toutes ces causes associées devant entraîner la chute du pouvoir au bout de quinze jours maximum : fermeture des frontières avec le Mali au sein de l'espace sous-régional ; suspension des échanges commerciaux autres que les produits de première nécessité, suppressions des aides financières ; gel des avoirs du Mali à la Banque centrale des États de l'Afrique de l'Ouest (BCEAO) ; rappel des ambassadeurs des pays membres au Mali.

Face au refus d'obtempérer des nouvelles autorités de la transition politique et à un fort soutien populaire, la CEDEAO renouvela ces sanctions contre le Mali le 25 mars 2022.

Elle ne les leva finalement que le **16 juin 2022**, après accord sur un calendrier de 24 mois à partir du 26 mars 2022.

La deuxième phase de la transition politique, appelée « transition de rectification », qui s'est alors mise en place a, dans un renversement complet de perspectives, édicté trois nouveaux principes directeurs dans la conduite des affaires publiques émanant du tréfonds du peuple malien :

- « Le respect de l'indépendance du Mali et de la souveraineté de son peuple » ;
- « Le respect des choix économiques stratégiques et des choix de partenaires faits par le Mali » ;

- « Le respect de la primauté des intérêts et des besoins du peuple malien ».

Dans ce sens, elle a posé quelques actes de souveraineté emblématiques qui rehaussent la dignité nationale et sont porteurs d'avenir pour le Mali et les Maliens :

- la résistance victorieuse à six mois d'embargo économique et de sanctions financières et politiques totalement illégaux et criminels mis en place par la CEDEAO sous les ordres directs et manifestes de la France et de l'Union européenne ;
- l'expulsion de l'ambassadeur de France au Mali (31 janvier 2022) ;
- la résiliation de l'accord de coopération militaire avec la France (retrait de Barkhane en février 2022) ;
- la suspension définitive de RFI et de France 24, deux médias de propagande mensongère de la France (27 avril 2022) ;
- le renvoi de la task force Takuba, dissoute en juillet 2022 ;
- la plainte portée par le gouvernement de transition du Mali le 16 août 2022 contre la France auprès du Conseil de sécurité de l'ONU pour actes d'agression, de subversion, de déstabilisation et de violation de l'espace aérien malien par des aéronefs des forces armées françaises (utilisation de vecteurs aériens tels que des drones, des hélicoptères militaires et des avions de chasse, plus d'une cinquantaine de fois en apportant des renseignements, des armes et munitions aux groupes terroristes), requête accompagnée de la demande d'une réunion spécifique d'urgence autour du dossier « pour que cesse la duplicité et la guerre par procuration imposée au Mali » ;
- l'interdiction des activités des associations et ONG françaises financées par la France ou qui bénéficient de ses appuis techniques. Estimant qu'elles sont, pour la plupart, truffées d'agents déstabilisateurs et qu'elles travaillent au délitement de l'État et à son effacement sur le terrain, les autorités maliennes les ont remplacées par un programme étatique d'appui spécial financé sur fonds propres (21 novembre 2022) ;
- l'expulsion **du chef de la section droits de l'homme** de la MINUSMA au motif d'instrumentalisation flagrante des droits de l'homme pour discréditer les Forces armées maliennes et les bloquer dans leur mission régalienne de sécurisation des populations et de défense du territoire national mais également

de soutien aux groupes armés de déstabilisation (05 février 2023) ;

- la récusation de la France comme porte-plume à l'ONU (1er mars 2023) ;
- la demande du gouvernement du Mali, la cessation des activités de la MINUSMA et son retrait à compter du 30 juin jusqu'au 31 décembre 2023 (résolution 2690 /2023 du Conseil de sécurité) ;
- le blocage au cours de l'année 2023 du bradage de pans importants de l'économie nationale qui était en cours et l'amorce de la relance de certains segments étatiques stratégiques comme les chemins de fer, la COMATEX (usine de production de textiles, donc de transformation locale du coton malien), l'UMPP (unité de production de produits pharmaceutiques), l'Aéroport international Modibo Keïta de Bamako-Sénou.

Répondant à l'aspiration profonde et aux exigences du peuple malien, cette nouvelle orientation, qui rend possible une vraie rupture, et la farouche volonté politique de l'assumer manifestée avec constance par les autorités de la nouvelle transition politique ont suscité beaucoup d'espoir, de l'enthousiasme et le soutien des autres peuples africains ainsi que de forces démocratiques anti-impérialistes hors d'Afrique.

Au cours des deux années suivantes, les armées de la République de Guinée (5 septembre 2021) et celles du Burkina Faso (30 septembre 2022) ont emboîté le pas aux militaires maliens tout en s'inscrivant dans la même approche de transition de rupture avec le néocolonialisme et le totalitarisme néolibéral.

C'est dire qu'aujourd'hui le Mali est, de facto, un laboratoire et une source d'inspiration pour les luttes des peuples africains en vue de leur libération totale, leur souveraineté, leur dignité et leur épanouissement. C'est là toute la pertinence et la légitimation des efforts engagés par les autorités maliennes de transition pour diversifier sa coopération militaire, s'émanciper de la tutelle diplomatique, institutionnelle et militaire de la France et construire à l'interne, en pleine souveraineté, sa sortie de crise par le haut et sa transition/refondation démocratique : Mali Kura.

La résistance exemplaire et victorieuse du peuple insoumis du Mali a démontré qu'on peut résister à la France et se libérer de son système de domination néocoloniale. Elle a ouvert aussi la perspective de libération de l'Afrique des serres de l'impérialisme néolibéral occidental.

À ce titre, elle a été perçue par la France et ses alliés occidentaux comme un « dangereux virus » anti-impérialiste.
Le renforcement de la coopération militaire avec la fédération de Russie fut le crime de trop commis par les nouvelles autorités de transition du Mali !
Il fallait s'attendre à ce qu'ils utilisent tous les moyens pour empêcher sa propagation dans le reste de la région du Sahel et ailleurs en Afrique, au moins dans les zones sous contrôle occidental. Au moins deux faits majeurs confirmèrent cela par la suite.
Le 10 juin 2021, la France annonça une « transformation profonde » de l'opération Barkhane et la mise en œuvre « d'une alliance internationale associant les États de la région » en donnant « la priorité aux forces spéciales dans la lutte contre les djihadistes ». Les forces françaises se désengagèrent ainsi du Nord du Mali et se redéployèrent vers le Sud, dans la « zone des trois frontières » entre le Mali, le Niger et le Burkina Faso pour donner la possibilité à la rébellion séparatiste armée d'occuper, avec la complicité des militaires français présents à Gao et dans les États voisins, l'espace vacant (soit environ les 2/3 du territoire malien). Et le processus fut accéléré à partir de décembre 2021 sous prétexte de « l'incompatibilité » de la conduite des opérations au Mali avec l'intervention du groupe paramilitaire Wagner (proche du pouvoir russe). Le but : encercler l'armée malienne, l'étouffer et l'anéantir.
Le second fait majeur est récent. Au Niger, le 26 juillet 2023, à l'instar de ceux du Mali, des militaires patriotes et souverainistes regroupés au sein du « Conseil national pour la sauvegarde de la patrie (CNSP) » prirent leurs responsabilités pour renverser le président Mohamed Bazoum et le régime corrompu du Parti nigérien pour la démocratie et le socialisme (PNDS) qui avait fait du pays un vassal de la France depuis plus d'une décennie. Le général Omar Tchiani en prit la tête deux jours plus tard, le 28 juillet 2023. Serviteur zélé de l'Élysée, Mohamed Bazoum empêchait l'armée nigérienne de coopérer avec leurs frères d'armes du Mali et du Burkina Faso pour combattre les groupes armés djihadistes et « terroristes ». En avril 2023, il limogea le général Salifou Modi, chef d'état-major des armées, coupable d'avoir effectué le déplacement à Bamako pour prendre langue avec les chefs des FAMa afin de construire ensemble une stratégie d'intervention conjointe et solidaire des deux armées nationales. En plus, il n'hésitait pas à la dévaloriser devant les médias étrangers en affirmant que « les djihadistes et les terroristes sont plus forts, plus équipés et plus

aguerris » (interview à Jeune Afrique du 26 mai 2023). Enfin, il s'y répandait régulièrement en diatribes contre les autorités de transition du Mali et du Burkina Faso, fustigeant leurs stratégies de lutte contre les groupes djihadistes et « terroristes » et leur coopération avec la fédération de Russie. La réaction de la France à ce changement intervenu dans le sillage des militaires patriotes et souverainistes maliens a été si hostile et si menaçante que les nouvelles autorités nigériennes décidèrent, le 3 août 2023, à l'occasion du 63e anniversaire de l'indépendance de leur pays, de dénoncer tous les accords et protocoles militaires de défense signés avec la France entre 1977 et 2020. Dépitée et désespérée, la France mit une pression d'enfer sur la CEDEAO pour décider une intervention militaire (par le déploiement au Niger de sa « Force en attente ») lors de son sommet du 10 août 2023 à Abuja (capitale du Nigeria) qu'elle soutint très fermement urbi et orbi.

Un diagnostic honnête, responsable et rigoureux

Pour cerner les contours de la crise malienne et comprendre la problématique de la refondation du Mali (« Mali Kura ») dans le cadre de la REMA 21, DIAKITÉ s'insurge avant tout contre la fuite en avant. Par une démarche relevant de la méthode réflexive (analyse systématique et critique de nos propres pratiques, attitudes, comportements, idées et conceptions), il souligne nos responsabilités internes (erreurs, fautes), nos tares, nos faiblesses, contraintes et handicaps. Les causes et facteurs exogènes sont ensuite mentionnés et analysés en intégrant les données et enjeux géopolitique, géoéconomique et géostratégique, les agendas et manœuvres de la meute impérialiste néolibérale en lien avec les agissements de ses relais locaux (la « 5e colonne »), les activités illégales et criminelles des entrepreneurs de la violence et les trafics illicites des affairistes véreux, la complicité et l'incapacité des organisations régionales, institutions continentales et mondiales à assurer la sécurité et la bonne gouvernance.

Une utilisation adéquate du schème d'intelligibilité actancielle

L'analyse actancielle faite par l'auteur à partir de l'état des lieux résultant de son diagnostic identifie les protagonistes en présence et met en lumière leurs intérêts, objectifs et stratégies respectifs. En résumé, les patriotes mobilisés dans la résistance anti-impérialiste pour la défense de l'intégrité territoriale, la souveraineté de l'État et du peuple, l'unité nationale font face d'un côté à un environnement interne caractérisé par :

- la déliquescence de l'État et la désarticulation culturelle et politique de la société ;
- une rébellion séparatiste armée qui brise l'unité nationale ;
- des groupes armés « djihadistes » et « terroristes » qui déstabilisent et fragmentent l'État national, déstructurent les communautés, empêchent l'administration et la gestion d'ensemble du pays par l'État ;
- les alliés maliens de la France dans sa stratégie de contrôle militaire, politique, institutionnel et de pillage des ressources du pays (politiciens et acteurs de la société civile larbins et marionnettes regroupés dans plusieurs centaines de partis et associations soutenus par la centaine de milliardaires issus de trente ans de pillage des richesses du pays, affairistes laïques et religieux véreux).

De l'autre côté, ils affrontent un environnement externe bien structuré et agissant dans le cadre d'une vision à long terme de contrôle de l'Afrique : il s'agit de la France et de ses alliés internationaux. Pour eux, le Mali est un maillon très important sur les plans géostratégique et géopolitique de cette vision et de la stratégie qui en découle.

Clés pour ouvrir le « chemin critique »

Pour tracer correctement le « chemin critique » (la série de tâches liées entre elles et articulées à faire dans une temporalité déterminée) pour la sortie du Mali de sa crise multidimensionnelle et sa refondation (« Mali Kura ») dans le cadre de la REMA 21, et en tant que son vecteur, DIAKITÉ décrypte le déroulement de la stratégie néocoloniale de la France au Mali. Il distingue trois grandes phases ou étapes.

La première a consisté en la fragmentation et au blocage : création de l'enclave de Kidal, constitution et équipement de son armée séparatiste, blocage des autorités maliennes de transition et de l'armée nationale du Mali pour les empêcher de restaurer l'intégrité territoriale et leur contrôle total sur l'espace national.

Au cours de la deuxième phase exécutée en 2021, le pompier pyromane est passé à la première étape d'une stratégie d'usure qu'il appelle « la stratégie des nœuds ».

La France a d'abord lancé « l'opération nœud constricteur » en se retirant des deux tiers du Mali pour se concentrer sur 15 % du théâtre d'opérations dans la zone des trois frontières (entre le Mali, le Burkina Faso et le Niger) pour permettre à la rébellion séparatiste d'occuper les 2/3 du territoire avec la complicité des forces françaises à Gao et dans les pays voisins, étouffant ainsi l'État malien et son armée avec plusieurs nœuds (à l'est, à l'ouest et au centre comme le fait un boa sur sa proie).

Face à la résistance et à la riposte des autorités maliennes de transition, la France est alors passée à l'étape du « nœud coulant d'échafaud » qui se resserre en tirant sur une des extrémités en utilisant ses alliés régionaux, à savoir la CEDEAO et l'UEMOA, assistées par ses alliés maliens qui participent au pillage et à la vassalisation du Mali (la « 5e colonne »). La CEDEAO a alors sollicité le soutien de l'UE et de l'ONU contre le Mali. Les objectifs visés : asphyxier l'économie malienne, décourager et démobiliser les Maliens, provoquer une aggravation extrême de la crise et, par suite, la révolte populaire, paralyser le pays, enfin, renverser le régime de transition.

Le résultat est connu : « la stratégie des nœuds » échoua en 2022 en raison de la détermination du peuple malien et des autorités maliennes de transition.

Ensuite, l'auteur a pris la précaution de mettre en priorité les conséquences de la crise multidimensionnelle dont l'éradication apportera en même temps les solutions-clés pour la sortie de crise. Il retient donc tout particulièrement :

- l'affaiblissement extrême et la mise hors jeu de l'État et de son outil de défense ;
- – la perte de la souveraineté (politique, économico-financière et culturelle) du pays ;
- – la désarticulation culturelle et politique de la société ;
- – l'aggravation de la mauvaise gouvernance et de la corruption avec son lot de clientélisme, de népotisme, de concussion, de prévarication, de détournements de deniers publics (« démocratie kleptocratique » dont la voracité létale est un vrai péril pour la nation), de mensonge et d'impunité ».

Il souligne aussi les lacunes à combler nécessairement pour pouvoir parcourir le « chemin critique » de sortie de la crise multidimensionnelle et de refondation (« Mali Kura ») dans le cadre et en tant que vecteur de la REMA 21 :

- la perte du sens moral et du sens des responsabilités ;

- le déficit ou la grave insuffisance d'engagement patriotique responsable de la génération actuelle pour accomplir sa mission historique ;
- l'absence d'une vision correcte, d'une stratégie pertinente et rigoureuse et d'une tactique juste (à la fois adéquate et souple, évolutive) ;
- l'inexistence d'une initiative hardie, globale, cohérente, systématique et créatrice pour une rupture radicale avec le système de domination de l'impérialisme néolibéral (« déconnexion ») et la refondation du Mali dans le cadre de la REMA 21.

Des solutions judicieuses et des stratégies appropriées

Les solutions proposées par l'auteur visent à atteindre un objectif global, à savoir : « Réaliser les 3 binômes « Paix et Sécurité/Justice et Démocratie/Croissance économique et Développement humain durable » qui constituent la colonne vertébrale de la bonne gouvernance. Elles sont réparties sur les volets d'action suivants :

- la recherche par les autorités maliennes de transition et toutes les forces vives de la nation d'un large consensus à travers la formation d'un « gouvernement de mission » mais pas un « gouvernement d'inclusivité » préconisé par les politiciens opportunistes. « Nous disons la majorité du peuple et non "l'inclusivité" qui, en politique, est un concept d'enfumage et de confusion dans les objectifs, stratégies et les actions » ;
- la conception d'une politique et d'une stratégie de rupture avec le système de domination impérialiste néolibéral et de refondation du Mali (« avènement de Mali Kura ») dans le cadre global de la REMA 21 ;
- la définition et la mise en œuvre d'une stratégie rigoureuse et d'une « tactique souple de réelle politique guidée par le rapport de force à chaque étape du développement des luttes au plan national et international afin de faire monter en puissance continue les forces populaires dans la prise en main de leur destinée » ;
- le rassemblement de toutes les forces patriotiques pour les sortir de leur situation d'extrême émiettement organisationnel d'une part, et pouvoir gérer le pays avec elles dans une convergence politique nationale d'autre part ;

- la conception et la négociation d'un « nouveau contrat social de stabilité, de cohésion, de croissance économique, de prospérité et de développement humain » ;
- le règlement des problèmes déjà en instance et ceux résultant de la conjoncture créée par les mesures d'embargo économique de la CEDEAO et d'asphyxie financière de l'UEMOA afin de soulager les populations durement éprouvées ; action à mener en parallèle avec la préparation des bases de la résolution des problèmes structurels de développement. Le potentiel dont est doté le Mali est largement suffisant pour assurer son développement moderne (80 % de son territoire regorgent d'hydrocarbures, de pierres et métaux précieux les plus recherchés au monde, sans oublier les 43 000 000 ha de ses terres qui sont aptes à l'agriculture, les potentialités hydrauliques et énergétiques comme des cours d'eau importants, l'ensoleillement à profusion sur au moins deux tiers du territoire, les vents, la biomasse, la géothermie, enfin, les ressources forestières et halieutiques) ;
- la déclaration de l'état de guerre afin de mobiliser tous les moyens matériels et immatériels, mettre en place une économie de guerre et une gouvernance vertueuse pour gagner la guerre imposée au pays, apporter la prospérité à la population et gagner la paix après avoir gagné la guerre tout en profitant de cette situation d'exception pour reprendre en main la conception et le pilotage de toute l'économie nationale.

Les conditions critiques générales de réussite totale sont de deux ordres. Le premier est le plan stratégique :

- la capacité d'anticipation qui permet d'« aller au-delà de la prévision en posant des actes qui engagent le présent et l'avenir » ;
- l'auto-ajustement par une « gestion concertée du développement de l'espace sahélo-saharien, en tant que tampon géopolitique et géoéconomique reliant le nord et le sud du continent africain », une fois la sécurité complètement rétablie et bien maîtrisée, en se servant d'une diplomatie à la fois souple et ferme qui impose aux partenaires le respect à l'égard du Mali ;
- la recherche de partenariats stratégiques avec les puissances industrielles (y compris la Chine et l'Inde) qui sont les

détentrices du savoir-faire scientifique et technologique indispensable au passage à une économie du savoir ;

- l'intégration politique et économique africaine des peuples (partage des règles et pratiques démocratiques ; construction de solidarités et de l'unité continentale ; libre circulation des biens et des personnes ; développement des complémentarités, des synergies et des convergences d'actions, mutualisation des moyens et des acquis).

Le second ordre est celui politique et relatif à la réalisation de deux préalables à l'intérieur du pays :

– assurer la réussite du nouveau contrat social par un leadership vertueux, exemplaire et inspirant, une démarche démocratique, transparente, consultative et participative avec les partenaires sociaux, le respect des engagements pris dans le cadre du contrat social ;

– la constitution d'une force politique alternative, capable de prendre le pouvoir et d'incarner les aspirations du peuple.

DIAKITÉ analyse la problématique de ce parti de type nouveau dans le contexte de la mondialisation, des NTIC, des gouvernances locales désastreuses, du changement des mentalités et des comportements. S'appuyant sur le principe d'une « stratégie rigoureuse et une tactique souple de réelle politique guidée par le rapport de force à chaque étape du développement des luttes au plan local et international » pour s'adapter au contexte et gagner en efficacité d'une part, et tenant compte de l'irruption des associations de la société civile dans la sphère politique pour combler les défaillances des partis politiques traditionnels d'autre part, il assigne au parti révolutionnaire de type nouveau un double rôle : un « rôle associatif de pression » sur les décideurs politiques pour qu'ils donnent satisfaction à la demande sociale ; un « rôle politique d'influence et d'impact sur les politiques publiques et la gouvernance » pour faire évoluer les pratiques qui régissent la demande sociale. Par conséquent, sa construction et son développement se feront en deux phases successives : d'abord l'association politique qui doit intégrer les représentants de toutes les forces vives (pépinières de militants futurs politiques) dans une coordination puis, dans un second temps, quand le développement des luttes et de la dynamique organisationnelle

sera arrivé à maturité, sa mutation en un grand parti politique proprement dit.
Il esquisse le schéma de sa création et de son implantation, son mode et ses règles de fonctionnement, la stratégie pour son financement, précise les préalables à réaliser pour son démarrage et indique la perspective immédiate : la préparation et la participation aux prochaines échéances électorales.

Des outils conceptuels et une approche opérationnelle pour l'avènement de Mali Kura, vecteur de la REMA 21

Pour faciliter l'application des solutions et stratégies de mise en œuvre préconisées, l'auteur récapitule à chaque fois la méthodologie à suivre avant de fournir les outils d'implémentation.
Pour pouvoir agir de façon efficace sur le cours de l'histoire, il faut au préalable avoir une compréhension scientifique des problématiques. C'est pourquoi on doit commencer par analyser l'environnement mondial, l'environnement africain et l'environnement interne du Mali puis élucider les enjeux et défis d'avènement de Mali Kura. Ensuite, en appliquant la stratégie de « déconnexion », on parvient à tracer le « chemin critique » d'une transition–rupture. Enfin, on peut ébaucher un nouveau projet de société dans le cadre global de la mission universaliste de l'Afrique et esquisser un modèle (schéma de référence) de réalisation.
C'est ce que fait DIAKITÉ de façon rigoureuse et systématique. Le nouveau projet de société et « le modèle Mali Kura : un pays à cinq systèmes » présenté dans son ouvrage constitue des bases concrètes et solides de réflexion et d'élaboration collectives.

Deux entraves majeures à lever pour assurer la réussite du processus de refondation Mali Kura en tant que vecteur de la REMA 21

DIAKITÉ retient en premier lieu, comme entrave majeure, les contraintes et handicaps en matière de formation politique et citoyenne démocratique révélés par l'examen rétrospectif des trois dernières décennies de « gouvernance démocratique » du pays. Le constat se résume comme suit. Le nouvel État issu de la révolution démocratique et populaire du 26 mars 1991 a été confisqué et détourné par le courant opportuniste néolibéral (cadres politiques, administratifs, intellectuels opportunistes, caste militaire qui se sont emparés du pouvoir politique et de l'appareil d'État). Mû en classe de prébendiers et de rentiers d'État, ce courant s'est allié avec des négociants et affairistes (laïques ou religieux) véreux et a œuvré à la constitution d'une oligarchie qui domine les divers domaines d'activités et de la vie nationale au moyen de pratiques mafieuses.

Son développement a fini par bloquer la gouvernance démocratique et même le fonctionnement de la République, totalement anéantis par les pratiques de corruption, de délinquance financière et l'impunité protégée par une justice vénale.

Un régime électoral de type censitaire (cautions financières faramineuses, parrainages de candidatures aux postes électifs obtenus contre espèces sonnantes et trébuchantes) progressivement renforcé a exclu l'immense majorité des citoyens du débat politique et de la prise de décision. En effet, la participation à l'animation de la vie politique et l'accès aux charges publiques électives sont réservés à ceux qui sont nantis de gros moyens financiers et pratiquement interdits aux citoyens à surface financière dérisoire. Pire : le vote du citoyen est devenu absurde et inutile parce que les résultats des scrutins sont par avance faussés.

Or, ce sont les tenants du pouvoir qui, grâce à leur capacité de prise directe de décisions en matière de politiques publiques et de protection juridique, sont à même de faire prévaloir leurs intérêts (liés à leurs fonctions et privilèges) et les défendre efficacement en se construisant une assurance-garantie juridique complète.

La quasi-totalité des partis politiques (« classe politique ») et des organisations de la société civile a fortement adhéré à cette grotesque parodie de système démocratique afin d'exister et de prospérer grâce aux subsides de l'État et des institutions étrangères d'appui à la démocratie. Dans leur ensemble, ces acteurs prépondérants ont perdu leur crédibilité aux yeux de la plupart des Maliens.

Dans ces conditions, les classes dirigeantes actuelles sont objectivement incapables de répondre par une offre politique adéquate à la demande des classes populaires et des catégories marginalisées ou exclues (femmes, jeunes, handicapés, « esclaves par ascendance », etc.) :

- une représentation authentique capable d'exprimer, de défendre et de promouvoir leurs intérêts et aspirations spécifiques ;
- une participation « implicative » directe à la vie politique, au débat démocratique, à la délibération politique et au contrôle citoyen.

Par conséquent, pour pouvoir entrer dans tout le processus de discussion, de réflexion et de délibération de la transition afin de garantir la mise en place des réformes attendues, en particulier participer activement au processus électoral (prendre une part active dans les préparatifs du scrutin électoral et voter consciemment), les classes populaires et les catégories marginalisées ou exclues ont nécessairement besoin :

- d'être éclairées et armées par une information structurée, vérifiable, saine et traitée de façon équilibrée ;
- et d'avoir un accès égal à la prise de parole, à l'expression des idées, positions et propositions.

Malheureusement, dans le contexte actuel, une telle information n'est pas disponible, d'une part, et, d'autre part, ces acteurs, faute de formation politique et citoyenne, ne possèdent pas les connaissances et les compétences nécessaires pour jouer ce rôle auquel ils ont droit.

Et l'espace politique et médiatique est massivement envahi et dominé par des journalistes qui foulent au pied la déontologie professionnelle, des analystes et experts autoproclamés, des activistes, blogueurs, vidéastes, animateurs de Web radio et de Web TV, autres spécialistes mystificateurs.

Défenseurs des intérêts de l'oligarchie dominante, d'acteurs politiques opportunistes ou relais dans l'opinion nationale des ingérences de puissances étrangères, organisations régionales et internationales en recherche d'influence, leur mission est de créer une situation de capharnaüm et de chaos informationnel et communicationnel propice pour maintenir les citoyens dans le brouillard, les divertir, les priver de repères solides, les empêcher d'acquérir une compréhension globale de la situation et une vision d'avenir claire et synthétique, en somme de se former leur propre opinion sur les sujets d'ordre collectif et national et de participer avec efficience au processus de renouveau démocratique.

De ce fait, l'information et la communication se résument à une inflation de prises de paroles (sans discours articulés), d'idées et de positions nullement basées sur des faits ou données vérifiables, voire des mensonges délibérés, bref d'éléments à caractère pervers et dangereux (promesses démagogiques, rumeurs infondées, fake news, propos diffamatoires ou injurieux, etc.). Ils sont clairement destinés à :

- déstabiliser, diviser, discréditer et accabler des institutions, des organisations et des personnes ;
- désagréger, émietter, voire atomiser et mettre en échec les

initiatives d'action collective politique et citoyenne.

La sphère politique et sociale est ainsi devenue une pétaudière permanente et, en même temps, une poudrière qui pourrait exploser à tout moment et interrompre la dynamique de refondation démocratique.

Quant à la formation politique et citoyenne, c'est le quasi désert.

Les principaux partis politiques, pourtant bénéficiaires d'une aide financière de l'État tous les ans, n'ont pas créé de structures de formation pour leurs militants et cadres.

Les organisations de la société civile se contentent d'« ateliers de renforcement des capacités », de « forums » et autres « rencontres d'échanges, de réflexion et de concertation » qu'elles réalisent occasionnellement en fonction de la disponibilité de financements fournis par des agences de coopération ou des institutions internationales.

Enfin, les agences de coopération et les institutions internationales tentent de combler le vide restant par des sessions de formation ponctuelles et sporadiques. En plus, ces formations sont pour l'essentiel limitées aux adhérents des partis politiques et aux leaders de la société civile. D'où leur incapacité à pérenniser et amplifier les acquis nonobstant leur répétition et leur multiplication.

Dès lors s'impose l'impérieuse nécessité de :

- construire un réseau d'information et de communication de proximité axé sur la vie, les préoccupations et aspirations des populations, et qui puisse mettre la lumière sur les enjeux majeurs et l'intérêt général/national (l'indépendance nationale, la souveraineté de l'État, l'unité de la nation, la souveraineté populaire, la représentation inclusive, l'égalité réelle en droit de vote libéré de toute entrave de type censitaire, etc.) ;
- mettre en place un cadre multi-acteurs de formation politique et citoyenne démocratique, permanent et plus structurant.

Par ces deux types d'actions-clés visant à renforcer le processus de refondation démocratique du Mali (Mali Kura), il s'agit de faire émerger une nouvelle génération d'acteurs politiques et de citoyens engagés, éclairés et clairvoyants, capables d'agir consciemment et d'influencer les orientations, les choix et les stratégies politiques à tous les niveaux.

À l'occasion du processus électoral, ils devraient être en mesure de choisir les candidats sur la base de leurs programmes et de leur capacité à mettre ceux-ci en œuvre avec efficacité. De même, ils pourraient être outillés et aptes à défendre leurs propres candidatures éventuelles à des postes électifs.

La seconde entrave majeure est la perte du sens moral et du sens des responsabilités chez nos élites depuis plusieurs décennies. L'auteur rejoint sur ce point l'analyse de référence d'Issa NDIAYE dans son ouvrage remarquable Démocratie et fractures sociales au Mali. En voici l'économie :

S'il est évident et incontestable que les Maliens ont construit, au fil des générations successives, une tradition solidement ancrée de peuple insoumis depuis l'époque de la conquête coloniale française jusqu'à nos jours, en opposant toujours aux ingérences impérialistes (colonialistes puis néocolonialistes) des luttes de résistance populaires, multiformes, acharnées et héroïques, l'histoire politique nationale du Mali est aussi marquée au cours des trente dernières années par la propension sordide et récurrente de la majorité des « élites » politiques, militaires, intellectuelles, économiques, sociales et religieuses à l'irresponsabilité, à l'opportunisme, à la corruption, à la vénalité et à la trahison des intérêts du peuple et de la nation.

Ainsi, au début des années 1990, la France et ses alliés occidentaux, après avoir inspiré, suscité et soutenu systématiquement, trois décennies durant, les dictatures militaires sanglantes sur le continent africain aux fins d'y maintenir leur mainmise néocolonialiste décidèrent, dans le but de sauver les meubles, de déguiser ces pouvoirs fantoches, antipopulaires, sans légitimité ni crédibilité, complètement en faillite, avec des habits de la démocratie à l'occidentale fantasmée et travestie. Et de substituer aux suppôts réticents à porter cette « camisole de force » (dixit le général Moussa Traoré, le dictateur installé au pouvoir à l'époque au Mali par le coup d'État du 19 novembre 1968) d'autres militaires ou civils fabriqués par leurs institutions ou organisations de domination et de contrôle économique, financier, politique et institutionnel (notamment FMI, Banque mondiale).

Au Mali, cette manœuvre des puissances occidentales échoua dans un premier temps grâce à la révolution démocratique et populaire du 26 mars 1991 qui permit au puissant « Mouvement démocratique » qui l'avait dirigée d'imposer au poulain choisi pour ce pays, le lieutenant-colonel Amadou Toumani Touré dit « ATT » (un des chefs des services de sécurité qui protégeaient le dictateur fasciste et sanguinaire Moussa Traoré), la fin de la transition politique et le passage du pouvoir à des

civils élus. Celui-ci céda parce que le rapport des forces était alors très nettement en sa défaveur.
Fort malheureusement, Alpha Oumar Konaré, qui prit sa place, suite à des élections libres et crédibles, mit en place un système de gestion douteuse et catastrophique, ouvrant la porte à la gabegie, la corruption, la délinquance financière, le clientélisme et l'affairisme politique. En plus, en « bon élève », le régime « démocratique » sous sa direction appliqua les programmes d'ajustements structurels imposés par les institutions financières internationales (FMI, Banque mondiale) et leurs relais (club de Paris, club de Londres, etc.). Cette orientation stratégique eut pour conséquences, entre autres, la destruction de l'essentiel de l'outil de production national (les sociétés et entreprises d'État, acquis historiques du peuple malien pour le développement économique et social du pays après sa libération de la domination et du pillage exercés par la France colonialiste) suite à la prise de mesures de liquidation-bradage ou de privatisation-cadeaux, le chômage de masse, une dévaluation monétaire injustifiée et handicapante, la paupérisation généralisée, le démantèlement des secteurs sociaux de base (éducation, santé, etc.), la mise à la disposition du capital financier international des richesses naturelles nationales à des conditions léonines (Code des investissements, Code minier, etc.) pour les exploiter sans un suivi et un contrôle effectifs et efficaces par l'État malien.
Cet échec cuisant, la déception, la protestation et la défiance du peuple à l'égard du régime démocratique offrirent l'occasion à ATT de revenir au pouvoir par la voie des urnes et dans un boulevard, paré du manteau taillé sur mesure de « soldat de la démocratie ».
Très vite, le nouvel homme lige (régulièrement élu mais, pour une large part, promu et soutenu par les décideurs occidentaux, notamment au moyen d'une communication médiatique monstre) organisa une gestion clanique, mafieuse, patrimoniale et finalement tyrannique du pouvoir.
C'est aussi grâce à la complicité interne de la « classe politique » et de la caste militaire qu'il réussit son come-back et put régner durant presque deux mandats de cinq ans. En effet, il acheta les cadres dirigeants opportunistes de l'ancien parti majoritaire de l'ex-président Alpha Oumar Konaré (l'ADEMA), ceux de ses avatars (MIRIA, RPM, URD), d'autres appartenant à l'opposition (CNID, PARENA) et suscita de nouveaux partis avortons et OSC (organisations de la société civile alimentaires (PDES, mouvement citoyen…). En guise de prébende, il promut toute une caste de généraux et d'officiers supérieurs à des hauts

postes de l'appareil administratif de l'État. Toutes ces catégories de prédateurs voraces gravitant autour du manitou firent main basse sur les institutions politiques et les secteurs juteux de l'économie nationale. Pendant presque dix ans, le Mali fut alors le théâtre de la mauvaise gouvernance, de l'incurie, de la corruption généralisée, de l'impunité, du discrédit général et de la faillite de l'État qui devint, in fine, incapable de défendre l'intégrité territoriale et d'assurer la sécurité des personnes et des biens face à la rébellion armée séparatiste touareg du septentrion, relancée avec l'appui militaire, financier et politique de la France, et alliée à des hordes djihadistes et d'autres groupes « terroristes ». Par-dessus le marché, ATT voulut s'accrocher au pouvoir en tentant d'obtenir un troisième mandat par une révision illégale de la Constitution et même d'organiser un chaos électoral afin que l'armée intervienne pour l'y maintenir. Il fut lâché par ses soutiens et maîtres occidentaux.

Les « élites » alliées à son pouvoir l'abandonnèrent sans vergogne. Ensuite, par couardise et trahison nationale, elles appuyèrent l'ingérence de la CEDEAO, organisation communautaire régionale contrôlée par la France et l'Union européenne, qui neutralisa et mit rapidement à l'écart les dirigeants militaires de la nouvelle transition politique conduite au début par le capitaine Amadou Aya Sanogo, arrivé au pouvoir le 22 mars 2012 à l'issue d'une mutinerie surprise et victorieuse contre le régime moribond d'ATT.

C'est dans ces conditions qu'avec l'appui de ses alliés occidentaux la France déroula sa stratégie de recolonisation du Mali.

Carriéristes invétérés, arrivistes et sangsues insatiables, ces mêmes « élites » s'agglutinèrent aussitôt autour du nouveau président élu lors des élections de juillet 2013, Ibrahim Boubacar Keïta dit « IBK », pour poursuivre leurs bas desseins machiavéliques de vampirisation des ressources publiques et de carriérisme abject.

L'exercice calamiteux du pouvoir par ce dernier finit par fermer tous les espaces importants de la gouvernance démocratique et même bloquer le fonctionnement de la République, totalement anéantie par les pratiques de corruption, de délinquance financière et l'impunité protégée par une justice vénale.

S'apercevant que sa chute était inévitable au regard de l'exacerbation de la crise multidimensionnelle (politique, sécuritaire, territoriale et sociale) qui ravageait le pays depuis 2012, les « élites » caméléons, devenues de véritables experts en opportunisme et manipulation

politiques, pour sauver leurs fortunes illicitement acquises et conserver leurs privilèges, accusèrent IBK d'être le seul responsable du désastre et se regroupèrent au sein d'un mouvement hétéroclite à idéologie confusionniste, le « Mouvement du 5 juin-Rassemblement des forces patriotiques dit « M5-RFP », un ensemble hétéroclite de forces politiques, sociales et religieuses en perte de vitesse, pour diriger et animer les nombreuses manifestations de contestation populaires du pouvoir réprimées dans le sang. Elles s'allièrent allègrement au CNSP, organe des Forces armées maliennes qui destitua IBK et prit le pouvoir le 18 août 2020 au motif de « parachever la victoire du peuple ».
Neuf mois plus tard, le 24 mai 2021, l'exécutif composé du président Bah N'daw (ancien ministre de la Défense sous IBK, qui avait signé en personne l'accord militaire avec la France en violation de la souveraineté du Mali et de son peuple) et du Premier ministre Moctar Ouane (ancien ministre d'ATT, fonctionnaire international et fidèle serviteur du système de la « Françafrique »), tous deux appelés au pouvoir à l'instigation de la France et sous le contrôle de la CEDEAO, fut démis et remplacé par le duo constitué du colonel Asssimi Goïta à la tête de l'État et de Choguel Kokala Maïga, issu du M5-RFP, au poste de chef du gouvernement.
De ce fait, une bonne partie des dirigeants et animateurs du M5-RFP, dont certains sont des restaurateurs résolus du système fasciste du parti UDPM de Moussa Traoré, fut de nouveau propulsée au sommet de l'État et réoccupa la scène politique non sans créer autour d'elle toute une flopée de mange-mil et laudateurs voraces et obscurantistes.
Après un court moment de réticence à la fois hypocrite et télécommandée par l'Élysée, l'ancienne opposition institutionnelle au pouvoir de IBK rappliqua, elle aussi, toute honte bue, sous la bannière de « l'inclusivité », de la réconciliation et de la cohésion nationales pour demander la constitution d'un « gouvernement d'union nationale », espérant participer dans ce cadre à un nouveau et nième festin de brigands et de requins vassaux de la France impérialiste et serviteurs du néolibéralisme.
La nouvelle transition politique malienne a donc eu en héritage et traîne au pied ce boulet constitué d'élites corrompues, opportunistes, irresponsables et historiquement nulles (absences de vision, d'« intelligence critique » et de volonté politique, veule, couarde et alimentaire).

Afin de lever cette entrave qui est un vrai poison mortel pour la lutte patriotique, démocratique et anti-impérialiste pour la souveraineté, le progrès, la refondation Mali Kura, vecteur de la REMA 21, DIAKITÉ lance un appel à nos élites pour qu'elles se ressaisissent en mettant les intérêts de la patrie au-dessus de leurs avantages particuliers et de leurs ambitions égoïstes. Il demande notamment à nos cadres le sursaut patriotique nécessaire et indispensable pour adopter des attitudes et des comportements conformes à une pratique de gouvernance vertueuse, vertu dont la nation malienne et son peuple ont le plus pressant besoin aujourd'hui. À juste raison, car tout ce qui met les hommes en mouvement passe nécessairement par leur cerveau et est tributaire de leur conviction, de leur adhésion et de leur volonté. Par conséquent, sans prise de conscience par la génération actuelle de sa mission historique et son engagement résolu et constant, la lutte patriotique, démocratique et panafricaniste pour la déconnexion de la domination de l'impérialisme néolibéral et la refondation Mali Kura, vecteur de la REMA 21, restera vaine.

Mode d'emploi

Composé de deux grandes parties (« Problématique de la renaissance africaine » et « Enjeux et défis d'avènement de Mali Kura »), le livre Debout Afrique !!!! est un recueil de notes d'analyse et de réflexion, d'articles de presse, de textes de conférence, de documents d'orientation, de rapports d'études et de documents d'identification et de formulation de projets. L'auteur expose ses idées, ses approches, analyses, réflexions et propositions dans ces différents types de production pour répondre à des questions et demandes urgentes ou à des problématiques de fond selon les circonstances en appliquant partiellement ou en totalité les mêmes outils (concepts, méthodologie, modèles). Ce qui peut donner au lecteur l'impression de répétitions sur des thèmes différents ou de redondance dans l'expression de sa pensée. La combinaison de nombreux schèmes d'intelligibilité (holistique, dialectique, historique, herméneutique, actanciel) et l'application de la méthode systémique dans l'élaboration des systèmes et modèles présentent aussi le risque de donner le tournis au lecteur. Mais en fait, c'est une œuvre à plusieurs tiroirs coulissants, donc à vocation utilitaire. Pour éviter une lecture qui peut être rébarbative et en tirer le meilleur profit, il est conseillé de le consulter en fonction des centres d'intérêt ou des thèmes traités.

L'auteur : Militant ; chercheur et penseur ; professionnel chevronné et bâtisseur ; passeur de mémoire et d'espérance

J'ai eu la chance et le privilège de connaître et d'observer Diatrou DIAKITÉ depuis environ cinquante ans. Au cours de ces cinq décennies, j'ai partagé avec lui l'essentiel des moments forts de mes engagements pour les causes justes ; nous avons subi ensemble, pendant longtemps, les vicissitudes de la vie, notamment de durs temps de résilience ; nous avons également noué et développé d'indéfectibles liens de solidarité militante et fraternelle. Fort d'un tel avantage rare, je me permets de proposer un bref éclairage sur l'homme à l'attention du lecteur qui désire être sommairement informé sur son parcours et sa personnalité.

Un homme animé par la soif de savoir, la passion de l'excellence et engagé au meilleur sens du terme

DIAKITÉ est, si je puis dire, « un Simbo (maître chasseur) à part », comme diraient mes ancêtres maîtres chasseurs de Faléa pour qualifier celui qui excelle le plus dans leur métier, ou un « fils du peuple », comme aimaient à dire, au sortir de la Seconde Guerre mondiale, les masses populaires pour rendre hommage à leur représentant le plus authentique dans leur lutte contre le grand Capital et toutes les forces d'oppression et d'« exploitation de l'homme par l'homme ».

Il a été pénétré très tôt par le virus de la politique. En effet, sa vocation politique progressiste naquit dès son adolescence, à l'âge de quatorze ans, au moment de la lutte anticoloniale menée par l'US-RDA au Soudan français (dénomination coloniale de l'actuelle République du Mali). Lors des élections législatives de 1959, allant à contre-courant du choix de son père, de ses oncles et du fils aîné de la famille détentrice de la chefferie traditionnelle du Fouladougou (cercle de Kita, au Mali) dont il est issu, il soutint ses autres frères, militants (parmi lesquels le dirigeant) de la jeunesse de l'US-RDA, qui votèrent en faveur du Parti de l'indépendance nationale en compétition avec le PSP, formation politique favorable au maintien de la domination coloniale française.

Trois ans plus tard, en réaction aux attentats perpétrés par des agents de l'impérialisme et du néocolonialisme contre le président du Ghana (premier pays indépendant en Afrique noire), Kwame Nkrumah, le plus important des pères fondateurs du panafricanisme, il décida de s'engager dans le combat panafricain.

Mais DIAKITÉ compris également très tôt la nécessité d'acquérir le savoir et de comprendre le monde pour pouvoir agir avec efficacité et contribuer à changer le cours de l'histoire du Mali et de l'Afrique. Aussi, obligé d'interrompre ses études pour travailler, suite à des difficultés de famille, choisit-il, à l'âge de 17 ans, le métier de gérant de librairie afin d'en profiter pour travailler et s'instruire en même temps. Cependant, il démissionna rapidement, au bout d'un an de fonction pour reprendre les études. Émigré à Dakar (capitale du Sénégal), il y rédigea, en 1967, à 22 ans, un manuscrit intitulé « À propos du socialisme africain ». Des amis français, qui lurent le document, comprirent son engagement et son orientation politique ; ils le mirent en contact avec Sembène Ousmane, l'illustre père du cinéma africain, combattant anticolonialiste et anti-impérialisme, partisan de la centralité africaine (« afrocentrisme »), dont les amis du PCF (Parti communiste français) entamèrent son encadrement politique et sa formation idéologique dès son arrivée à Marseille (France) en cette année 1967. Là, parallèlement à ses études supérieures, suivies pendant cinq ans, dans des conditions difficiles, il consolida et enrichit ses premières acquisitions en connaissances politiques et idéologiques, diversifia son expérience de militant et s'aguerrit au sein de communistes mais aussi dans l'extrême gauche maoïste. Il y participa aussi, en parallèle et très activement, à toutes les mobilisations estudiantines, politiques et des travailleurs contre le régime dictatorial et néocolonial de l'UDPM dirigé par Moussa Traoré dans l'Association des étudiants et stagiaires maliens en France (AESMF), la Fédération des étudiants d'Afrique noire en France (FEANF), l'Association solidarité des travailleurs maliens en France, le Comité de défense des libertés démocratiques au Mali (CDLDM). Cet engagement militant lui valut l'honneur d'être recruté en août 1970 au sein du Parti malien du travail (PMT).

Entre décembre 1971 et août 1972, en neuf mois de réflexion, il conçut son projet politique panafricain (un document de 42 pages).

Le 21 janvier 1973, il rentra dans son pays natal où, depuis 50 ans, il est présent sur tous les fronts.

D'abord sous le régime néocolonial et fasciste de l'UDPM par la défense du secteur d'État, « acquis du peuple malien » depuis l'accession du pays à l'indépendance. En sa qualité de directeur de la première industrie étatique lourde du Mali, la SOCIMA (une usine de ciment, de chaux et de marbre), il maintint héroïquement cette entreprise industrielle et lui fit accomplir des performances remarquables en dépit de l'adversité, voire de l'animosité des fossoyeurs intérieurs de l'économie nationale et des contraintes de

l'environnement externe, puis il s'opposa, avec force énergie, à sa dévolution au secteur privé. Avec son expertise de consultant, il s'investit pour éviter le bradage d'autres sociétés et entreprises d'État lors des opérations de privatisation. En outre, il fournit régulièrement des appuis multiformes (matériels, financiers, logistiques) aux mouvements des étudiants, aux syndicats enseignants et aux activités de groupes politiques clandestins, participa activement au « Mouvement démocratique » qui renversa Moussa Traoré et son régime par la révolution démocratique et populaire du 26 mars 1991 et géra une transition politique de quatorze mois. Par mon intermédiaire, c'est lui qui fournit la machine à écrire qu'utilisait en 1980 l'Association des élèves et étudiants du Mali (UNEM).
Après, dans un contexte de près de trente ans de néolibéralisme triomphant et de gestion désastreuse de son pays par les régimes successifs de démocratie « kleptocratique », censitaire et de soumission à l'impérialisme occidental de Alpha Oumar Konaré, Amadou Toumani Touré et Ibrahim Boubacar Keïta, DIAKITÉ travailla durant sept mois dans un cabinet d'expertise comptable avant de créer sa propre société, un bureau d'études et de formation la Sahélienne d'appui à la promotion d'entreprises (SAPE), pour contribuer à la reconversion des travailleurs victimes de la destruction de l'appareil économique public, à l'insertion professionnelle des diplômés de l'Éducation nationale, devenue alors une fabrique de chômeurs, enfin, à éviter l'effondrement de l'économie nationale.
En plus, pour préparer l'avenir, il déploya beaucoup d'énergie et d'intelligence dans des recherches sur les stratégies et structures de développement du Mali, surtout quand il prit conscience en 1998 de l'importance stratégique des potentialités maliennes en mines et énergies d'une part, et leur rôle dans le développement socio-économique d'autre part. De cette date à aujourd'hui, soit environ un quart de siècle, il en fit une tâche continue et permanente, axée sur l'articulation industries, mines et énergies, vecteurs déterminants du développement. Auteur de plusieurs publications appréciées par les institutions publiques, il réalisa en 2005, à la demande du Centre d'études stratégiques du Mali, l'étude de faisabilité du « Réarmement économique du Mali ».
Liant toujours la recherche théorique à l'action de transformation progressiste de l'économie et de la société maliennes, il s'impliqua en première ligne dans les interventions des organisations de la société

civile spécialisées sur les questions du développement et dans les activités des forces politiques et sociales mobilisées depuis 2020 pour mettre fin à la guerre et à la crise sécuritaire, socio-économique, politique et institutionnelle imposées par la France et ses alliés impérialistes occidentaux, et rompre les liens culturels, politiques et économiques de domination tributaire, voire de vassalisation qui rivent le Mali et l'Afrique au reste du monde depuis quatre siècles, enfin, refonder le Mali (Mali Kura). C'est ainsi que, de 2014 à 2020, il fut chargé des questions de gouvernance minière au sein de l'ONG malienne ASFA 21, acteur de développement local, humain durable et écologique dans le cercle de Keniéba (région de Kayes), et depuis 2020, il est membre de l'association politique « Espoir Mali Koura-EMK », initiateur et composante du M5-RFP (« Mouvement du 5 juin-Rassemblement des forces patriotiques), tombeur, avec l'aide des forces armées maliennes, du régime fantoche néocolonial d'Ibrahim Boubacar Keïta. Dois-je rappeler qu'à ma demande, du 23 mai 2017 à maintenant, DIAKITÉ n'a cessé de travailler sur les voies et moyens d'avènement d'un Mali nouveau (Mali Koura) ?
À la faveur de ce grand combat à envergure nationale connectée à ceux des forces vives anti-impérialistes des peuples africains, DIAKITÉ entend soumettre son projet politique, « Renaissance et mutation de l'Afrique au 21e siècle (REMA 21) » à l'épreuve du critère de la vérité : celle de la pratique.

En résumé, le parcours politique de Diatrou DIAKITÉ révèle qu'il est, à la fois, un témoin, un produit et un acteur de l'évolution du Mali depuis la période des luttes anticoloniales jusqu'aux combats actuels de rupture avec l'impérialisme néolibéral occidental en passant par les années de son indépendance.
En effet, pendant son adolescence, il fut marqué par les événements politiques et les actes héroïques de ses aînés et des leaders anticolonialistes et indépendantistes africains de l'époque (Kwame Nkrumah, Sékou Touré, Patrice Lumumba, Modibo Keïta, Julius Nyerere, Mohamed V, Gamal Abdel Nasser) qui l'inspirèrent dans le choix de sa vocation, la politique, et lui servirent de références dans ses futurs engagements patriotiques, progressistes, révolutionnaires et panafricanistes. Il devint ainsi dans les années 1960 et 1980 un militant actif des mouvements engagés contre le colonialisme et les dictatures fantoches néocoloniales en vue de réaliser l'avènement du socialisme

en Afrique et l'unité politique du continent. Ensuite, à partir des années 1990, il s'impliqua avec constance dans la lutte contre le néocolonialisme et l'impérialisme néolibéral. Enfin, notamment depuis les années 2000, il a toujours été présent sur le front des combats pour la renaissance africaine, l'unification de l'Afrique dans le cadre d'un État fédéral continental et son leadership dans la nouvelle dynamique d'un monde multipolaire impulsée par les BRICS en ce début du XXIe siècle.

Il a, à chaque étape historique, apporté sa contribution personnelle, riche et originale, à la réflexion pour faire avancer l'action.

Durant toute sa vie, il a fait montre d'un engagement constant, d'un investissement sans calcul aussi bien dans la gestion du secteur public que dans celle d'entreprises privées utiles au développement du Mali, mais également dans l'action politique et sur le terrain de la recherche et de la réflexion prospective pour identifier le « chemin critique », prévoir, anticiper et définir, à chaque étape de la lutte, une orientation et une tactique justes, adéquates aux besoins du moment et adaptées à l'état du rapport des forces entre protagonistes de l'arène politique.

Cadre chevronné, méthodique et rigoureux, intransigeant sur le respect de la morale, de l'éthique et de la déontologie, il a été un professionnel exemplaire et un bâtisseur (« artisan de la construction nationale »).

Parmi ses très nombreuses qualités intrinsèques, je retiens surtout :

- son sens des responsabilités ;
- son dévouement à la cause commune ;
- son abnégation au travail ;
- son courage et sa volonté inébranlable ;
- son énergie inépuisable ;
- son opiniâtreté et sa persévérance ;
- son humilité poussée jusqu'à l'effacement ;
- sa créativité pour innover et inventer, en fécondant les acquisitions théoriques au contact des réalités spécifiques et du « moment» résultant de l'évolution dialectique du mouvement historique ;
- son souci permanent et obsessionnel de l'image de combattant qu'il va laisser à ceux qui vont continuer la lutte ;
- la force de persuasion et de conviction irrésistible qu'il dégage lorsqu'il communique sa foi inextinguible en l'avenir du Mali et de l'Afrique.

Combattant inusable, habité par la passion volcanique de changer le

cours de l'histoire du Mali et de l'Afrique, un « virus » qui, tel un foyer incandescent, le galvanise et le pousse à se surpasser sans cesse. Il chemine avec l'Afrique dans l'âme et le Mali chevillé au corps.
Trésor d'intelligence, esprit fécond, la parole rare, la plume belle et prolifique, il fait incontestablement partie de notre « intelligentsia » patriotique et anti-impérialiste ; il est un spécimen rarissime dans la grisaille actuelle de notre pays, où c'est plutôt la misère intellectuelle, morale et politique qui caractérise nos élites.
En conclusion, je recommande très fortement à tous les patriotes, aux militants politiques anti-impérialistes, aux acteurs de la société civile indépendante, aux décideurs politiques, chercheurs, intellectuels, universitaires, créateurs et producteurs culturels, la lecture et la diffusion de ce livre parce qu'il est très riche, éclairant et innovant ; en plus, c'est un outil de travail aiguisé et un guide pour la pratique.
Plus spécifiquement, je suis convaincu que Debout Afrique !!!!! est appelé à devenir un moyen de prise de conscience collective de la nécessité de la renaissance de l'Afrique et de sa mutation au XXIe siècle, un incubateur de ce projet historique incontournable pour les Africains et une boussole pour leurs actions de conception et de mise en œuvre.
Enfin, je serais personnellement très heureux si les clés de lecture que je propose dans cette **introduction** s'avèrent utiles à tous les utilisateurs pour la compréhension du contenu, du sens et de la portée de l'œuvre réalisée.
Angers (France)
Août 2023

Professeur Many CAMARA
Sociologue et analyste des institutions
et des politiques publiques

PREMIÈRE PARTIE :

PROBLÉMATIQUE DE LA RENAISSANCE AFRICAINE

I. INTRODUCTION AU PROJET DE RENAISSANCE ET DE MUTATION DE L'AFRIQUE AU XXIe SIÈCLE (REMA 21)

1. La culture, vecteur de socialisation et de progrès humains

> « Mon premier soin, si j'arrive au pouvoir, sera de rétablir le sens des mots. » (Lao-Tseu)

En philosophie, le mot culture désigne ce qui est différent de la nature, c'est-à-dire ce qui est de l'ordre de l'acquis et non de l'inné. En sociologie, la culture est définie de façon plus étroite comme « ce qui est commun à un groupe d'individus » et comme « ce qui le soude », c'est-à-dire ce qui est appris, transmis, produit et créé. Ainsi, pour une institution internationale comme l'UNESCO : « Dans son sens le plus large, la culture peut aujourd'hui être considérée comme l'ensemble des traits distinctifs, spirituels, matériels, intellectuels et affectifs, qui caractérisent une société ou un groupe social. Elle englobe, outre les arts, les lettres et les sciences, les modes de vie, les lois, les systèmes de valeurs, les traditions et les croyances. »[1] Ce « réservoir commun » évolue dans le temps par et dans les formes des échanges. Il se constitue en de multiples manières distinctes d'être, de penser, d'agir et de communiquer en société.

La culture est, selon le sociologue québécois Guy Rocher, « un ensemble lié de manières de penser, de sentir et d'agir plus ou moins formalisées qui, étant apprises et partagées par une pluralité de personnes, servent, d'une manière à la fois objective et symbolique, à constituer ces personnes en une collectivité particulière et distincte».

Différentes définitions du mot « culture » reflètent les théories diverses pour comprendre ou évaluer l'activité humaine. En 1952, Alfred Kroeber et Clyde Kluckhohn ont rédigé une liste de plus de 150 définitions différentes du mot culture dans leur livre Culture: a criticalreview of concepts and definitions.

La définition que peuvent en faire les gouvernements lorsqu'ils fixent sa mission au ministère de la Culture diffère de celle que l'on en donne dans les sciences humaines ou de celle qui correspond à la « culture générale » de chacun. Il existe de puissants enjeux politiques et économiques pour définir et encadrer la « culture ». Plus de 150 définitions de la culture montrent la largeur et la profondeur de la culture qui est transversale à toute activité raisonnée et raisonnable des humains. Pour notre cause, nous avons choisi la définition donnée par Guy Rocher à savoir :

1) au sens large : Manière de comprendre, de sentir et d'agir ;
2) au sens dynamique : Capacité de compréhension, capacité de création.

Chaque fois que nous parlerons de culture, ce sera cette définition de Guy Rocher, sans préjudice pour les 150 autres définitions.

« Tant de monde, tant de choses à faire
Si peu fait, tant de choses à créer. » (Tennyson)

L'Afrique, terre sur laquelle l'espèce humaine a vu le jour. Continent sur lequel l'homme a appris à être par sa capacité à comprendre et à créer. C'est en cette Afrique si dure mais tant bénie que face aux difficultés de la vie et de son environnement commençât la Recherche, la plus haute fonction de l'aventure humaine. L'Égypte fut avant la Grèce. C'est en Égypte, huit ans durant, que fit des études (Platon) le père de la philosophie occidentale. C'est en Égypte qu'on retrouva la trace de l'abaque, l'ancêtre de l'ordinateur. C'est en Égypte que, quatre mille ans avant J.-C., les savants établissaient des calendriers solaires de cent ans. C'est cette Afrique des premiums qui est la dernière des continents aujourd'hui.

Cette Afrique, aujourd'hui, tributaire du reste du monde, a l'ardente obligation d'assumer ses fonctions de classe, de prise de conscience de son passé fait de haut et de bas, de son présent marqué par une courbe de régression, et enfin sa mission et sa volonté inébranlable de renaître à elle-même et au reste du monde en rompant, par l'effort et l'espérance, ses liens tributaires aux cinq monopoles de domination du monde. TO BE, NOT TO BE. Voilà le défi. Pour relever ce défi, nous avons adopté deux approches complémentaires à savoir :

1.1. Une approche idéologique

Une approche idéologique, ou même mythique au sens sorélien du mythe, « qui cesse d'impliquer la répétition plus ou moins liturgique du passé, aussi glorieux soit-il, pour devenir la représentation d'une action à mener qui agit comme un moteur sur les masses. La pensée mythique, écrit Sorel, tend à souder des images qui seront essentiellement motrices ».

Cette volonté de créer une énergie renouvelable d'alimentation des superstructures (les logiciels d'actions), nous oblige à sortir des sentiers battus, avec comme vecteur, le concept de Recherche stratégique que nous empruntons encore à Guy Rochet, qui se définit comme suit :

1.2. Une approche stratégique

- Une Recherche stratégique — imagination, innovation, créativité, efficacité. toujours plus d'organisation et de synthèse — prospective qui rompt les liens culturels, politiques et économiques tributaires (pour ne pas dire esclavagistes) qui lient l'Afrique au reste du monde depuis quatre siècles. Cette approche prospective se décline en projet de Renaissance et de Mutation de l'Afrique au XXIe siècle (REMA 21) en étapes suivantes :
    - Vision d'une Afrique unie, déconnectée du cercle vicieux tributaire des cinq monopoles de domination impérialiste et debout sur le sentier du progrès culturel, économique, social ;
    - Valeurs :
        - ✓ souveraineté culturelle, politique et économique ;
        - ✓ justice et souveraineté démocratique du peuple ;
        - ✓ liberté de culte et laïcité de l'État ;
        - ✓ déconnexion comme base doctrinale ;
        - ✓ bouquet synergique des États-Unis d'Afrique comme cadre et outil stratégiques de la Renaissance et de la mutation de l'Afrique au XXIe (REMA 21) ;
        - ✓ concevoir et bâtir en 4M la nouvelle Afrique comme l'avenir de l'humanité ;
        - ✓ appropriation, maîtrise et application de la science et de la technologie à la praxis comme base de socialisation et de progrès.
- Missions intergénérationnelles :
    - Refus du statut tributaire vis-à-vis du reste du monde
    - Concevoir, faire adopter et appliquer de façon inclusive, un projet alternatif africain de développement économique et social écologiste, dans un monde menacé de disparition par le changement climatique d'une part, et les modes de production et de consommation capitaliste en vigueur d'autre part.

      Selon les experts, sur la base des méthodes actuelles de production et de consommation, il faut huit planètes terre pour satisfaire la population mondiale au niveau actuel des États-Unis.
    - Objectif global : Concevoir et réaliser en 4 M, une

nouvelle Afrique humaniste, réarmée culturellement, politiquement et économiquement face aux enjeux et défis du monde nouveau de science et de technologie. Le changement climatique et la méthode de consommation actuelle hypothèquent l'avenir de l'humanité. L'Afrique doit prendre en charge cette donne dans son projet de société.

Face à l'ampleur titanesque des tâches de la REMA 21, les acteurs africains de la REMA 21 doivent être guidés par « les quatre vertus qui, rattachées à la force, donnent de la grandeur aux personnes comme aux nations :

a. la Magnificence qui fait voir grand malgré les difficultés de l'entreprise ;
b. la Manuficence qui fait voir grand malgré le coût des opérations à engager ;
c. la Magnanimite qui fait voir grand sans souci d'en tirer égoïstement du profit ;
d. enfin et surtout la Mutation scientifique et technologique découlant des apports nouveaux de l'Afrique à la socialisation et au progrès de l'humanité au XXIe siècle. Pour paraphraser Machiavel, nous dirons que misérable et vaincu d'avance est le peuple qui nourrit de médiocres projets.

« L'Afrique écrira sa propre histoire, et elle sera au Nord et au Sud du Sahara une histoire de gloire et de dignité. » (Patrice Lumumba, Dernière lettre à sa femme).

1.3. Conception de la renaissance africaine selon les pères fondateurs du concept

Qu'est-ce qu'est la renaissance africaine ?

La renaissance africaine n'est pas seulement une vision du monde, elle est une manière d'être et d'avoir, une manière de construire l'Afrique.

Qu'est-ce que la renaissance africaine ?

Ce terme a été employé de façon explicite pour la première fois en 1948, par le Pr Cheikh Anta Diop dans l'article : « Quand pourra-t-on parler d'une renaissance africaine ? » (publié dans le recueil Alerte sous les tropiques).

Cheikh Anta Diop entend par là plusieurs choses :

- la conscience historique africaine, fortifiée par la connaissance approfondie et autonome de tout le passé culturel africain ;

- le dialogue fructueux des Africains avec leurs propres héritages culturels, danses, musiques, littératures orales et écrites, valeurs esthétiques, valeurs sociales ; langues africaines ;
- la nouvelle créativité des Africains dans le monde d'aujourd'hui où il s'agit non seulement de « recevoir » mais aussi de « donner », de « participer », de « construire », d'« agir » ;
- la renaissance africaine n'est pas seulement une vision du monde, elle est une manière d'être et d'avoir, une manière d'exister, une manière de vivre, de construire l'Afrique.

C'est ainsi que le Pr Molefi Kete Asante, qui est un de ceux qui ont conceptualisé en théorie ce que doit être en pratique la renaissance africaine, pense que « L'Afrique n'a pas pour vocation de devenir l'Europe. L'Afrique doit redevenir l'Afrique ». La Renaissance africaine est la renaissance d'une Afrique qui doit dépendre d'elle-même, qui a vocation d'être elle-même et non asiatique, non américaine, non occidentalisée.

L'Afrique de la renaissance africaine doit être fière d'elle-même, se penser elle-même, elle doit être construite en se nourrissant de la pensée et des œuvres de ses grands esprits. Dans ce sens, l'Afrique ne manque pas de modèles... Pour renaître, l'Afrique doit s'appuyer sur son patrimoine culturel. La renaissance africaine, c'est être et avoir.

La renaissance africaine est un changement de paradigme, qui fait passer l'Afrique de la mort à la vie, du lieu du désespoir à celui de toutes les espérances. La renaissance africaine est la reconstitution de l'Être africain. Nous devons commencer par être, exister, être conscients que nous existons, et plus clairement, que nous existons en tant que nous, comme Dieu lui-même a voulu que nous soyons. Nous ne devons plus être d'autres êtres que nous-mêmes.

Entretenir (Transformer) notre être et notre avoir, notre culture et notre civilisation, en bref notre patrimoine naturel, culturel, économique, spirituel, en jouir pour prouver qu'elles sont à nous, c'est la tâche que nous devons accomplir, chacun de nous selon ses capacités.

La renaissance africaine : une utopie ? Dans une conférence intitulée « La fin de l'africanisme » qu'avait prononcée le Pr Théophile Obenga à Paris, en 2002, il avait évoqué le rôle primordial de la confiance en soi des Grecs, des Romains, et donc de l'Occident en eux-mêmes, qui est la condition première de leur persévérance, de leur esprit inventif et innovateur, de leur capacité à maintenir le cap malgré tous les obstacles.

La renaissance africaine est une ère de retour de la confiance en nous-mêmes. Dans le discours d'orientation des travaux de la conférence sur la renaissance africaine qu'il a prononcé à Johannesburg en 1998, le président sud-africain Thabo Mbeki avait affirmé avec force que « la mission de la renaissance africaine est de faire du XXIe siècle le siècle de l'Afrique ». La confiance est la foi que la renaissance africaine n'est pas une utopie, mais bien une occasion de transformer l'humanité africaine, d'amener chacun de nous en ce qui le concerne à participer activement à la mise en œuvre des projets communs et partagés. Nous devons donc travailler à vitaliser la culture africaine dans tous les domaines. C'est le sens de notre exposé : maîtriser l'oralité et l'audiovisuel. Nous devons recueillir, thématiser, archiver et transmettre aux générations à venir. Nous sommes les maillons d'une chaîne.
Et pour cela, je pense qu'il y a un secret très simple : nous devons prendre conscience que nous sommes des maillons, les maillons d'une chaîne entre nos ancêtres et nos descendants, nous sommes appelés à devenir des ancêtres, et je crois que notre mission sur cette terre est de la quitter avec l'objectif que nos enfants ne nous ferons pas le reproche de ce que nous n'avons pas fait pour eux, nos ancêtres ont été maltraités avec quatre siècles de traite puis la colonisation, nous sommes les générations qui pouvons et devons-nous servir de notre histoire, nous la réapproprier pour nous reconstruire et donner les moyens d'un avenir meilleur à nos enfants. Et je suis convaincue que nous les femmes, nous les mamans, sommes les plus à même de mener à bien cette mission (Extrait de la communication de Evelyne Brener, De l'oralité à l'audiovisuel pour la Renaissance africaine et du rôle de la femme pour cet objectif. 3e Congrès international de la Femme Noire – Kinshasa, 1er décembre 2009).

1.4. Après les pères fondateurs, voici notre approche stratégique prospective de réalisation de la renaissance africaine en ce XXIe siècle

1.4.1. Préactivité à la renaissance et à la mutation de l'Afrique : triple réarmement

1.4.1.1. Réarmement culturel

Le réarmement culturel s'effectue comme suit :

1) La souveraineté culturelle qui consiste à penser par nous-mêmes (Maliens et Africains) et pour nous-mêmes sans aucune contrainte extérieure.
2) La Révolution culturelle qui est, à la lumière des contraintes et exigences des gaps à combler sur les plans

de la gouvernance, de la science, de la technologie pour le développement de l'Afrique, de remettre en cause, sans se renier, notre manière de penser, de sentir et d'agir dans la production de biens et services afin de satisfaire la majorité des Africains.

3) Le développement culturel qui est le développement de notre capacité de compréhension et de création dans un monde où la science et la technologie sont les vecteurs du développement.
4) Organiser et développer nos aptitudes et compétences à la recherche stratégique et à la formation continue de « capital » culturel, politique, économique, scientifique, technologie, etc.

   Les volets 3 et 4 renvoient à la définition de la Recherche stratégique selon Guy Rochet, à savoir :

   - imagination ;
   - innovation ;
   - créativité ;
   - efficacité (atteinte des objectifs) ;
   - toujours plus d'organisations et de synthèse.

Elle a retenu mon attention parce que dans le cadre du réarmement culturel, c'est un moyen de sortir de la routine, de l'ordinaire.

Le réarmement culturel est l'enracinement profond qu'il nous faut pour assurer la renaissance et la mutation de l'Afrique dans la turbulence d'un monde en évolution rapide.

Tout cet échafaudage de REMA 21, comme contribution au progrès continu de l'humanité. Ce 4e M implique que nous devons apporter notre contribution (une valeur ajoutée) à ce que nous avons trouvé avec nos parents et le reste de l'humanité. Une telle dynamique tend toujours vers un modèle qui n'arrête pas de se perfectionner. Mais pour préserver nos valeurs fondamentales dans la mouvance et l'agressivité des environnements, le projet culturel d'un État doit être déconnecté à travers une vision commune, des actions collectives convergentes et dans une direction déterminée, prenant en charge l'avenir collectif souhaité. Les conditions du réarmement culturel :

- pas d'accumulation et de développement sans supports durables ;

- l'écriture permet de conserver, mais aussi d'accumuler le savoir ;
- le papier (qui a remplacé les morceaux de bois, d'os, de pierre) a constitué une capacité illimitée de conservation et d'accumulation du savoir ;
- l'imprimerie a donné une capacité fulgurante à la production écrite du savoir ;
- l'informatique a repris le support papier d'une part, et la capacité de production de l'imprimerie d'autre part ;
- l'informatique a ouvert la voie à une capacité illimitée de calcul, de conception assistée dans tous les domaines de la capacité humaine de compréhension et de création.

L'Afrique doit s'approprier, maîtriser et appliquer à sa praxis, la science et la technologie, les TIC en particulier. Cela lui permettra de combler son gap scientifique et technologique. Mais pour cela, il faudra une refonte fondamentale de notre système d'enseignement et de recherche.

1.4.1.2. Réarmement politique

❖ **Les bases du réarmement politique de l'afrique :**

- ➢ reprise en main par l'Afrique de son présent et de son devenir à travers :
- ✓ un triple réarmement culturel, politique, économique,
- ✓ une évolution sociale rapide mais maîtrisée,
- ✓ la production suffisante de biens et services nécessaires à la satisfaction des besoins de la majorité des Africains ;
- ➢ développer lathéorie et lapratique de l'intégration africaine (théorie bambara des 100 bâtonnets) ;
- ➢ développer lathéorie et lapratique de la doctrine de « déconnexion » consistant à soumettre nos rapports avec l'extérieur aux exigences de notre développement interne ;
- ➢ se soustraire des contraintes et exigences des puissances extérieures n'est qu'un aspect de la problématique de la « déconnexion ». L'environnement de la dynamique du développement de l'Afrique est constitué de toutes les parties prenantes (externes et internes) pouvant influencer le développement de l'Afrique. Or, les Africains ont tendance à rejeter sur l'occident la responsabilité de tous les maux dont souffre notre continent, ce qui est faux. Par rapport à la culture

du développement (recherche, accumulation et formation de capital, etc.) notre passé culturel et nos pratiques sociales sont à revoir à la lumière d'un monde dominé par la science et la technologie. Si nous n'avons pas le courage de nous remettre en cause, nous ne pourrons pas changer la direction du train de développement de l'Afrique, encore moins soutenir la charge du triple réarmement culturel, politique et économique qui est la condition préalable du développement du continent africain en ce XXIe siècle ;

- notre mission de renaissance africaine, est la transformation et le développement de soi, de notre être en s'appropriant et en maîtrisant la science et la technologie dans nos pratiques de recherche (stratégique) qui est la plus haute fonction de l'activité humaine.

Dieu a créé l'être humain, l'a doté d'intelligence, de raison et l'a condamné à transformer son environnement pour sa survie et son bien-être. Dans ce travail sur l'environnement, mais aussi de soi sur soi, la renaissance africaine implique capacité de compréhension et de création. La condition de mise en œuvre de cette capacité est l'acquisition et la maîtrise d'outils de travail à hauteur des tâches à exécuter. L'Afrique, qui est à la traîne sur les plans scientifique et technologique, doit réaliser une transition numérique fondamentale qui lui permettra de faire d'une pierre trois coups : maîtriser à la fois l'oralité, l'écrit et l'audiovisuel.

L'Afrique a perdu la bataille de la scolarisation de masse et de qualité et l'alphabétisation des adultes d'une part, et la production de biens et services à haute valeur ajoutée d'autre part. Pour relever ce défi historique au XXIe siècle voici le chemin critique à suivre :

1.4.1.3. Réarmement économique

Qu'est-ce qu'un pays « riche » ou « développé » ?

Il n'y a pas une ligne de démarcation qui, lorsqu'elle est franchie, fait passer un pays dans le camp des riches ni de chiffre magique qui caractérise les pays riches ou permet de les distinguer des pauvres. Bien mais alors, qu'est-ce qu'un pays riche ?

C'est un pays qui produit suffisamment de biens pour offrir des conditions de vie décente à la majeure partie de sa population.

Avant notre XXe siècle, il n'y a jamais eu un seul pays riche. En effet, avant 1900, aucun pays au monde n'était capable de donner à la majorité

de ces citoyens l'éducation, la santé, et plus généralement des conditions de vie qui leur permettent de vivre assez vieux pour, par exemple, connaître leurs petits enfants : la vie était trop courte et, pourtant dominée par un combat incessant contre la nature et pour se nourrir.
« En ce début du XXIe siècle les pays dits riches sont une trentaine dans le monde, regroupés au sein d'un club : l'Organisation de coopération et de développement économique (OCDE).
Les pays pauvres sont les cent cinquante membres de l'ONU qui n'appartiennent pas à l'OCDE. Dans l'histoire du genre humain, le plus important mouvement de libération est donc ce passage de la pauvreté à la richesse »[1]. Comme on peut le constater, le développement est une notion récente (XXe siècle de notre ère), issue du développement de la science économique, liée à la planétarisation de l'information en général, et de l'information économique en particulier, exprimant la comparaison chiffrée de la production et de la répartition de richesses des pays du monde.
Le développement est donc une notion relative : le Mali n'est pauvre que comparé à un pays riche (France ou Pays-Bas par exemple).
Ce qui rend de plus en plus insupportable le sous-développement (la pauvreté) et donne un caractère absolu au développement, c'est la planétarisation de l'information. Grâce à la radio et à la télévision, le paysan africain sait comment on vit ailleurs en Afrique, Asie, Europe et Amérique.
Cette connaissance entraîne automatiquement la comparaison entre lui et le reste du monde. Cette comparaison aboutit soit à la motivation d'aller en avant vers l'objectif atteint par les autres, soit à la frustration, mère de tous les dérapages : motivation ou frustration, à ce niveau de prise de conscience de soi par rapport aux riches, on quitte la rationalité chiffrée de la science économique pour entrer dans le tourbillon des aspirations au bonheur, au bien-être, à valoir plus, à être plus.
Un pauvre sans repaire n'est pas conscient de sa pauvreté, donc progresse sans pour autant être consciemment impliqué dans la chaîne mondiale du développement.
L'ensemble progrès économique est une fusée, mais l'élément information (économique, sociale et culturelle) est le propulseur : en

[1] Bechir Ben Yahmed, « La révolution du XXe siècle », *Jeune Afrique*, n° 1919–1920 du 15 au 28 octobre 1997, p. 5.

terme humain je dirais la conscience, la motivation. On n'est sous-développé, on n'est pauvre que par rapport à un autre.
« Au début de notre ère, avant la révolution industrielle, les rapports de productivité, pour 90 % de la population mondiale, étaient très voisins allant de 1 à 3, peut-être de 1 à 2. Ils sont maintenant de 1 à 60, c'est-à-dire que la polarisation est un phénomène moderne lié au capitalisme. Les systèmes antérieurs (de production) n'étaient pas des systèmes polarisants. La preuve, c'est que jusqu'à la fin du premier millénaire, il n'y a pas de différence entre l'Europe et l'Afrique au Sud du Sahara. Et c'est entre l'an 1000 et l'an 1500 (cinq siècles seulement) que l'Europe passe du statut de région périphérique de l'ancien système à celui de centre du monde.
Nous avons été habitués, depuis la révolution industrielle jusqu'à la Seconde Guerre mondiale, à ce que le contraste centre/périphérie soit pratiquement synonyme d'opposition entre pays industrialisés et non industrialisés »[2].
Après la Seconde Guerre mondiale, les choses ont commencé à se modifier. Les périphéries sont entrées, bien que très inégalement, dans l'industrialisation ; l'Asie dans son ensemble, et plus particulièrement l'Asie du Sud-Est. Et l'on souligne la concordance entre l'expansion mondiale du capitalisme et le développement. Il est vrai qu'il y a croissance du produit intérieur brut (PIB) et transformation des structures au bénéfice de l'industrie.
Le développement prodigieux des pays d'Asie se fait sous la forme de la délocalisation industrielle :

- ❖ De production partagée : tous les possesseurs de calculatrice de poche la connaissent. Les semi-conducteurs qui se chargent du calcul sont : « made in Americana » et sont ensuite expédiés par bateau dans un pays en voie de développement comme la Corée du Sud ou Singapour, pour la phase de montage. Le produit fini est alors commercialisé essentiellement dans les pays développés. Les statistiques traditionnelles font figurer les calculatrices sur la rubrique « importation » mais en fait ces produits sont représentatifs de la façon dont l'électronique américaine sort sur le marché, ramène des devises étrangères et crée des emplois aux États-Unis.

[2] Samir Amin cite Paul Bairoch dans *Jeune Afrique Économie*, n°°234, février 1997, p. 39.

- ❖ Un autre exemple similaire de l'intégration par étape de production est donné par le grand groupe européen de textile qui effectue le filage, le tissage et la teinture dans les pays de l'Union européenne (processus complètement automatisés, à base de capital, et faisant appel à la haute technologie). Il envoie ensuite par bateau l'étoffe au Maroc, en Malaisie ou en Indonésie, où elle est transformée en vêtement, literie, couvertures, serviettes, matériaux de rembourrage ou rideau. Finalement ces produits sont renvoyés et commercialisés sur les marchés européens.
- ❖ « Une entreprise japonaise exporte une usine clé en main et reçoit la majeure partie du paiement sous forme de produits fabriqués par cette usine, qui sont vendus au Japon. » C'est le cas d'une grande entreprise pétrochimique dans un pays africain dont une partie de la production est destinée au Japon.

L'économie mondiale en ce début du XXIe siècle se fait sur la base de ce que SAMIN appelle les cinq monopoles du centre historique (Amérique du Nord – Europe).

Comme la mondialisation se passe sous forme de putting out, l'Afrique ne possède d'avantages comparatifs qu'en matière d'offre de matières premières et de main-d'œuvre, nous ne pouvons que saisir ce levier pour soulever la barrière qui nous retient sur la route du développement. Donc nous devons commencer par la valorisation de ce que nous possédons en premier lieu, à savoir nos ressources naturelles et la main-d'œuvre constituée par nos jeunes.

Pour soutenir la compétition économique régionale et internationale, nous sommes obligés d'avoir une stratégie de recherche de moyens à hauteur des défis du XXIe siècle. C'est cette démarche volontariste, d'anticipation et proactive que j'appelle réarmement économique de l'Afrique. Il s'articule autour de quatre axes :

- créer un environnement propice à l'investissement et à la compétitivité économique ;
- réaliser les investissements nécessaires à la constitution d'un tissu économique capable de soutenir une forte croissance durable débouchant sur un décollage économique irréversible en 25 ans, ce qui pose comme conditions de réaliser ;
- le triple réarmement culturel, politique et économique, comme préalable ;
- les trois binômes :
  1. paix et sécurité,

2. justice et démocratie,
3. croissance économique et développement humain durables.

1.4.2. Proactivité de réalisation de la REMA 21

Armé des acquis de la pré-activité qui sont des conditions indispensables au grand bond en avant de la mutation historique de la REMA 21, les actions seront centrées sur 12 axes fondamentaux à savoir :

- projet alternatif de renaissance et de mutation de l'Afrique au XXIe siècle (REMA 21) ;
- triple réarmement et trois binômes comme vecteurs de développement ;
- rupture du cercle vicieux des liens tributaires des cinq monopoles impérialistes de domination du monde ;
- transition infrastructurelle ;
- transition énergétique ;
- transition numérique ;
- transition scientifique et technologique ;
- transition industrielle ;
- transition agricole ;
- transition numérique des services et prestations de services ;
- bâtir une nouvelle économie du savoir comme base de la capacité de puissance et capacité de projection de la Nouvelle Afrique ;
- construire une nouvelle société universaliste comme finalité de la REMA 21.

➢ **Moyens :**

- les existants économiques, financiers et autres à utiliser de façon efficiente ;
- les ressources naturelles à mettre en valeur comme actif principal de la stratégie de sortie de la pauvreté ;
- les apports extérieurs comme catalyseurs des efforts internes ;
- la formation continue de capital.

➢ **Conditions :**

- mettre la REMA 21 au centre de tout ;
- recherche stratégique et formation continue de capital comme vecteurs de progrès ;
- déconnexion comme doctrine politique ;

- bouquet synergique des États-Unis d'Afrique comme cadre et outil de la REMA 21 ;
- triple réarmement et trois binômes comme préalables à la REMA 21 ;
- les 12 axes fondamentaux comme cadre et outil de rupture des liens tributaires qui lient l'Afrique au reste du monde. Cela suppose rigueur stratégique, souplesse tactique et constance ; quand on sait que le néolibéralisme n'admet que des puissances complémentaires, mais jamais de puissance concurrente.

➢ **Synergie :**

- les peuples africains sont acquis aux objectifs de la REMA 21 ;
- l'intégration politique et économique africaine est réalisée ;
- le triple réarmement et trois binômes sont réalisés ;
- les 12 axes fondamentaux sont devenus le centre de gravité des actions collectives convergentes de construction de la Nouvelle Afrique, l'objet de la REMA 21.

II. DÉMOCRATIE ET ÉMERGENCE EN AFRIQUE

Résoudre l'équation de la confusion sémantique pour mieux appréhender le développement. Émergence, démocratie et développement sont des concepts qui sont au centre de tous les discours des chercheurs et des politiques en ce début du XXIe siècle. Leur importance est telle dans les processus politique, économique et social de la vie publique des nations, qu'il nous semble indispensable de les clarifier pour mettre fin à la confusion sémantique afin de faciliter la compréhension de la rationalité et de la complémentarité des trois concepts. Cela nous permettra de remettre les pendules à l'heure afin de recentrer la réflexion sur leur rationalité et leur complémentarité dans la problématique globale du développement.

« Le concept de pays émergents est né dans les années 1980 avec le développement des marchés boursiers dans les pays en développement », rappelle Wikipédia. Selon cette encyclopédie, le premier à utiliser le terme « émergent » est Antoine van Agtmael, économiste néerlandais à la Société financière internationale (SFI) en 1981 pour parler de pays en développement offrant des opportunités pour les investisseurs. De là, généralement, on a considéré que les pays émergents sont ceux en « développement » qui ne font pas partie des

« pays les moins avancés ». Mais, cette définition est réduite à celle de « nouveaux pays industrialisés ». Ce qui lui confère une dose d'ambiguïté sémantique qui a été levée progressivement au fil de l'histoire, sans toutefois, aboutir à un consensus.

La notion de pays émergent trouve sa consécration en 2001, lorsque la banque d'affaires Goldman Sachs constate l'important potentiel, en matière de croissance économique, de quatre pays que sont le Brésil, la Russie, l'Inde et la Chine (BRIC) anciennement considérés comme des puissances pauvres. En effet, le Brésil est une ancienne dictature de l'Amérique latine ; la Russie et la Chine sont issues du bloc communiste ; et l'Inde est un ex-pays non aligné. Mais, le Brésil est devenu un géant agricole, l'un des leaders des biocarburants ; la Chine, un géant manufacturier et l'Inde un géant dans les nouvelles technologies de l'information et de la communication.

Le caractère émergent de ces quatre pays apparaît à travers leur bonne intégration dans l'économie mondiale en exportant plus de biens et en ayant une balance commerciale positive. Dès 2004, selon le rapport de Goldman Sachs, les BRIC appartiennent aux 15 premiers PIB (la Chine en 6e position, l'Inde 10e, le Brésil est 14e et la Russie 15e). Ces pays émergents se caractérisent par une imposante population, des capacités technologiques qui impulsent une mutation profonde, la taille gigantesque de réservoir de main-d'œuvre, la richesse des sous-sols, particulièrement pour la Russie.

La diversité des études sur les pays émergents révèle combien le contenu de ce concept a fondamentalement évolué, excluant rigoureusement tout consensus. Le Centre d'études prospectives et d'informations internationales (CEPII, 1996) définit le concept de pays émergent à partir de trois critères. Il s'agit :

- du niveau de richesse (revenu moyen par tête en 1996 inférieur de 70 % au niveau moyen des pays de l'OCDE) ;
- d'une participation croissante aux échanges internationaux de produits manufacturés (croissance des exportations de produits manufacturés supérieure de 2 % par an à la croissance des échanges mondiaux) ;
- d'une attraction exercée sur les flux internationaux de capitaux (rôle des places financières).

Près de 1,4 milliard d'individus en 2022 soit 18 % de la population mondiale.
Au-delà du produit intérieur brut (PIB), le CEPII considère deux autres indicateurs qui se réfèrent à la place des pays dans les relations internationales. L'émergence économique s'inscrit ainsi dans une logique d'ouverture économique vers l'extérieur dans le cadre du libre-échange qui caractérise les échanges internationaux sous l'égide de la rationalité de la vision classique de l'économie internationale.

En 2008, une étude, intitulée « Après les BRICS, les prochaines 13 » (Fontagné A. et al., 2008), fait remarquer que les économies brésilienne, russe, indienne et chinoise sont désormais considérées comme des puissances mondiales. Elles constituent ensemble environ 2,78 milliards d'individus et représentent 13 % du PIB mondial et 47 % du PIB des pays en voie de développement. Sur la base de trois nouveaux critères (taux de croissance de 7 à 8 %, cadre macroéconomique plus discipliné donc plus résistant et environnement institutionnel de qualité), l'étude prend en compte de nouveaux pays qui sont classés parmi les pays émergents, faisant ainsi évoluer le sigle de BRIC.

De nouvelles configurations sont mises en exergue : les BRICS (avec l'introduction de l'Afrique du Sud), les BRICM (avec le Mexique), les BRICK (avec la Corée du Sud) et les BRICSAM (avec l'Afrique du Sud, l'Argentine et le Mexique).
Philippe Hugon (2010), professeur émérite, chercheur à l'Institut des relations internationales et stratégiques (IRIS), faisant la synthèse des réflexions récentes sur les économies émergentes dans la revue géopolitique consacrée à l'histoire des mondialisations, propose ses critères pour être pays émergent. Il s'agit notamment du taux de croissance économique, de la taille de la population, la diversification de la production, l'importance des exportations et des importations (taux d'ouverture), l'intégration au monde financier international, le rôle stratégique de l'État pour le développement et les investissements dans la recherche et le développement. Tout comme la capacité de protéger le territoire.
L'émergence du pays renvoie à une vision fortement systémique qui prend en compte des critères économiques, politiques et stratégiques, s'inscrivant dans une dynamique nationale et internationale.

L'émergence du pays vise également l'objectif de « puissance économique » dans un environnement mondial turbulent. La redéfinition du rôle de l'État constitue une réhabilitation de l'interventionnisme de l'État en tant qu'acteur stratégique capable de « booster » la dynamique du développement.

En définitive, la définition de l'émergence économique renferme une dose de subjectivité liée au choix des critères de classification qui présente des pays émergents selon le FMI, le Standards & Poors, l'IRIS, le CEPII… (E. Brière, 2009). Toutefois, l'émergence observée par ces institutions est « nettement différente de celle qu'a connue la triade » (Kenichi Ohmae, 1985).

1. Le pouvoir au peuple de gérer son destin

La définition la plus courante de la démocratie est « le gouvernement du peuple, par le peuple et pour le peuple » (Abraham Lincoln). Pour être plus concret, on pourrait dire que, dans un système démocratique, le pouvoir vient du peuple qui l'exerce en vue de ses propres intérêts.

Les droits de l'homme sont bien plus qu'une simple composante de la démocratie. Ils représentent la condition sine qua non pour le bon fonctionnement d'un système démocratique. Le développement et l'évolution des droits humains ne sont possibles que si les hommes vivent au sein d'une démocratie, puisque ce n'est que dans ce système que la population peut élaborer elle-même les lois qui vont la régir et contrôler publiquement les trois pouvoirs : le législatif (le pouvoir de proposer et voter des lois du Parlement), l'exécutif (le pouvoir d'appliquer la loi : il s'agit du président de la République et du gouvernement) et le judiciaire.

Par ailleurs, les droits de l'homme ne sont efficaces que lorsque le pouvoir d'État est lié à un droit autonome et indépendant, et que tous les hommes sont traités sur le même pied d'égalité devant cette justice. De même, il est essentiel, dans les démocraties, de bien établir une séparation des pouvoirs pour que la justice soit autonome et indépendante. Il en résulte une relation triangulaire entre démocratie, droits de l'homme et séparation des pouvoirs, qui représentent ainsi des éléments interdépendants.
Ce que la notion de « Droits de l'homme » veut vraiment dire ? Une

définition stricte décrirait les droits humains comme des droits inhérents à l'individualité de chacun en matière de protection contre toute velléité de l'État à porter atteinte contre sa personne. L'homme jouit de ces droits dès sa naissance et l'État ne peut pas les lui retirer. Ils forment la base même des relations humaines qui régissent la vie en société, que ce soit au plan international, national, local ou familial. Ils embrassent différents domaines que nous allons expliquer de manière succincte.

Les droits de la personnalité individuelle forment le noyau des droits de l'homme, puisqu'ils incluent, entre autres, le droit à la vie et le droit au libre épanouissement de la personnalité. Grâce à ces droits, l'homme peut par exemple être protégé des attaques et manifestations de violence contre sa personne, et préserver son intégrité et sa dignité humaine.
Les droits politiques et civils sont là pour garantir à chaque citoyen et citoyenne une libre participation à la vie politique de sa communauté. Ce qui signifie qu'il ou elle ne doit craindre aucune sanction non justifiée. Les droits les plus importants concernent, sur ce point, aussi bien la liberté d'opinion, la liberté de presse, la liberté de se réunir que celle de s'associer.

En respect des droits sociaux et économiques, le minimum vital pour la survie de l'être humain doit lui être garanti. Y est inclus, entre autres, le droit à l'éducation, puisqu'il faut partir du principe que toute personne doit bénéficier d'une formation pour ne pas se retrouver affamée et sans ressource.

Des droits relativement nouveaux ont été rajoutés à cette liste : ce sont les droits de la 3e génération. Ils sont là pour démontrer que les droits de l'homme peuvent évoluer et qu'ils ne restent pas immuables, fixés sur leur point de départ. Ils sont, entre autres, composés des droits au développement, qui visent la réduction du fossé qui sépare les riches des pauvres, et des droits à l'environnement qui garantissent que les espèces vitales à l'homme ne soient ni endommagées, ni détruites…

2. Développement et émergence

Des définitions et explications du concept d'émergence, il ressort que ce concept n'est pas lié à la démocratie. Il n'est ni le contenant, encore moins le contenu que nous lui donnons en la confondant avec le développement. Bien sûr, elle se confond avec celui-ci (développement) au sens littéral du terme. Mais, n'oublions jamais qu'elle a le sens que lui donnent les financiers néolibéraux dans le cadre des critères de croissance économique et d'intégration au marché capitaliste mondial qui jurent avec les préoccupations de développement humain sans lesquelles la croissance est synonyme d'injustices et d'inégalités.

À mon humble avis, l'émergence néolibérale est une déviation dans le processus de développement en détachant la croissance de la satisfaction des critères de sortie de la pauvreté des masses populaires des pays de la périphérie. La préoccupation de l'émergence néolibérale est la rentabilité.

Heureusement, pour une des rares fois, les Africains ont fait un travail non pas de déconstruction, mais de conceptualisation de l'émergence en tant que concept porteur à la fois des critères de croissance économique, de démocratie, mais aussi et surtout de développement.

Ainsi, « L'Observatoire pour l'émergence en Afrique » (OBEMA), un Think tank d'experts africains, a rendu publique la première édition de son « Index de l'émergence en Afrique » qui classe les pays africains selon une approche méthodologique nouvelle et adaptée aux réalités du continent. En effet, selon le Pr Mamoudou Gazibo et le chercheur Olivier Mbabia, respectivement coordonnateur et coordonnateur adjoint de l'OBEMA ainsi que concepteurs de cet index, « il n'existe pas de conceptualisation claire et adaptée à l'Afrique de la notion d'émergence ». Et ce, en dépit de l'agitation constatée sur le continent concernant cette question. Notant, par la même occasion, que sur 54 pays africains, 37 ont lancé un plan visant à se hisser au rang de pays émergent.

Toujours selon les concepteurs de cet index, cette frénésie observée sur le continent concernant l'émergence reste, en fait, sous-tendue par l'idée de bonds économiques, tout en s'inspirant implicitement de la trajectoire des États développementaux asiatiques. À ce propos, les tentatives de définition de l'émergence dépendent, jusqu'à présent, d'approches différentes sur le sujet. Celles-ci tenant principalement, d'une part, des considérations de l'émergence du point de vue de la finance internationale. D'où l'expression « marché émergent » ! Et, d'autre part, des considérations visant à appréhender l'impact du phénomène de l'émergence sur la recomposition des équilibres géoéconomiques et géopolitiques internationaux. Cela, dans la mesure où les pays émergents (en parlant surtout des BRICS) s'affirment sur la scène internationale aux dépens des puissances issues des vagues de développement antérieures.

Ainsi, « l'Index de l'émergence en Afrique 2017 » tente de corriger ces manques en adoptant une approche fondée sur les facteurs aussi bien universels en matière de développement, que spécifiques à la réalité africaine d'aujourd'hui. L'index propose donc de définir l'émergence comme « un processus de transformation économique soutenue qui se traduit par des performances aux plans social et humain et qui prend place dans un contexte politique et institutionnel stable susceptible d'en assurer la soutenabilité ».
Une approche nouvelle, d'ailleurs saluée par l'agence du NEPAD. « Les paramètres macro-économiques purement quantitatifs ont leurs limites. La croissance du PIB ne dit rien de sa répartition et donc des effets d'entraînement sur l'économie. De même, une simple mesure de la dette ne permet pas de distinguer ses usages, parfois économiquement non rentables, mais socialement indispensables », précise Dr Ibrahim Assane Mayaki, secrétaire exécutif du NEPAD, en préfaçant cet index.

Par contre, souligne-t-il, « une croissance plus faible, mais mieux répartie, réinvestie dans des projets structurants, et des investissements dans un secteur public qui relaie efficacement l'action de l'État ne sont pas incompatibles avec des économies puissantes. Ainsi, le montre l'exemple du Japon et des pays scandinaves dans le premier cas, de la Chine dans le second ».

Appréhendant l'émergence comme un phénomène multidimensionnel et contextuel, l'index retient donc 23 indicateurs comme fournissant un cadre opératoire permettant de saisir les dynamiques éventuelles (ou non) d'émergence. Ceux-ci sont regroupés en quatre dimensions dont :
La première est politique et tient à :

- ✓ la stabilité démocratique (1) ;
- ✓ le leadership (2) ;
- ✓ l'intégrité de la bureaucratie (3) ;
- ✓ la corruption (4) ;
- ✓ la gestion publique (5) et ;
- ✓ l'appareil de sécurité (6).

La deuxième est économique et regroupe :

- ✓ la croissance du PIB (7) ;
- ✓ les infrastructures (8) ;
- ✓ le climat des affaires (9) ;
- ✓ le secteur rural (10) ;
- ✓ la diversification (11) et ;
- ✓ la qualité de l'intégration régionale (12).

La troisième relève, quant à elle, du développement humain et regroupe :

- ✓ l'indice d'éducation (13) ;
- ✓ l'émigration des personnes qualifiées (14) ;
- ✓ le ratio emploi–population (15) ;
- ✓ le taux de participation des femmes à la population active (16) et ;
- ✓ le taux d'alphabétisation (17).

Enfin, la quatrième est sociétale et regroupe notamment :

- ✓ les dépenses dans le domaine de la santé en pourcentage du PIB (18) ;
- ✓ l'espérance de vie à la naissance (19) ;
- ✓ l'accès à l'eau potable (20) ;
- ✓ l'accès à l'électricité (21) ;
- ✓ la protection de l'environnement (22) et ;
- ✓ l'inégalité de revenu sur la base du coefficient de Gini (23).

Ainsi, sur la base de scores allant de 0 à 100, « l'index de l'émergence en Afrique 2017 » établit une classification (réservant de nombreuses surprises) des pays africains en les qualifiant « d'émergents », de « seuil », de « potentiel » ou « autre ». Sont donc qualifiés de pays « émergents », ceux qui sont engagés dans un processus de transformation économique soutenue dans un contexte socio-politique inclusif et institutionnel stable, susceptible d'en assurer la soutenabilité.

On y retrouve 11 pays africains avec à leur tête, Maurice (1er), l'Afrique du Sud (2e) et les Seychelles (3e). Le « seuil » désigne, quant à lui, les pays qui sont à la limite au-delà de laquelle pourrait s'amorcer le processus d'émergence. On y retrouve également onze pays avec en tête l'Égypte (12e), l'Ouganda (13e) et l'Algérie (14e).

Pour sa part, la catégorie qualifiée de « potentiel » concerne les pays qui, certes, possèdent des ressources et des capacités importantes, mais ne réussissent pas encore à les mobiliser en vue de l'émergence. Il concentre le plus gros contingent avec 21 pays africains parmi lesquels on retrouve Djibouti (23e), les Comores (24e) ou encore le Libéria (25e).

Enfin, la catégorie « autre » correspond aux pays dont les performances ne permettent pas, en ce moment du moins, de les positionner sur la voie de l'émergence. On y retrouve aussi onze pays avec, en fin de classement, le Tchad (52e), le Soudan du Sud (53e) et, enfin, la Somalie (54e).

Au niveau régional, l'Afrique australe arrive en tête dans la dimension politique avec un score de 45, suivie respectivement de l'Afrique de l'Ouest (44), de l'Afrique de l'Est (31), l'Afrique centrale (30) et l'Afrique du Nord (30).

Au niveau économique, l'Afrique du Nord devance le classement avec un score de 45, suivie respectivement de l'Afrique australe (40), de l'Afrique de l'Ouest (37), l'Afrique de l'Est (35), et enfin de l'Afrique centrale (30).

Dans le domaine du développement humain, l'Afrique australe arrive encore en tête avec un score 58, suivie respectivement de l'Afrique centrale (54), de l'Afrique de l'Est (52), de l'Afrique de l'Ouest (48), et l'Afrique du Nord (47).

Enfin, au niveau sociétal, c'est l'Afrique du Nord qui domine le classement avec un score de 75, suivie respectivement de l'Afrique australe (56), de l'Afrique de l'Est (54), de l'Afrique de l'Ouest (53), et de l'Afrique centrale (48).

Au total, on observe que l'Afrique australe devance les autres régions dans les domaines de la politique et du développement humain, tandis que l'Afrique du Nord occupe la première place dans les deux autres dimensions (économie et société). La région méridionale du continent constitue donc la seule à se positionner convenablement dans toutes les dimensions de « l'Index de l'émergence en Afrique 2017 ».

3. Démocratie et renaissance africaine

3.1. Se réarmer politiquement pour déconnecter de l'influence occidentale

Lorsque nous observons l'Afrique ces deux dernières décennies, nous constatons que les pays qui ont réellement émergé sont ceux qui ont mis

en veilleuse la démocratie dans sa conception occidentale, notamment l'Éthiopie et le Rwanda. La démocratie, telle que nous la vivons aujourd'hui, peut-elle favoriser l'émergence de nos États, notamment au Mali, voire en Afrique francophone ?
Pour se développer, l'Africain doit se réarmer politiquement, donc être capable de concevoir un projet de renaissance et de mutation de l'Afrique et être capable d'appliquer ce processus de renversement du cours de l'histoire. Et cela à travers les États-Unis d'Afrique déconnectés ; le triple réarmement culturel, politique et économique.
Les deux pays africains cités comme exemples, à savoir le Rwanda et l'Éthiopie comme des modèles des schémas d'émergence en Afrique.
Si nous nous référons à la singerie de la démocratie occidentale que nous constatons dans la majorité des pays africains, le régime de Paul Kagamé n'est pas démocratique parce qu'il refuse de se soumettre aux exigences des puissances néocoloniales.

Par contre si la démocratie est, sans aucune contrainte extérieure, la conception et l'application des lois et règlements qui régissent le vivre-ensemble et le processus de socialisation et de progrès, alors le Rwanda est une démocratie. Par contre, si l'on se réfère aux critères économiques et financiers néolibéraux d'émergence, le Rwanda, comme 90 % des 54 pays africains, ne peut devenir émergent que dans le cadre de la dynamique de polarisation du développement capitaliste à l'échelle mondiale. Mais, si l'on se réfère à la définition africaine (OBEMA) de l'émergence, alors le Rwanda est bel et bien un exemple africain sur la voie de l'émergence. Selon le classement 2017 de l'OBEMA, le Rwanda se classe 6e sur 54 pays africains.

Quant à l'Éthiopie, elle se classe 29e sur 54 pays africains. Sur le plan de la démocratie son régime est classé comme autoritaire pour ne pas dire pas démocratique selon les critères européens. Jugée en fonction des critères économiques et financiers néolibéraux, l'Éthiopie est loin d'être émergente. Mais, c'est un peuple qui porte dans son ADN la volonté démocratique de souveraineté dans la conception et l'application des lois et règlements de sa vie communautaire. C'est le seul pays africain qui a pu échapper au partage de l'Afrique entre les puissances européennes. Bien sûr il y a eu la sanglante tentative de colonisation italienne à laquelle le peuple éthiopien a résisté victorieusement.

Afin d'accélérer le développement, aidé par l'industrialisation, le régime ouvrit le pays aux investissements directs étrangers (IDE). En 2009, Meles Zenawi a inauguré le barrage le plus élevé d'Afrique sur le Tekezé au Tegray. Ce qui a permis au ministère de l'Agriculture d'offrir trois millions d'hectares, soit un septième de la surface agricole utilisée (SAU), à l'agro-industrie. Depuis 2012, de grandes serres ont hissé l'Éthiopie au deuxième rang africain des exportateurs de fleurs coupées. Une vague de constructions a déferlé d'Addis-Abeba sur les petites villes. Sans compter que chaque mois, les routes s'allongent et la capitale, traversée par un tramway, est méconnaissable pour qui revient après un an d'absence.

Le Grand Barrage de la renaissance éthiopienne (le deuxième d'Afrique) et de nouveaux ouvrages géants ont consacré l'indépendance énergétique de l'Éthiopie qui a vendu du courant à ses voisins et électrifié son nouveau réseau ferroviaire. Publié en 2010, le Growth and Transformation Plan (GTP, héritage de Meles Zenawi décédé en 2012) fait du pays un immense chantier.

À la traîne du développement jadis, l'Éthiopie est désormais à l'avant-garde. Le régime prétend que la croissance économique à « deux chiffres », la règle depuis dix ans, va s'inscrire dans la durée : en 2013, le RNB/habitant (revenu national brut par habitant) atteint 1 140 dollars/pa (contre 870 dollars en 2008). Pourra-t-il tenir le pari ? En effet, aujourd'hui démographiquement au second rang en Afrique avec 89,2 millions d'habitants, l'Éthiopie en comptera vraisemblablement environ 178 millions en 2050.

3.2. Quid de la renaissance à l'échelle africaine !

Le sous-développement est un cercle vicieux ; or, il est prouvé qu'on ne sort pas d'un cercle vicieux, il faut le rompre. Face à l'ardente obligation de l'Afrique de renaître à elle-même et au reste du monde, que doit-elle faire ?

Depuis le XVIe siècle jusqu'à nos jours, l'Afrique a été inhibée. Elle a été confinée à l'imitation, à la consommation des inventions d'autrui, à consommer ce qu'elle ne produit pas. Pour renverser cette tendance doublée du complexe de l'occident, il faut nécessairement avoir confiance en nous-mêmes, compter d'abord sur nos propres forces et réaliser les quatre révolutions préalables à la renaissance et au basculement scientifique et technologique de l'Afrique. Il s'agit des

révolutions culturelle, politique et institutionnelle, économique et sociale.
Avec plus de 60 % des terres arables du monde, l'Afrique n'arrive pas à se nourrir. Avec plus d'un milliard d'habitants en majorité jeune, l'Afrique n'arrive pas à sortir des sentiers battus, à faire preuve d'innovation et de créativité pour mettre en valeur ses ressources humaines. Pour comprendre ces paradoxes, il est nécessaire de rappeler que toute guerre (surtout économique et sociale) est avant tout celle de l'intelligence. La bataille du développement se pense, se conçoit intellectuellement d'abord. D'où le réarmement culturel comme préalable en tant que capacité de compréhension et de création. L'arme culturelle est transversale à toutes les étapes de la lutte. Dans l'évolution du rapport de force morale, politique et économique, c'est toujours le meilleur traducteur qui gagne. En guerre économique comme militaire, il faut savoir traduire l'évolution des rapports de force en adaptant ses armes à celles de son adversaire.

« Le conservateur qui a entrepris la lutte pour préserver les armes est vaincu d'avance », dit-on. En ce XXIe siècle où le savoir est la première richesse ; la science et la technologie doivent être les vecteurs de la renaissance africaine. Dans cette vision, il ne faut pas concevoir l'émergence de l'Afrique en fonction des valeurs et critères impérialistes néolibéraux. Mais, en fonction des enjeux et défis de la construction d'une nouvelle Afrique, celle qui sera conçue par les Africains et pour les Africains.

La croissance économique et le développement humain durable sont liés à une doctrine politique appelée « Déconnexion », c'est-à-dire « la soumission de nos rapports avec l'extérieur aux exigences de notre développement interne », selon Samir Amin. Une telle doctrine n'est applicable qu'à travers l'union des forces africaines face à des partenaires et (ou) adversaires plus puissants, d'où l'application de la théorie bambara des 100 bâtonnets que j'ai rebaptisée « Théorie du bouquet synergique de l'intégration africaine » !
L'union permet de résister à de puissants adversaires, mais aussi de donner un impact multiplicateur aux actions collectives convergentes. L'effet synergique se caractérise par la formule : 1 + 1 = 3 au lieu de 2. Contrairement à l'Union européenne, les États-Unis fonctionnent sur la base d'un marché d'un État politiquement intégré dans toutes ses

dimensions. Il y a ainsi une circulation du capital, des marchandises et des travailleurs sans aucun handicap.
Concevoir un projet d'émergence de l'Afrique au XXIe siècle.
Il n'y a pas de bon vent pour celui qui ne sait où il va ; et celui qui ne pense pas à l'avenir n'a pas d'avenir. Quand les responsables africains s'épuisent dans la gestion des urgences, les stratèges des grandes puissances ont leur vision sur l'Afrique et travaillent sur des plans de 25 à 50 ans.
En ce XXIe siècle, exister c'est produire et vendre (biens et services). L'Afrique produit et vend des matières premières sans grande valeur ajoutée. En effet, les produits agricoles africains sont exportés pour être transformés hors d'Afrique. Les ressources naturelles ne subissent aucune transformation sur place. Les producteurs de pétrole importent l'essence. Grand producteur de coton, le Mali ne transforme par exemple que 0,43 % de sa production. Seule l'Égypte transforme 100 % de sa production de coton.

Avec la soumission actuelle de l'Afrique aux exigences de l'ajustement structurel néolibéral, le continent ne se développera pas, et l'intégration africaine restera une tribune de discours creux. Dans le meilleur des cas, le néolibéralisme qui n'est pas une technique économique mais une doctrine d'imposture politique de prédation, n'admet pas l'émergence de puissance économique concurrentielle.

Le patinage continu de l'Afrique sur le chemin du développement n'est que l'effet débilitant de la dépendance culturelle et politique de ses dirigeants. Le continent ne va décoller dans sa totalité que quand nous serons capables de prendre notre part dans la division internationale du travail ; de préparer nos ressources humaines à cette ouverture au monde. Et cela à travers l'éducation et la formation professionnelle, le soutien sans réserve aux nationaux dans des domaines économiques comme les petites et moyennes entreprises industrielles de transformations des produits locaux. Il faut aussi faire évoluer l'agriculture familiale traditionnelle extensive (à traction humaine ou animale) vers une agriculture moderne et intensive. Toute autre production de biens et services est à la portée des nationaux, dans le cadre de la satisfaction des besoins nationaux. Sans ce soutien, toute autre rhétorique est imposture face à la concurrence internationale impitoyable dite libre.

Il est aussi indispensable de revisiter le NEPAD en ne comptant pas directement sur les financements occidentaux, mais en ouvrant l'Afrique et ses chantiers d'infrastructures, d'industries manufacturières et non manufacturières au monde entier sur des bases légales, transparentes qui lient croissance économique et développement humain durable. Les investissements en question seront adossés aux ressources naturelles à exploiter.

Sur les cinq monopoles de domination du monde, en ce début du XXIe siècle, l'Afrique ne peut agir immédiatement que sur une seule, à savoir l'accès aux ressources naturelles de la planète. Et nous ne devons pas oublier que si « l'industrie est notre avenir, l'agriculture est notre éternité ».

III. L'AFRIQUE FACE AUX ENJEUX DE L'ÉMERGENCE

1. S'inspirer des expériences extérieures pour créer un modèle à la hauteur de nos défis

Qu'elle soit athénienne, européenne ou africaine au XXIe siècle, la démocratie n'a de sens qu'en tant que processus de création collective face aux difficultés de la vie de la cité. Au-delà de toute considération idéologique, un peuple ne peut être démocrate en se contentant de singer d'autres. La démocratie initiale, athénienne, a été, en dehors de toute contrainte extérieure, l'élaboration et l'application de lois et règlements régissant le vivre-ensemble et le bonheur collectif.

L'évolution de la procédure démocratique d'acquisition du pouvoir par des élections au suffrage direct, sans garde-fou, ouvre la porte à la prédominance des soucis électoraux à court terme des acteurs politiques au détriment des perspectives collectives à long terme. On dit que « l'homme politique a les yeux rivés sur la prochaine élection ; alors que l'homme d'État se préoccupe de l'avenir à moyen et long termes de son peuple ».

Le politicien est par essence un faible, contrairement à l'homme d'État qui est fort parce que soustrait de contingences électoralistes. C'est ainsi que les grands hommes mettent en jeu leur poste de dirigeant face aux exigences des réformes fondamentales.
Ainsi, après les événements de mai 1968, le général Charles de Gaulle

organisa des élections législatives que son parti a gagnées. L'année suivante (1969), il organisa un referendum sur son projet de régionalisation. D'entrée de jeu, il précisa qu'en cas de rejet de son projet il quittera le pouvoir. Une majorité des français se prononça contre son projet à cause de la non-implication effective des élites de son propre camp. Le jour même de la proclamation des résultats du référendum, de Gaulle quitta le pouvoir. L'année suivante (1970), il mourut dans son village. Douze ans après, ses adversaires de gauche arrivés au pouvoir ont réalisé la régionalisation en y apportant leur touche personnelle.
En 2016, les Américains ont élu démocratiquement Donald Trump. Ce dernier applique sa vision d'homme d'affaires doublé d'homme politique électoraliste. Il le fait sans hypocrisie politique ou morale en dévoilant le vrai visage du capitalisme néolibéral foulant au pied les intérêts du reste du monde. Et cela, en dénonçant les accords sur le climat, sur le commerce mondial, sur les armes de destruction massive. La doctrine néolibérale d'avidité, de refus du partage, d'intolérance vis-à-vis de toute puissance concurrente, met à nu l'imposture de la démocratie occidentale. Les gens oublient que d'Athènes à Washington en passant par la Rome impériale, le pouvoir a été démocratique en occident, mais esclavagiste à l'extérieur.
Ce sont d'ailleurs les Grecs qui inventèrent l'esclavage dans sa forme que nous connaissons. Dans un tel contexte, toute singerie de l'Occident par l'Afrique est une opération subtilement empoisonnée.

L'Afrique ne doit pas se priver de l'expérience du reste du monde, elle doit s'en inspirer. Mais elle a l'ardente obligation de créer son modèle à la hauteur des enjeux et défis de son passage de lanterne rouge en phare du développement dans un monde de science et de technologie.

2. Sortir des sentiers battus de la colonisation

L'indépendance des colonies devait être une rupture avec les conceptions et pratiques de l'administration coloniale d'une part, mais aussi avec certaines idéologies et pratiques précoloniales d'autre part. Face à la nécessité de transcender ces deux gouvernances, il fallait sortir des sentiers battus pour répondre aux questions de développement pour lesquelles il n'y a pas de réponse a priori.
Si la démocratie est « le gouvernement du peuple par le peuple et pour le peuple », les Africains ne doivent pas singer l'Occident, mais doivent

aussi éviter de se fixer sur le rétroviseur. Ils doivent concentrer leur regard et leurs efforts sur l'horizon collectif du peuple en quête d'une vie meilleure, tout en surveillant l'environnement à travers les rétroviseurs.

Ainsi, comme à la naissance de la démocratie athénienne, l'Afrique doit s'affranchir du passé (colonial et précolonial) à travers un projet de société régi par une vision, des lois et règlements émanant du peuple et qui les change à la lumière des succès et échecs de sa gouvernance, de sa praxis.

Contrairement à une telle démarche participative par objectifs, les leaders ont rarement su se soustraire des influences coloniales qu'ils prétendent combattre. L'esprit démocratique c'est le symbole d'un peuple qui s'affranchit en créant continuellement les moyens et les conditions du progrès collectif.

3. L'Afrique face aux défis du développement — La problématique du développement

L'Afrique est le continent le plus doté en ressources, mais c'est le continent le plus pauvre de la planète.

L'Asie en général (le Japon en particulier) n'est pas dotée comme l'Afrique, mais transforme tout pour créer la richesse.

Les États-Unis ne se sont pas développés avec le Saint-Esprit, mais avec :

- le travail des esclaves ;
- la force mécanique ;
- la force électromécanique ;
- mais aussi et surtout par la synergie du mode de production capitaliste à savoir la jonction de la science, de la technologie avec le capital financier.

Cette jonction à effet synergétique n'est pas possible sans un stade élevé de recherche stratégique, d'organisation et de travail assidu. Si l'infrastructure engendre la superstructure, les deux constituent la base synergique de la force de créativité dans la praxis. Si Dieu a créé tout, il a doté l'humain d'intelligence et de raison pour transformer tout pour sa survie et son bien-être.

Pour vivre et survivre, l'homme est passé successivement de la cueillette, à la chasse, à l'agriculture, à l'industrie. Chaque mode de

production avec ses rapports de production : communautaire, esclavage, servage et salariat capitaliste. « Dieu ne change les conditions d'un peuple que lorsque ce peuple change son tréfonds. » Le développement n'est pas un phénomène naturel, il découle de la capacité et de la volonté d'aller de l'avant par plus d'organisation, d'innovation et de créativité.
Aucun pays ne manque de ressources pour son développement. Ce qui peut manquer c'est la capacité à tirer profit de ses ressources. Quant aux ressources naturelles, elles ne sont que des potentialités que le travail de l'homme transforme en richesses, ce qui explique que le développement est la maîtrise scientifique, technologique et sociale de l'environnement pour le bonheur de l'humain. C'est pourquoi le développement ne peut être qu'endogène et d'auto-ajustement ; c'est pourquoi l'Afrique doit, au préalable sortir des politiques imposées par l'impérialisme néolibéral. L'Afrique est le continent qui a le plus subi les politiques d'ajustement structurel néolibéral de prédation et de désarticulation socioculturelle.

4. Valorisation des ressources naturelles au profit de l'industrie et de l'agriculture :

1) transformation industrielle des ressources ;
2) industries en amont de l'agriculture ;
3) rentes minières et d'hydrocarbures pour financement des productions agrosylvopastorales à l'échelle industrielle
4) industries en aval de l'agriculture pour valoriser les produits agricoles ;
5) transformation socio-économique (développement durable) du monde rural.

Avant c'est l'agriculture qui était ponctionnée au profit de l'industrialisation. En ces temps de démocratie, cette politique autoritariste n'est pas applicable d'une part, et le retard de l'Afrique en matière d'industrialisation est tel que seules les rentes minières et d'hydrocarbures sont assez importantes pour financer le gap industriel d'autre part. Comme la politique d'aide publique au développement consiste à nous tirer de la misère à la pauvreté, juste pour ne pas mourir, nous devons prendre les ressources naturelles comme l'actif principal de notre stratégie de sortie de la pauvreté. Les ressources naturelles africaines ont l'avantage d'être des sources rentières importantes dans le cadre des besoins industrielles et de consommation du capitalisme à son apogée. Nous pouvons citer les hydrocarbures et les métaux de la transition énergétique et climatique. Avec 60 % des terres arables du monde, l'Afrique continue d'importer 45 % de ses besoins alimentaires. Face à ce contraste, les rentes minières et d'hydrocarbures peuvent financer des mégaprojets de productions agrosylvopastorales.

5. Chemin critique du développement simultané de l'industrie et de l'agriculture

➢ **Préalables :**

- les infrastructures et équipements ;
- les énergies renouvelables ;
- la formation des ressources humaines ;
- réunir les moyens et conditions du plein investissement et du plein emploi ;
- savoir et pouvoir pratiquer une bonne gouvernance.

➢ **Proactivité du grand bond en avant :**

- développement de l'industrie (notre avenir) ;
- développement de l'agriculture (notre éternité) ;
- appropriation, maîtrise de la science et de la technologie comme vecteurs du développement ;
- bâtir une nouvelle économie du savoir. Le vieux monde a foutu le camp.

Construire une nouvelle société universaliste se déclinant comme suit : Tendre vers une nouvelle société universaliste « Qui est l'avenir de l'Humanité, c'est-à-dire une société fondée sur la libération, l'émancipation des êtres humains, l'utilisation de leurs richesses matérielles, pas pour le gaspillage, mais pour assurer leur aisance matérielle et leur temps libre, pour le développement de leurs facultés créatrices sur une base égalitaire pour tous les êtres humains » (Samir Amin).

L'approche préalable d'une telle société est l'abolition politique, juridique et culturelle de l'esclavage d'une part, et la promotion de la femme d'autre part. Sans la liberté, l'égalité entre les humains, et la promotion de la femme, toute théorie ou pratique universaliste est une imposture au service d'intérêts particuliers des possédants.

6. Concrétiser la volonté d'arracher le peuple à la pauvreté
Quant au développement, il est d'abord hautement politique en tant que vision et volonté d'arracher le peuple à la pauvreté. En l'absence de ces deux concepts, toute référence au développement est une imposture. Avant d'aborder les avantages et inconvénients des politiques de développement capitaliste, voyons ce qu'est le capitalisme, système dans lequel nous évoluons actuellement.
« Quiconque veut comprendre le passé et façonner l'avenir aurait intérêt à examiner avec attention non seulement la pratique, mais aussi le cadre doctrinal qui la soutient », dit Noam Chomsky. Pour de nombreux économistes, le capitalisme est l'aspect économique de la civilisation occidentale contemporaine depuis deux cents ans. L'échange marchand qui permet la constitution de fortunes colossales et fonde, comme aujourd'hui, les rapports des marchands avec les princes et les grands n'est pas le capitalisme.

On sait que le marché est né à l'extérieur et que la constitution du marché intérieur fut la transformation impulsée par les princes comme ils impulsèrent (ou subirent, ou accompagnèrent) les mondialisations. Le marché n'est pas le capitalisme. Certes il ronge la vieille société, notamment il en fait marchandise, mercantilise les biens fondamentaux de la vieille société, la terre, le travail, l'argent qui relèvent de la noblesse, de la corporation et du prince.

L'enclos, les enclosures, la privatisation des communaux, l'extension de la propriété privée qui sera consacrée par la Déclaration des droits de l'homme, ronge les aspects collectifs de la société précapitaliste. Mais, le marché et la marchandisation ne sont pas encore le capitalisme.

Aussi longtemps que l'Afrique n'aura pas su et pu s'affranchir de sa dépendance infrastructurelle et super structurelle du reste du monde, elle ne développera que le développement du sous-développement dans la compétition des nations sur le sentier du progrès. Pour éviter cela, nous devons nous désaliéner et nous réarmer triplement sur les plans culturel, politique et économique.

Cultiver la démocratie et le patriotisme par la bonne gouvernance
La gouvernance du réarmement économique ne peut être qualifiée que de patriotique et de démocratique, à hauteur des défis du XXIe siècle. La

bonne gouvernance c'est la tête du serpent. Et, comme disent les Maliens, « un serpent sans tête est une corde ». La maturité démocratique symbolise un État dans lequel l'alternance politique ne ralentit pas la marche du pays vers le progrès.

IV. LES ARMES ÉCONOMIQUES

Certes, le pétrole, l'or, les diamants et toutes les ressources du sous-sol africain ne sont pas des armes économiques. Mais, ce sont de précieux moyens permettant de les acquérir. « Il y a des structures sociales qui affament l'homme autant qu'un sol aride et qui l'étouffent autant que l'ignorance », défend un chercheur.

La 1re arme économique du XXIe siècle est culturelle.
Au sens large du terme, c'est la manière de comprendre, de sentir et d'agir. Au sens dynamique, il s'agit de se doter de la capacité de compréhension et de création. Ces deux notions renvoient directement au système d'éducation de base et de formation continue dans un monde où les connaissances évoluent à une vitesse vertigineuse.

Nous disons que la culture est la première arme économique du siècle parce que le sous-développement n'est pas l'absence de ressources, mais l'incapacité d'en tirer profit. « Pour que les hommes apprennent à utiliser leurs ressources, à exploiter leurs sols, il faut qu'ils sachent comment le faire. La lutte pour une éducation de base de qualité est ainsi la première étape de la lutte pour l'amélioration des conditions de vie. Mais, celle-ci ne sera acquise que si la lutte est conduite jusqu'à ces ultimes conséquences. »

Lutter contre la faim et la pauvreté consistera donc à mettre les paysans en mesure de se procurer l'outillage et l'équipement nécessaires. Il s'agit, en même temps, de leur permettre d'acquérir la formation professionnelle nécessaire, de leur donner les moyens de maîtriser une technique qui ne devra pas être plaquée sur leurs modes de vie, mais progressivement intégrée dans ceux-ci.

Quant au réarmement culturel, il doit se traduire par la souveraineté culturelle qui consiste à penser par nous-mêmes (Maliens et Africains) et pour nous-mêmes sans aucune contrainte extérieure.

La révolution culturelle qui est, à la lumière des contraintes et exigences des gaps à combler sur les plans de la gouvernance, de la science, de la technologie pour le développement de l'Afrique. Le pari, c'est de renouveler, sans se renier, notre manière de penser, de sentir et d'agir dans la production de biens et services afin de satisfaire la majorité des Africains.

Le développement culturel est celui de notre capacité de compréhension et de création dans un monde où la science et la technologie sont les vecteurs du développement. Organiser et développer nos aptitudes et compétences à la recherche stratégique et à la formation continue de « capital » culturel, politique, économique, scientifique, technologique, etc. Le réarmement culturel est l'enracinement profond qu'il nous faut pour « assurer la renaissance et la mutation de l'Afrique dans la turbulence d'un monde en évolution rapide ».

L'Afrique doit s'approprier, maîtriser et appliquer à sa praxis (production de biens et services), la science et la technologie, particulièrement les TIC. Cela lui permettra de combler son gap scientifique et technologique.

La 2e arme économique est la dynamique et la pertinence de notre organisation économique et sociale réalisant « la synthèse permettant de conserver le meilleur de nous-mêmes et d'intégrer le meilleur de ce qui nous vient de l'extérieur ». Nous devons organiser notre économie sur l'affectation des ressources au développement simultané de l'agriculture et de l'industrie. Si l'industrialisation ne se fait pas au profit de la compétitivité agricole, à travers la révolution technologique et scientifique dans ce secteur, aucune aide, aucune rente minière ne nous fera sortir du sous-développement. Dans ces conditions nous ne réussirons qu'à faire quelques riches et beaucoup de pauvres. D'où la nécessité aussi d'un réarmement politique. Cela passe par la conception d'un projet africain de renaissance et de mutation de l'Afrique afin d'acquérir la capacité de réaliser ce renversement du cours de l'histoire du continent. Et pour ce faire, il faut une vision claire de la renaissance et de la mutation se déclinant en programmes et projets. Celle-ci (vision) doit être axée autour de la paix et de la sécurité, de la justice et de la démocratie, de la croissance économique et du développement humain durables.

La renaissance africaine passe par la reprise en main par le continent de son présent et de son devenir à travers un triple réarmement culturel, politique, économique ; une évolution sociale rapide, mais maîtrisée ; la production suffisante de biens et services nécessaires à la satisfaction des besoins de la majorité des Africains.
Il est aussi indispensable que les Africains puissent se soustraire des contraintes et des exigences des puissances extérieures. L'environnement de la dynamique du développement de l'Afrique est constitué de toutes les parties prenantes (externes et internes) pouvant influencer le développement de l'Afrique.
Or, les Africains ont tendance à rejeter sur l'occident la responsabilité de tous les maux dont souffre notre continent. Ce qui est faux. Par rapport à la culture du développement (recherche, accumulation et formation de capital, etc.), notre passé culturel et nos pratiques sociales sont à revoir à la lumière d'un monde dominé par la science et la technologie.
Si nous n'avons pas le courage de nous remettre en cause, nous ne pourrons pas changer la direction du train de développement de l'Afrique, encore moins soutenir la charge du triple réarmement culturel, politique et économique qui est la condition du développement du continent africain en ce XXIe siècle.

La 3e arme économique est la combinaison dynamique de la première et de la deuxième pour innover dans le management, dans la maîtrise de la technologie. Pour cela je citerai deux manières qui expriment la même chose. Primo, c'est faire comme le Japon, c'est-à-dire « écouter le maître, assimiler et faire mieux » (O. Gélinier). Secundo, comme le défend Samir Amin, « maîtriser ce que l'on importe (la technologie) graduellement et être capable de le reproduire, de l'adapter et d'inventer autre chose à terme. Et c'est valable dans tous les domaines, notamment politique, militaire, sécuritaire, technico-culturel ». En résumé, la troisième arme n'est rien d'autre que nos efforts d'imagination, d'innovation et de créativité.

Quant à la 4e arme économique, elle est l'arme absolue, celle qui détermine en dernière instance. Il s'agit d'une combinaison cohérente et efficiente des actions politique, juridique et économique consistant à vivifier les immenses capitaux dormants dans notre patrimoine immobilier et foncier, dans nos entreprises non déclarées ; c'est aussi et surtout l'exploitation et la mise en valeur des richesses du sous-sol, des ressources hydro-électriques et hydro-agricoles. Si les élites africaines arrivent, de façon innovatrice, à donner vie à ses immenses capitaux morts, elles forceront le destin de la nouvelle Afrique. Nous avons des ressources énormes, mais nous n'arrivons pas à les rendre actives, à leur donner le souffle vivifiant.

La 5e arme économique, elle est liée à l'intégration régionale et continentale. Les défenseurs de ce concept pensent que « le développement endogène sera intra-africain ou ne sera pas. Et l'ouverture au monde, qui n'est pas une fin en soi, ne sera positive qu'à travers des structures régionales seules capables de faire de l'Afrique une force parmi les forces du monde. L'Afrique doit se constituer avant de descendre sur le terrain de jeu, dans l'arène, même et surtout si c'est pour délivrer un message de paix » (Joseph Ki-Zerbo).

Comprendre le capitalisme (selon Bernard Maris)
Une avidité destructrice pour l'homme et la nature : « Le capitalisme exige un saut qualitatif, génétique, a-t-on envie de dire, qui s'est produit avec la révolution industrielle anglaise et l'application systématique de la technique à la production. On sait aujourd'hui que tout ou presque tout a été inventé par les Chinois. La poudre, le papier, l'imprimerie (ce qui pour une société écrivant par idéogrammes est un exploit), l'horloge, le gouvernail d'étambot, le harnais, l'étrier, les lunettes et instruments astronomiques, la porcelaine… »
Mais, on sait moins que la navette volante de Kay (1733), qui multiplie simplement par deux la productivité du tissage fut transmise des Chinois aux Italiens par le truchement des marchands musulmans au XIIIe siècle et que la water frame d'Arkwright (1785, machine à filer beaucoup plus productive mue par moulin à eau puis la machine à vapeur de Watt) fut inspirée de l'invention du chinois Wang Chen que les historiens des inventions font remonter en 1313.

Au XIe siècle, les hauts fourneaux chinois produisaient deux fois plus que les hauts fourneaux anglais au XVIIIe siècle. Il faudra la révolution définitive des fours Martin (1853) et Bessemer (1856) pour faire exploser la production de fonte et d'acier dont le procédé de fabrication fut copié en Inde. Et les procédés Martin et Bessemer étaient bien connus des Chinois dès le Ve siècle.

Tout cela non pas pour inciter à un peu plus de modestie mais, bien au contraire, pour nous conforter dans l'idée que ce sont bien les Européens qui inventèrent le capitalisme. Ce que ne firent ni les Chinois ni personne d'autre. Seule l'Europe possédait les ingrédients de la mixture prête à naître. Il y a quatre éléments qui manquaient aux économies précapitalistes :

- l'application systématique de la technique à la croissance de la productivité, c'est-à-dire la recherche incessante de gains de productivité et, pour ce faire, la science commise et soumise à la technoscience, à la rationalisation systématique de la production et, au-delà la vie des hommes ;
- pour la première fois, la science se distingue de la connaissance et devient intéressée, appliquée, destinée à accroître la productivité du travail. Rassurons-nous, les hommes inventeront toujours par hasard et par plaisir. Mais l'esprit du capitalisme veut que toute découverte soit, directement ou indirectement, destinée à l'augmentation de la productivité du travail. L'esprit du socialisme aussi ;
- l'exigence d'un travail libre, différent de l'esclavage bien sûr, mais différent aussi du travail de la corporation soumis à des règles strictes, hiérarchisé, exigeant en matière de qualité (constitution du chef-d'œuvre), de paiement à juste prix selon la vieille thèse aristotélicienne puis thomiste. L'esprit du socialisme niera également la corporation : tout pour le salarié libre, porteur de sa propre émancipation ;
- l'exigence d'une production de masse corrélative de grandes séries, d'un crédit généralisé, d'une recherche de productivité incessante (aussi bien dans la fabrication des séries télé que dans celle des voitures ou des yaourts promus entre deux séries télé) là aussi, le socialisme approuvera : produire en masse pour la masse par les masses laborieuses grosses de la révolution. Le congrès de Marseille de 1875 dira non à la coopérative, trop petite.

Un rapport nouveau au temps est enfin un dernier élément essentiel. Les Européens ont laïcisé, démocratisé le temps qui n'appartient plus à Dieu maître des moments de prière, ou à l'empereur, maître des calendriers comme en Chine, mais à tous les hommes. Et surtout le temps n'est plus cyclique comme dans la vieille société, il n'est plus celui de la

reproduction à l'identique et de l'éternel retour des choses, mais il devient linéaire et permet désormais l'accumulation infinie.
Le temps du capitalisme, linéaire, est en contradiction radicale avec celui de la nature, cyclique. Et même avec celui de la vie : il n'y a pas de raison que la vie humaine s'arrête ! C'est cette vision démente que va proposer le capitalisme, un oubli de la mort, mieux une lutte acharnée contre la mort. C'est une lutte acharnée qui, à terme, contient la destruction de l'environnement, donc de l'espèce, à tout le moins de l'espèce humaine en tant que telle ! « Le capitalisme a donc un rapport particulier à la science, au temps, au travail », dit Bernard Maris dans Plaidoyer (impossible) pour les socialistes.

1. Les instruments de la musique

Si « la guerre est une chose trop sérieuse pour être laissée aux militaires seuls », je dirai que la politique qui porte sur le présent et le devenir de la nation ne peut être laissée aux seuls gouvernants, d'où l'impérieuse nécessité d'implication démocratique du peuple dans la conception et la réalisation du devenir collectif.

1.1. Instrument politique

S'inspirer des expériences extérieures pour créer un modèle à la hauteur de nos défis. Qu'elle soit athénienne, européenne ou africaine au XXIe siècle, la démocratie n'a de sens qu'en tant que processus de création collective face aux difficultés de la vie de la cité. Au-delà de toute considération idéologique, un peuple ne peut être démocrate en se contentant de singer d'autres. La démocratie initiale, l'Athénienne, a été, en dehors de toute contrainte extérieure, l'élaboration et l'application de lois et règlements régissant le vivre-ensemble et le bonheur collectif.

On n'a beau rêvé révolutionner sa patrie on ne peut le faire sans s'emparer du pouvoir d'État qui est le chef d'ouvrage de la conception, de la réalisation et de la régulation du plan de développement dans ses dimensions culturelle, politique, économique et sociale.
Mais la conquête du pouvoir par les forces révolutionnaires n'est autre chose que la victoire du peuple sur les forces dominantes et d'oppression. Il s'agit d'une victoire de classe. Comme dans toute guerre, il faut un donneur d'ordre (direction du parti dans notre cas) qui doit impérativement :

- avoir une vision claire du devenir auquel aspire le peuple ;
- expliciter les objectifs fondamentaux du projet sociétal ;
- incarner les valeurs de la vision sociétale du peuple ;
- savoir et pouvoir organiser, éduquer et mobiliser le peuple sur l'atteinte des objectifs du projet révolutionnaire.

Pour cela, il faudra pouvoir mettre les moyens suffisants à la disposition des militants. Comme il s'agit de luttes politiques, le premier outil est le parti. Je me suis étendu sur cet aspect dans « Problématique du parti de type nouveau ».

Néanmoins, il faut rappeler certaines composantes d'équipements de la grande armée politique qu'est le peuple organisé et mobilisé dans le cadre d'un projet politique :

- ✓ un projet de contrat social en tant que socle des batailles culturelles, politiques, économiques et sociales ;
- ✓ les moyens financiers nécessaires aux financements :
- des infrastructures et équipements,
- de l'entretien des forces sur le terrain,
- des élections générales.

Penser que les bonnes idées et les bonnes intentions suffiront, c'est construire un château de cartes. La politique n'est qu'une question de rapports de forces. Le but politique et les objectifs électoraux sont fixés par la direction du parti. Les moyens sont aussi donnés par la direction et les divers soutiens du parti.

Stratégie et tactique locales (commune, cercle région) sont peaufinées en fonction des directives de la direction d'une part, et des réalités locales d'autre part. Sans les outils et techniques de communication, la lutte contre les puissants revient à faire de la musique sans instruments.

1.2. Instruments scientifiques et technologiques

Africaine de techniques d'intelligence stratégique (ATIS) comme outil de recherche et développement. Si « la guerre est une chose trop sérieuse pour être laissée aux militaires seuls », nous dirons que la politique qui porte sur le présent et le devenir de la nation ne peut être laissée aux seuls gouvernants, d'où l'impérieuse nécessité d'implication démocratique du peuple dans la conception et la réalisation du devenir collectif.

2. Les boulets que l'afrique traîne

2.1. Le danger permanent qui guette l'Afrique

L'Afrique ne doit pas se priver de l'expérience du reste du monde en s'y inspirant, mais elle a l'ardente obligation de créer son modèle à la hauteur des enjeux et défis de son passage de lanterne rouge en phare du développement dans un monde de science et de technologie.

Lisez avec la tête et la raison ce que dit ce professeur canadien de stratégie : « Cela fait maintenant plus de 25 ans que j'enseigne la stratégie. Dans ma carrière, j'ai eu affaire à des dizaines d'officiers et de hauts fonctionnaires africains. Je suis malheureusement obligé de vous dire ce qui suit : « du point de vue des études stratégiques et de l'anticipation je leur donne un gros zéro pointé ».

Nos stagiaires africains sont très instruits, ils ont de belles tenues militaires ou manient le français de manière remarquable, mais dans les cours, ils ne nous apportent rien. Tout simplement, parce qu'à ma connaissance dans toute l'Afrique francophone, il n'y a pas un seul centre d'études stratégiques et internationales avec de vrais professionnels à leur tête. Je vais vous expliquer pourquoi je n'ai aucun espoir pour ce continent. Au moment où je parle, le monde fait face à trois enjeux principaux : l'énergie, la défense stratégique et la mondialisation. Donnez-moi un seul cas où l'Afrique apporte quelque chose. Rien :

2.2. L'énergie

Commençons par l'énergie et précisément le pétrole. Tous les experts mondialement reconnus sont unanimes à reconnaître que d'ici 15 à 20 ans cette ressource sera rare et excessivement chère. En 2020, le prix du baril tournera autour de 120 dollars. C'est conscient de cette réalité que des pays comme les États-Unis, la France, la Chine, le Royaume-Uni, etc. ont mis sur pied des task force chargés d'étudier et de proposer des solutions qui permettront à ces nations de faire main basse sur les ressources mondiales, de s'assurer que quoiqu'il advienne leur approvisionnement sera assuré. Or, que constate-t-on en Afrique ?
Les dirigeants de ce continent ne sont même pas conscients du danger qui les guette, se retrouver tout simplement privé de pétrole, ce qui signifie ni plus ni moins un retour à la préhistoire. Dans un pays comme le Gabon qui verra ses puits de pétrole tarir dans un maximum de

10 ans, aucune mesure de sauvegarde, aucune mesure alternative n'est prise par les autorités. Ils prient pour que l'on retrouve d'autres gisements. Pour l'Afrique, le pétrole ne comporte aucun enjeu stratégique : il suffit juste de pomper et de vendre. Les sommes récoltées prennent deux directions : les poches des dirigeants et les coffres des marchands d'armes.

2.3. La défense stratégique

C'est pathétique. Ensuite, la défense stratégique. L'État de déliquescence des armées africaines est si avancé que n'importe quel mouvement armé disposant de quelques pick-up et de kalachnikov est capable de les mettre en déroute. Je pense qu'il s'agit plus d'armées de répression intérieure que de guerre ou de défense intelligente. Pourquoi ? Parce que comparées aux armées des nations développées telles que la Chine, l'Inde ou le Pakistan, les forces africaines rappellent plus le Moyen Âge que le XXIe siècle. Prenez par exemple, la défense aérienne il n'y a quasiment aucun pays qui possède un système de défense équipé de missiles antiaériens modernes. Ils ont encore recours aux canons antiaériens. Les cartes dont disposent certains états-majors datent de la colonisation.

Et aucun pays n'a accès à des satellites capables de les renseigner sur les mouvements des personnes ou d'aéronefs suspects dans son espace aérien sans l'aide des forces étrangères. Quelle est la conséquence de cette inertie ? Aujourd'hui, des pays comme les États-Unis, la France, le Royaume-Uni peuvent détruire en une journée toutes les structures d'une armée africaine sans envoyer un seul soldat au sol. Rien qu'en se servant des satellites, des missiles de croisière et des bombardiers stratégiques. À mon avis et je crois que je rêve, si les pays africains se mettaient ensemble et que chacun accepte de donner seulement 10 % de son budget militaire a un centre continental de recherche et d'application sur le système de défense, le continent peut faire un pas de géant. Il y a en Russie, en Chine, en Inde des centaines de scientifiques de très haut niveau qui accepteraient de travailler pour 3 000 dollars US par mois afin de livrer des armes sophistiquées fabriquées sur le continent servant à votre défense. Ne croyez pas que je rigole. Il ne faut jamais être naïf. Si la survie de l'Occident passe par une recolonisation de l'Afrique et la mainmise sur les ressources naturelles vitales, cela se fera sans état d'âme. Ne croyez pas trop au droit international et aux principes de paix, ce sont toujours les faibles qui s'accrochent à ses chimères. Je pense qu'il est temps de transformer vos officiers (dont 90 % sont des fils à papa pistonnés qui ne feront jamais la guerre et je sais de quoi je parle) en scientifiques capables de faire de la recherche et du développement. Mais, je suis sceptique : je crois que ce continent restera enfoncé dans le sommeil jusqu'au jour où le ciel lui tombera sur la tête.

2.4. La mondialisation

Malheureusement comme dans les autres sujets qui ont fait leur temps, les stagiaires africains que nous recevons sont d'excellents perroquets qui répètent mécaniquement les arguments qu'ils entendent en Occident. À savoir, il faut la rendre humaine, aider les pays pauvres à y faire face. Vous savez dans mes fonctions, il y a des réalités que je ne peux dire, mais je vais vous les dire. La mondialisation est juste la forme moderne de perpétuation de l'inégalité économique.

Pour être clair, je vous dirai que ce concept a un but, garder les pays pauvres comme sources d'approvisionnement en biens et ressources qui permettraient aux pays riches de conserver leur niveau de vie. Autrement dit, le travail dur et pénible, à faible valeur ajoutée et impraticable en Occident, sera fait dans le tiers-monde. Ainsi les appareils électroniques qui coûtaient 300 dollars en 1980 reviennent au même prix en 2016. Et puisque l'Afrique n'a toujours pas un plan cohérent de développement économique et d'indépendance, elle continuera à être un réservoir de consommation où seront déversés tous les produits fabriqués dans le monde. Pour moi l'indépendance signifie d'abord un certain degré d'autonomie. Mais quand je vois que le Mali, le Niger, le Tchad, la Centrafrique importent quasiment 45 % de leur propre nourriture de l'étranger, vous comprendrez qu'un simple embargo militaire sur les livraisons de biens et services serait catastrophique » (Confidences d'un professeur canadien au journal malien Le Pays du 9 février 2017).

2.4.1. Problématique des cadres récepteurs

Chez nous au Mali, notre système de formation scolaire et universitaire privilégie chez les jeunes les seules qualités de compréhension, de vivacité d'esprit, d'aptitude au concept, de démarche axiomatique et de mémoire : qualités que certains (et ils sont nombreux) identifient un peu vite à l'intelligence. Lorsqu'on a demandé à Albert Einstein, s'il était l'homme le plus intelligent, il répondait qu'on avait donné à ce terme tant d'acceptions et de composants diversifiés que nombreux sont les Maliens qui peuvent solliciter ce titre.

Nous avons chez les Maliens un grand respect de l'intelligence et notre pays à l'instar d'autres pays africains, peut être fier de détenir des médailles mondiales attribuées à des mathématiciens de talents, astrophysiciens et autres disciplines scientifiques, techniques, voire socioculturelles qui présentent des quotients intellectuels (QI) supérieurs à 150. Ce QI inventé par Alfred Binet en 1904, qui est censé mesurer notre capacité à appréhender et maîtriser notre environnement, nous impressionne un peu trop avec son cortège de « surdoués » sur lesquels nous devons attirer votre attention.
En effet, on oublie souvent de signaler le drame de certains de ces surdoués qui généralement s'ennuient à l'école et qui curieusement font des carrières médiocres parce que l'enseignement n'est point adapté à la vitesse de leur esprit, parce qu'ils n'ont pas l'habitude de l'effort et ont donc une tendance naturelle à la facilité, voire à la paresse ; cela les amène à créer un complexe de supériorité. La conséquence, c'est que leur facilité de compréhension et de raisonnement leur enlève parfois les autres qualités que l'on peut exiger d'un cadre.
En plus, il n'est pas facile de réussir lorsqu'on est un « poussin noir ». Malheureusement, nos préparations aux universités et grandes écoles scientifiques ne réclament que ces qualités dites « d'intelligence et de mémoire », et nos élites ne seront presque recrutées que sur ces critères. Que notre jeune Malien comprenne bien les mathématiques, il accumulera les hauts diplômes et à la fin de ses études, sa position et ses appointements dépendront strictement de la longueur des parchemins qu'il déroulera sur la table d'un directeur des ressources humaines d'une entreprise ou d'une administration. Or, ce ne sont que des qualités de réception comme disent les électroniciens. Dans la vie courante, et en particulier dans les entreprises et les administrations si la réception est importante, l'émission est capitale, sans oublier que, comme en électronique, l'émission est supérieure à la réception, même si elle ne se mesure pas en « watts ».
Ces qualités d'émission sont nombreuses et difficilement classifiables. Elles comprennent :

- les qualités de caractère, de bon sens, de décision, de goût du risque, de ténacité, d'enthousiasme, de pugnacité si indispensables aux créateurs d'entreprises ;

- les qualités d'innovation créatrice parfois géniale données à si peu. « Le génie c'est Dieu qui le donne, mais le talent nous regarde », disait Flaubert ;
- les qualités d'animation des hommes par une sorte de rayonnement qui a remplacé le vieux goût du commandement aux relents de caporalisme ;
- et on pourrait ajouter les qualités morales, l'honnêteté intellectuelle, le respect des autres, qui sont de plus en plus prisées dans nos entreprises même si on a pu dire que la modestie, vertu familiale, était un grave défaut professionnel ;
- toutes ces éminentes qualités sont si bien souvent ignorées de nos écoles, de nos universités, voire de nos administrations, parce que peut-être leurs critères sont difficilement quantifiables. Une réponse de math est plus facile à noter de 0 à 20 ;
- voilà pourquoi on constate des forts en thèmes végéter des années dans des entreprises et dans l'administration et se faire dépasser par des autodidactes de caractère ;
- voilà pourquoi certains cadres remarquables d'intelligence et de compréhension ne sont (excusez le terme) que les « trous noirs » de nos physiciens : ils absorbent tout et n'émettent presque rien. Ils deviennent donc des simples conseillers ou des fonctionnels ;
- c'est pourquoi on peut comprendre que l'intelligence de compréhension est et demeure un peu trop privilégiée chez nous au Mali et dans la sous-région, alors que nous devrions sérieusement réhabiliter la véritable formation de nos cadres, la formation continue, celle qui s'inculque peu à peu par un effort permanent ;
- d'ailleurs, l'Unesco nous apprend qu'au début du XXe siècle l'école nous apportait 80 % de connaissance et la vie 20 % et qu'au début du XXIe siècle ces pourcentages sont inversés ;
- arriverons-nous un jour au Mali à libérer nos cadres de leurs diplômes ? Ils le méritent et « c'est tout le bien qu'on puisse leur souhaiter » et il est bon que nous sachions peut-être qu'Einstein lui-même a échoué une fois au concours d'entrée au Polytechnicum de Zurich.

2.4.2. L'ajustement structurel néolibéral depuis plus de 40 ans

L'Afrique traditionnelle a fait preuve d'une résilience culturelle extraordinaire à la domination coloniale. Les Africains formés pour servir la colonisation n'ont pas démérité dans leur résistance cultuelle et politique à la domination impérialiste. Malheureusement ce que la répression coloniale n'a pas pu obtenir, le « terrorisme » néolibéral des cinq monopoles de domination du monde a pu l'obtenir sur la manière de comprendre, de sentir et d'agir des Africains.

En se soumettant aux conditionnalités toxiques des ajustements structurels imposés par l'impérialisme néolibéral depuis 40 ans, les décideurs africains ont perdu leur souveraineté en cessant de penser par eux-mêmes et pour leurs peuples. Les cadres politiques et techniques africains ne conçoivent plus parce qu'on les en empêche. Je prends un seul exemple que j'ai personnellement vécu au Mali.

L'étude de faisabilité du PASAOP avait été donnée à un cabinet malien. Ce cabinet a sous-traité l'étude à un ancien ministre et moi. Quelle ne fut ma surprise de me trouver bridé dans mes initiatives et capacités d'innovation et de créativité. Chaque fois que je concevais en fonction des réalités du Mali, on me sortait une étude identique effectuée dans un autre pays africain. On me disait que notre travail sera rejeté par le bailleur si elle n'est pas conforme à l'étude de référence effectuée ailleurs. Les différents plans conçus dans le cadre des ajustements structurels sont faits en fonction de vision et des objectifs de soumission du monde aux intérêts du capitalisme financiarisé. Les cadres du FMI et de BIRD détiennent le cordon de la bourse, mais ils ne sont pas plus compétents que les cadres maliens en conception de programmes et projets pour le Mali.

Ils ne peuvent pas comprendre et sentir les besoins basiques comme un cadre trimant avec le peuple. Ce sont des technocrates qui n'ont de compte à rendre qu'à leur employeur ; alors que les cadres politiques et techniques locaux font face aux révoltes populaires. La banque mondiale est plus proche et plus sensible aux réalités locales que le FMI qui a le cœur dur et aride comme une pierre. La soumission aux puissances d'argent est la négation de la souveraineté culturelle, politique et économique. Une telle perte te transforme de sujet en objet.

2.4.3. La corruption des élites

L'aliénation absurde du « no alternative » au modèle occidental de développement. Le développement en général et le développement scientifique et technologique en particulier, est comme la demeure de dieu le père : il y a beaucoup de chambres. Leur clé d'entrée est notre capacité de compréhension et de création. Il nous faut libérer et développer cette capacité afin de renaître à nous-mêmes et au reste du monde.

Du début de la révolution industrielle à l'ordinateur, les Anglais ont mis 250 ans. Les Indonésiens ont mis 40 ans. Les Chinois ont mis 15 ans avec la prouesse technologique de la bombe atomique (1949–1964).

2.4.4. Les enjeux et défis d'émergence de l'Afrique

- Comment rompre les différents liens tributaires (internes et externes) qui handicapent le développement de l'Afrique.
- S'approprier, maîtriser et appliquer la science et la Technologies à notre Praxis.
- Pratiquer la déconnexion comme doctrine de gouvernance.
- Réaliser le bouquet synergique des États-Unis d'Afrique comme cadre et outil de réalisation du projet alternatif africain de renaissance et de mutation de l'Afrique au XXIe siècle (REMA 21).
- Réaliser le triple réarmement culturel, politique et économique comme préalable à la rupture du cercle vicieux du sous-développement. On ne sort pas d'un cercle vicieux on le rompt.
- Réaliser les 3 binômes (paix et sécurité, justice et démocratie, croissance économique et développement humain durables), en tant que colonne vertébrale de la bonne gouvernance.

3. Cadre doctrinal de mise en valeur des ressources de l'Afrique

« Quiconque veut comprendre le passé et façonner l'avenir aurait intérêt à examiner avec attention non seulement la pratique, mais aussi le cadre doctrinal qui la soutient. »

Depuis le XVIe siècle jusqu'à nos jours, l'Afrique a été inhibée. Elle a été confinée à l'imitation, à la consommation des inventions d'autrui, à consommer ce qu'elle ne produit pas. Pour renverser cette tendance doublée du complexe de l'Occident, il faut nécessairement avoir confiance en nous-mêmes, compter d'abord sur nos propres forces et réaliser les quatre révolutions préalables à la renaissance et au basculement scientifique et technologique de l'Afrique, à savoir :

- révolution culturelle ;

- révolution politique et institutionnelle ;
- révolution économique ;
- révolution sociale.

Avec plus de 60 % des terres arables du monde, l'Afrique n'arrive pas à se nourrir. Avec plus d'un milliard d'habitants à majorité jeune, l'Afrique n'arrive pas à sortir des sentiers battus, à faire preuve d'innovation et de créativité pour mettre en valeur ses ressources humaines.

Pour comprendre ces paradoxes, il est nécessaire de rappeler que toute guerre (surtout économique et sociale) est avant tout celle de l'intelligence. La guerre se pense, se conçoit intellectuellement d'abord d'où le réarmement culturel comme préalable en tant que capacité de compréhension et de création. L'arme culturelle est transversale à toutes les étapes de la lutte. Dans l'évolution du rapport de force morale, politique et économique, c'est toujours le meilleur traducteur qui gagne. En guerre économique comme militaire, il faut savoir traduire l'évolution des rapports de force en adaptant ses armes à celles de son adversaire. « Le conservateur qui a entrepris la lutte pour préserver les armes est vaincu d'avance. » En ce XXIe siècle où le savoir est la première richesse, la science et la technologie doivent être les vecteurs de la renaissance africaine. Dans cette vision, il ne faut pas concevoir l'emploi des jeunes pour éviter des explosions sociales, mais en termes de place et rôle de la jeunesse (plus de 60 % de la population) dans la construction d'une nouvelle Afrique, celle qui sera conçue par les Africains et pour les Africains.

4. Voici le plan d'action

4.1. Vision

- Renaissance africaine à travers la reprise en main, par l'Afrique, de son présent et de son devenir à travers une triple révolution culturelle, politique, économique et ;
- une évolution sociale rapide, mais maîtrisée, afin de produire suffisamment de biens et services pour satisfaire les besoins des Africains.

4.2. Objectif global

États-Unis d'Afrique déconnectés, donc soumettant ses rapports avec son environnement aux exigences du développement du continent.

Cette déconnexion est indispensable quand on sait qu'aujourd'hui les organisations africaines sont soumises aux puissances néocoloniales.

4.3. Objectifs spéficiques

- Paix et sécurité sur le continent ;
- justice et démocratie ;
- croissance économique et développement humain durables.

4.4. Doctrine politique

« Déconnexion », c'est-à-dire selon Samir Amin la soumission de nos rapports avec l'extérieur aux exigences de notre développement interne. Une telle doctrine n'est applicable qu'à travers l'union des forces africaines face à des partenaires et/ou adversaires plus puissants, d'où l'application de la théorie bambara des 100 bâtonnets avec les États-Unis d'Afrique.

4.5. Les moyens

- Ressources humaines à valoriser ;
- l'existant économique, culturel, politique, etc. à exploiter judicieusement ;
- ressources naturelles à exploiter comme actifs de la stratégie de sortie de la pauvreté ;
- les apports extérieurs (scientifiques, technologiques, économiques, financiers, etc.) à utiliser comme catalyseurs des efforts internes de développement.

4.6. Les conditions de réussite

- Concevoir un projet d'émergence de l'Afrique au XXIe siècle. Il n'y a pas de bon vent pour celui qui ne sait où il va ; et celui qui ne pense pas à l'avenir n'a pas d'avenir. Quand les responsables africains s'épuisent dans la gestion des urgences, les stratèges des grandes puissances ont leur vision sur l'Afrique et travaillent sur des plans de 25 à 50 ans ;
- réaliser les 4 révolutions préalables (culturelle, politique, économique, sociale) à la renaissance africaine.

4.7. Les axes stratégiques : cas du Mali

❖ ÉDUCTION–FORMATION

Au Mali tout le monde est d'accord que l'inadéquation

formation–emploi est telle que nos écoles et universités deviennent des usines de fabrication de chômeurs :

- ✓ au lieu d'environ 900 heures de cours par an, depuis plus de 20 ans on est au tour de 500 heures dans les meilleures années, à cause des grèves intempestives des professeurs, élèves et étudiants ;
- ✓ prédominance excessive des littéraires. Les dizaines de milliers d'étudiants en droit qui n'ont aucune perspective. On ferme les yeux dessus en se disant que l'État n'est pas obligé de recruter les diplômés des universités, comme si le rôle des pouvoirs publics n'était pas de créer le cadre et les conditions d'épanouissement de chacun au-dedans comme en dehors de la fonction publique.

❖ EXPLOITATION DES RESSOURCES NATURELLES (terre, eau, forêts, soleil, mines, hydrocarbures, etc.) qui sont des dons de dieu. L'usage que nous en ferons en fera des bénédictions ou des malédictions pour le Mali et l'Afrique.

❖ CRÉER LES CONDITIONS DE COMPÉTITIVITÉ ÉCONOMIQUE

- ✓ Environnement macroéconomique assaini.
- ✓ Institutions publiques à hauteur de souhait (lutte contre la corruption, justice, équité, etc.).
- ✓ Capacité du pays à assimiler les progrès technologiques.
- ✓ Dans le contexte actuel de l'Afrique, la paix, la sécurité et la justice sont des préalables à l'assainissement de l'environnement des affaires.

❖ INFRASTRUCTURES ET ÉQUIPEMENTS

Bases sans lesquelles on ne peut vivifier une économie. C'est là qu'il faut d'abord enraciner la société et l'économie africaines (désenclavement, électrification, TIC, écoles, centres de santé, etc.). L'intégration sans des infrastructures à hauteur des besoins du développement restera un vœu.

❖ RÉVOLUTION INDUSTRIELLE

En ce XXIe siècle, exister c'est produire et vendre (biens et services). L'Afrique produit et vend des matières premières sans grande valeur ajoutée :

- ✓ les produits agricoles africains sont exportés pour être transformés hors d'Afrique ;

- ✓ les ressources naturelles ne subissent aucune transformation en Afrique. Les producteurs de pétrole importent l'essence ;
- ✓ le Mali, grand producteur de coton ne transforme que 0,43 % de sa production. Seule l'Égypte transforme 100 % de sa production de coton.

Bravo à l'Égypte, carton rouge au Mali.

Avec la soumission actuelle de l'Afrique aux exigences de l'ajustement structurel néolibéral, le continent ne se développera pas ; l'intégration africaine restera une tribune de discours creux.

Dans le meilleur des cas, le néolibéralisme qui n'est pas une technique économique, mais une doctrine d'imposture politique de prédation, qui n'admet pas l'émergence de puissance économique concurrentielle, nous laissera mourir à petit feu.

Du XVIIe siècle, début de l'ère industrielle au XXIe siècle, le monde a connu plusieurs variantes du néolibéralisme.

« La doctrine de la liberté des marchés a connu deux variantes. La première, l'officielle, est imposée à ceux qui ne peuvent se défendre. »

On pourrait appeler la seconde la « doctrine réellement existante », autrement dit : « la rigueur des marchés est bonne pour vous, mais pas pour moi, sauf si cela me procure un avantage temporaire. C'est elle qui règne depuis le XVIIe siècle. Un siècle après les Anglais, les Américains empruntèrent eux aussi le chemin de l'internationalisme libéral. Comme toujours la condition est de ne tolérer que des développements complémentaires et non concurrentiels. Même dans le cas d'interventions de grande ampleur comme l'aide du plan Marshall, l'Europe fut conditionnée par l'achat de produits agricoles américains, ce qui explique en partie que la part des États-Unis dans le commerce mondial des céréales soit passée de moins de 10 % avant la guerre à plus de 50 % en 1950 ».

Les Européens, qui sont conséquents dans la défense de leurs intérêts, ont eu l'intelligence et le courage de créer le marché commun agricole afin de soustraire le développement de leur agriculture des influences des États-

Unis et de la spéculation internationale (ils ont déconnecté leur agriculture).

Bravo aux Européens, et carton rouge aux élites africaines qui, en se soumettant, ont perdu leur souveraineté culturelle, politique, économique et du même coup ont renoncé à toute perspective de sortie de l'esclavage et de la pauvreté. Tant que nous resterons sur cette ligne, l'Afrique restera condamnée à la croissance sans développement.

La doctrine néolibérale « de l'amour ardent du laisser-faire : la discipline du marché vaut pour vous, mais pas pour moi, à moins que le jeu ne soit truqué en ma faveur, généralement à la suite d'une intervention étatique de grande ampleur », n'est qu'une traduction moderne de la culture gréco-latine : démocratique chez elle, esclavagiste à l'extérieur.

Le patinage continu de l'Afrique sur le chemin du développement n'est que l'effet débilitant de la dépendance culturelle et politique de ses dirigeants.

Quand nous serons capables, et soyons capables de prendre notre part dans la division internationale du travail :

➢ En préparant nos ressources humaines à cette ouverture au monde à travers :
  ✓ éducation et formation ;
  ✓ soutien sans réserve aux nationaux dans les domaines économiques suivants :
  - petites et moyennes entreprises industrielles de transformations des produits locaux,
  - distribution,
  - transports,
  - banques et assurances,
  - TIC,
  - évolution de l'agriculture familiale traditionnelle extensive à traction humaine ou animale vers une agriculture moderne et intensive,
  - toute autre production de biens et services à portée des nationaux.

Sans ce soutien, toute autre rhétorique est imposture face à la concurrence internationale impitoyable dite libre.

➢ En améliorant, à hauteur de souhait, notre gouvernance de développement endogène :

- ✓ dans le cadre de la doctrine de « déconnexion », nouer des partenariats gagnant–gagnant ;
- ✓ revisiter le NEPAD en ne comptant pas directement sur les financements occidentaux, mais en ouvrant l'Afrique et ses chantiers d'infrastructures, d'industries sidérurgiques et métallurgiques au monde entier sur des bases légales, transparentes, liant croissance économique et développement humain durable. Les investissements en question seront adossés aux ressources naturelles à exploiter. Sur les cinq monopoles de domination du monde, en ce début du XXIe siècle, l'Afrique ne peut agir immédiatement que sur une seule à savoir : l'accès aux ressources naturelles de la planète.

❖ RÉVOLUTION AGRICOLE

Si l'industrie est notre avenir, l'agriculture est notre éternité. Avec 60 % des terres arables de la planète, l'Afrique importe près de la moitié de sa nourriture. Quand on sait qu'un peuple affamé ne peut être souverain, nous avons l'obligation de réaliser en une génération (25 ans), une révolution agricole fondamentale de passage de la traction humaine et animale à la traction électromécanique ; d'une agriculture extensive à une agriculture intensive portée par la science et la technologie. 4 000 ans avant J.-C. à 1949, les historiens n'ont pas recensé une année sans famine en Chine. De 1949 à 2023 (74 ans soit 3 générations), la Chine est devenue la 2e puissance économique et la 3e puissance militaire du monde.

Les élites africaines manquent de culture et de volonté politique de développement. Avec leurs diplômes des plus brillantes universités du monde, nombreux sont encore ceux qui agissent comme l'esclave libéré qui revient au maître parce qu'il a perdu sa souveraineté culturelle et d'action. La liberté c'est d'abord la souveraineté culturelle, ensuite la capacité politique et économique d'auto-ajustement et de développement endogène. Nous ne pouvons clôturer ce chapitre sans quand même citer les exemples à féliciter et à soutenir comme le Botswana, le Rwanda, l'Éthiopie, mais aussi les pays qui se débrouillent mieux que les pays francophones du Sud du Sahara qui restent les larbins de la France.

V. LE MAUVAIS EXEMPLE : LE NEPAD OU L'ÉLÉPHANT VENU AVEC UNE PATTE CASSÉE

1. Le paradoxe africain : croupir dans la misère sur des mines d'or et de diamants

L'Afrique possède :

- 97 % des réserves mondiales de cuivre ;
- 80 % de celles de coltan ;
- 50 % de celles de cobalt ;
- 57 % de celle d'or ;
- 20 % de celles de fer et de cuivre ;
- 23 % de celles d'uranium et de phosphates ;
- 32 % de celles de manganèse ;
- 41 % de celles de vanadium ;
- 49 % de celles de platine ;
- 60 % de celles de diamants ;
- 14 % de celles de pétrole.

Parmi beaucoup d'autres matières premières, ce continent possède une grande richesse en ressources énergétiques.
Les pays arabes, l'Algérie, le Nigeria et d'autres États de l'Afrique noire ont d'importants gisements de pétrole et de gaz naturel. Les ressources hydriques sont également très importantes, mais elles sont moins utilisées. En ce qui concerne le secteur alimentaire, l'Afrique possède des terres fertiles, des forêts et de grands bancs de pêche. La plupart de ces ressources sont sous-exploitées ou cédées à des entreprises étrangères.

2. Les initiateurs du NEPAD

À la base du NEPAD, il y a cinq prestigieux chefs d'État : Thabo Mbeki, Olesegun Obasanjo, Abdelazia Bouteflika, Hosni Moubarak et Abdoulaye Wade.
QUE PROPOSE LE NEPAD ?

3. Les dix secteurs prioritaires du NEPAD :

- Les infrastructures ;
- l'énergie ;
- l'agriculture ;
- les nouvelles technologies de l'information ;

- le climat ;
- l'accès aux marchés ;
- la bonne gouvernance politique ;
- la bonne gouvernance économique ;
- la santé ;
- l'éducation.

4. Les péchés du NEPAD

- Dix secteurs sans le vecteur industriel ;
- conçu dans le paradigme néolibéral qui est antidéveloppement de l'Afrique ;
- ne pas compter d'abord sur ses propres forces, en comptant sur les financements publics et privés occidentaux ;
- la bonne approche des grands ensembles régionaux (Afrique centrale, Afrique de l'Ouest, Afrique australe, Afrique de l'Est et Afrique du Nord) a manqué de volonté politique, de la dynamique synergique de la liaison déconnexion et bouquet synergique d'intégration ;
- le NEPAD a été un idéal sans moyens ni conditions d'accomplissement ;
- l'absence du volet industriel et le fait de compter sur l'occident rendaient le projet inopérant ;
- trois décennies après son lancement, le NEPAD est mort de sa belle mort.

VI. QUE FAIRE POUR QUE L'AFRIQUE SE LÈVE AFIN DE ROMPRE LES LIENS TRIBUTAIRES QUI L'ALIÈNENT CULTURELLEMENT, POLITIQUEMENT ET ÉCONOMIQUEMENT ?

« nan lara an sara », a écrit le Pr Joseph Ki-Zerbo
(Si nous nous couchons nous sommes morts).

1. Les 12 étapes de la renaissance africaine

1) l'idéal panafricaniste ;
2) la doctrine politique souverainiste de déconnexion, soumettant les rapports de gouvernance avec son environnement (interne et externe) aux exigences de notre développement ;
3) un leadership fort et vertueux ;
4) la conception et la réalisation de la nouvelle Afrique en 4 M ;

5) la réalisation du bouquet synergique africain à travers les États Unis d'Afrique comme cadre et outil de la renaissance africaine en ce XXIe siècle ;

6) la sortie des sentiers battus en faisant preuve d'innovation, de créativité et toujours plus d'organisation et de synthèse ;

7) la réalisation du triple réarmement préalable, culturel, politique et économique ;

8) la réalisation des trois binômes : Paix et Sécurité, Justice et Démocratie, Croissance économique et Développement humain durables ;

9) la formation continue de capital culturel, politique, économique, scientifique et technologique, etc. ;

10) sept transitions économiques et cinq transitions super structurelles de rupture des liens tributaires :

Réaliser les 7 transitions (structurelles) fondamentales :

10-1 infrastructurelle,
10-2 énergétique,
10-3 numérique,
10-4 scientifique et technologique,
10-5 industrielle,
10-6 agricole,
10-7 services et prestations de services numériques.

De la réalisation des transitions ci-dessus, découleront les 5 transitions superstructurelles suivantes :

5-1 concrétisation culturelle, politique et économique de la rupture des liens tributaires avec les cinq monopoles et leurs tenants à travers,
5-2 affirmation de la souveraineté et de la puissance culturelles de la REMA 21,
5-3 souveraineté économique et politique vis-à-vis des 5 monopoles néolibéraux de domination du monde,
5-4 maîtrise des outils culturels et politiques d'avènement d'une nouvelle économie du savoir,
5-5 gouvernance de construction d'une nouvelle société universaliste ;

11) Construire une économie du savoir comme capacité de puissance et capacité de projection de la REMA 21 ;

12) Construire une nouvelle société universaliste comme finalité de la REMA 21.

2. Contribution à la stratégie et tactique d'avènement de mali koura, vecteur de la REMA 21

2.1. État des lieux

2.1.1. Environnement mondial

Il est symbolisé par deux concepts proches, mais différents, à savoir la mondialisation et la globalisation. Voilà ce que disent les spécialistes en la matière :

« Nous n'appartenons plus qu'à un seul monde. Nous expérimentons des versions locales du monde et, en le faisant, nous devons nous localiser dans le contexte le plus large du global » (Jérémy Rifkin).

L'avenir de la société : globalisation et/ou mondialisation ?

Il existe un grand débat théorique entre ces deux notions. D'un point de vue étymologique, ces deux termes paraissent être de parfaits synonymes. L'un est donc simplement la traduction anglophone de l'autre. Pour d'autres (la plupart des géographes et philosophes), la nuance est plus marquée et dépend de l'accent qu'ils mettent sur la dimension des notions (économique, culturel, etc.). En ce sens, une entreprise globale peut être active dans le monde entier tandis qu'une entreprise mondiale considère la Terre comme un village. Nous nous demandons donc : en quoi ces deux notions sont-elles réellement distinctes ?

2.1.1.1. La mondialisation – une adaptation aux cultures

La notion de mondialisation vient du latin mundus qui signifie univers. La mondialisation est une analyse mondiale des dynamiques sociale, économique et spatiale retrouvées à la fois aux niveaux local, régional et national. D'après le dictionnaire Larousse, il s'agit d'un agrandissement du champ d'activités des acteurs économiques en interaction (entreprises, banques, Bourse ou encore États). Il en résulterait un mouvement d'intégration économique commerciale et des communications de la majorité des pays. Ou même encore, un accroissement planétaire des échanges à la fois culturels, politiques et économiques.

Définie en ce sens, la mondialisation, ajoute Laurent Carroué (géographe français né en 1958), est une diffusion du capitalisme occidental vers les pays émergents. Les espaces moteurs étant principalement les pays de la Triade (Amérique du Nord, Europe et Japon). Paul Valéry (1871–1945), écrivain et philosophe français, connu pour son œuvre Regards sur le monde actuel connaissait

dès 1930 les résultats de cette mondialisation : « rien ne se fera plus sans que le monde entier ne s'en mêle ». Autrement dit, le monde et sa population sont désormais interdépendants à l'échelle mondiale.
Enfin, comme nous l'indique Gilles Ardinat (chercheur en sciences humaines) dans son œuvre Comprendre la globalisation en 10 leçons, la mondialisation est un processus dynamique, et non un état immobile.

❖ **Historique**

Cette création d'un espace mondial interdépendant date du XVe et XVIe siècle, période des expéditions maritimes et des grandes découvertes, donc des connexions entre les différentes parties du globe. Mais sa préhistoire remonte à l'Ancien Monde où se développaient les flux de populations, de marchandises et de connaissances. La mondialisation prendra finalement son essor au cours du XXe siècle. La notion s'est répandue dans les années 1990 grâce à Marshal McLuhan (philosophe et sociologue, 1911–1980) et ses thèses philosophiques sur le « village global », un village d'interconnexion où les frontières sont supprimées pour rendre les informations fluides. En France, le mot apparaît en 1916 dans l'ouvrage de Paul Otlet (auteur, entrepreneur et juriste, 1868–1944), qui désigne la mondialisation comme un ajustement à l'échelle mondiale et un réaménagement post-guerre.

❖ **Comment penser la mondialisation géographique ?**

La mondialisation est un résultat : celui du monde. Olivier Dollfus (1931–2005), géographe, nous définit la mondialisation comme « un échange généralisé entre les différentes parties de la planète, l'espace mondial étant alors l'espace de transaction de l'humanité ». L'une de ses œuvres intitulée La Mondialisation apporte des définitions et des concepts clés liés à la complexité de cette notion. À ce titre, il souligne le caractère réprouvé de la mondialisation qu'il qualifie de « bouc émissaire » (la mondialisation donne des explications sur une réalité mal connue).

❖ **Comment penser la mondialisation économique ?**

La mondialisation est une libre circulation des moyens de production, tels que le capital financier, les ressources humaines et les monnaies. La mondialisation a évolué considérablement durant ces dernières décennies, grâce à quatre principaux éléments : facteurs institutionnel, technique, économique et stratégique – un développement des moyens de transports et de marchandises (accord de GATT, réduction des coûts de transport) ; des innovations à savoir le développement des technologies de l'information et de la communication (internet, radio,

TV) ; une restructuration de l'espace mondial encourageant le modèle occidental à s'amplifier ; et de nouvelles stratégies d'entreprises tournées vers l'internationalisation. Cela se manifeste également par l'intensification de la concurrence et les interactions humaines.

❖ **Face à la mondialisation**

Les effets pervers de la mondialisation (déréglementation des économies nationales, libéralisation exagérée des échanges, standardisation des échanges humains et disparition des particularités, etc.) font monter des mouvements, nés pour limiter cette mondialisation : les altermondialistes. À ce propos, il existe aujourd'hui des institutions qui gèrent ces effets néfastes. Par exemple, l'Europe a créé le Fonds européen d'ajustement de la mondialisation (FEM), qui reprend les idées du Trade Adjustment Assistance (TAA) mis en place par les États-Unis en 1962.

2.1.1.2. La globalisation – une uniformisation des process

❖ **Historique**

La globalisation vient de l'anglais globalization et du latin globus qui signifie globe. Le terme globalization est né de l'essor du commerce mondial en 1945. Il est la conséquence de deux changements importants : technologique (transports, information et communication : Le World Wide Web) et politique (mesures de déréglementations, libéralisation…).

❖ **Quid ?**

Globaliser indique la réunion de plusieurs éléments dissemblables en un tout homogène. Henri Bartoli, professeur d'économie à l'Université de Paris définit la globalisation comme « une chose qui tend à devenir un ensemble régit par des règles tel que le tout organisé constitue un système ». Plus utilisé par les sociologues, ce terme ferait référence à un système-monde, qui surplombe les relations internationales et la mondialisation. Pour David Harvey (géographe britannique né en 1935), la globalisation repose sur deux caractères ontologiques : « la compression de l'espace et du temps ». En effet, nous construisons des relations sociales grâce à notre discernement du temps et de l'espace.
Le processus de globalisation se fait étapes par étapes : l'entreprise développe ses exportations, elle établit à l'étranger des services (comme la vente) et commence à produire localement. Elle accorde ensuite toute l'autonomie à ses filiales. À la fin du processus, on parle d'intégration globale : les entreprises font tout à l'échelle mondiale.

❖ **Points communs et divergences avec la mondialisation**

La globalisation présente un point commun avec la mondialisation : c'est un processus d'intégration. Dans cette définition, l'intégration part de perspectives fonctionnelles pour arriver à des perspectives mondiales de process opérationnels.

L'une des différences majeures avec la mondialisation est que la globalisation désigne un processus unicausal, se réduisant à la dimension économique (la mondialisation quant à elle décritun processus multicausal et multidimensionnel). On parle alors ici de globalisation financière, un marché unifié de l'argent ou encore une interdépendance croissante des économies. Ce terme est apparu avec la naissance des « 3 D » : la déréglementation (arrêt des règlements en matière de capitaux d'un pays à un autre), le décloisonnement (atténuation des frontières entre les marchés) et la désintermédiation (se financer directement sur les marchés sans recours au crédit bancaire). Si la mondialisation se présente comme une force subjective (nous inventons et expérimentons les transformations), la globalisation quant à elle semble plus objective (il ne reste qu'à obéir aux transformations naturelles de la réalité).

Les agents économiques contrairement à la mondialisation sont principalement les entreprises multinationales qui tendent d'élaborer des stratégies à l'échelle mondiale. Ces entreprises n'ont plus d'identité nationale ni de délimitation claire. Ce ne sont plus que des réseaux d'échanges mondiaux. À ce titre, il ne faut pas confondre internationalisation et globalisation. Par exemple, lorsqu'une firme française fusionne avec une firme américaine, les décisions sont toujours prises au niveau local. Autrement dit, la globalisation ne détruit pas la dimension locale. Elle déplace les frontières et les réordonne.

❖ **D'autres « types » de globalisation**

La globalisation industrielle est la capacité des entreprises multinationales à apprêter leurs stratégies à l'échelle planétaire. La globalisation commerciale correspond quant à elle au développement d'échanges commerciaux. D'autres domaines sont également touchés comme l'environnement, la politique, la culture, etc.

❖ **Pour aller plus loin… la dimension organisationnelle**

Dans son livre Globalisation, Christian Fournier nous explique la nécessité d'une adaptation de l'organisation de l'entreprise face à la mondialisation. Selon lui, la globalisation est un phénomène obligatoire vu la tendance à la mondialisation de l'économie. Chaque entreprise se concentre sur ses avantages concurrentiels pour accroître son efficacité dans une économie aujourd'hui globale. Elles cherchent à tirer profit de l'avantage des marchés locaux, mais également des marchés globaux : c'est-à-dire combiner le global et le local, d'où la célèbre devise « think global, act local ».

C'est aussi dans le cadre de cette globalisation que se jouent, au XXIe siècle, deux aspects du capitalisme néolibéral, à savoir :

1) la domination impérialiste à travers ses cinq monopoles de domination du monde ;
2) l'acceptation de puissances complémentaires, mais jamais de puissance concurrente.

Dans le cadre de leur imposture idéologique de domination, on nous fait passer cette mondialisation/globalisation comme un phénomène naturel du développement de l'économie, ce qui est faut. Comme l'a si bien dit l'économiste français Jacques Généreux, dans son livre intitulé Nous on peut : « Je détruis le mythe mondialiste selon lequel l'économie ne serait plus gouvernée ni gouvernable par un pouvoir national. Je montre que toutes les contraintes nouvelles qui semblent s'imposer aux gouvernements sont en réalité fabriquées par des choix politiques délibérés des gouvernements eux-mêmes. Notre système économique contemporain n'est pas tombé du ciel. Il a été institué par les néolibéraux arrivés au pouvoir dans les années 1980. Ceux-ci résolus à déconstruire le régime économique et social mis en place dans l'après-guerre, ont institué une guerre économique mondiale entre les territoires pour briser la résistance des populations. En conséquence la mondialisation néolibérale n'est pas l'histoire d'un quelconque recul des États (dont le poids a en réalité progressé partout) ; elle est bien davantage un processus de privatisation des États au service d'une oligarchie, c'est-à-dire d'une minorité organisée pour imposer ses exigences et son pouvoir au plus grand nombre. La mondialisation et le prétendu pouvoir des marchés sont donc en réalité, les instruments d'une politique menée de bout en bout par des gouvernements nationaux. »

Mais de notre point de vue stratégique et tactique, nous retenons dans la recherche de voies et moyens aux problèmes africains de développement, « qu'avant d'explorer la nature et la culture de la spéculation globale comme système de pouvoir de classe, il faut admettre que la souveraineté des firmes l'a discrètement emporté sur celle des États, y compris les États impérialistes au service du capitalisme financiarisé. Pour cela il ne faut pas considérer la globalisation comme un moment technique, marquant le passage de la "configuration multinationale" des firmes à leur "configuration globale"... Et cela en sachant que, dans la configuration multinationale, les firmes se font concurrence pour avoir les faveurs des États. Mais, dans la configuration globale, les États se font concurrence pour attirer les firmes. »

Une telle situation nous oblige à sortir des sentiers battus, de passer de la capacité de compréhension à une plus grande capacité efficiente de création. Nous devons donc changer de logiciel avec un projet alternatif africain de sortie de la pauvreté. Cette transformation à impact majeur sur les infrastructures et équipements et donc sur les superstructures en conséquence, nous oblige à changer nos concepts d'entreprises, nos modèles de développement et nos process. Là se joue le destin de la renaissance africaine, se déclinant localement en Mali Koura. Les élites africaines ont une capacité de compréhension telle qu'elles peuvent identifier le sexe d'un ange, mais incapable de sortir du dilemme « no alternative » au schéma occidental de développement. Quand elles arrivent à concevoir un projet, elles manquent de volonté et de courage politiques pour mener la bataille du changement avec ses risques et périls, mais mission combien exaltante pour les patriotes.

❖ Conception du projet politique

La politique, par son image, est la sœur jumelle du machiavélisme. Un terrain sur lequel la fin justifie les moyens. Un champ de bataille sur lequel les intérêts des acteurs chassent la morale au nom de la raison d'État.

Les Maliens disent que si ta mauvaise réputation te précède sur la scène, tu ne peux espérer être adoubé. Machiavel n'a jamais été acteur des pratiques qu'il décrit dans le Prince. « Machiavel : à quarante-trois ans, exclu de la vie politique de Florence, ne s'en console pas. En quinze années d'inaction forcée, il écrit le premier traité politique, le premier livre de stratégie, et la première histoire moderne (Le Prince). Trois chemins qui cernent définitivement l'unique objet de la passion européenne, l'action politique. » Quinze ans durant, il observe et décrit les actions des princes de son époque. Il a été théoricien pas pratiquant des méthodes décrites.

Autant Machiavel n'est pas machiavélique, autant la politique est loin d'être l'image que lui ont donnée les pratiques des acteurs politiques. La politique est la gestion des intérêts collectifs, donc régit par la morale, mais aussi et surtout par l'éthique et la déontologie élaborées collectivement, sans aucune contrainte extérieure (donc démocratiquement) pour régir les actes engageant le présent et l'avenir de la collectivité. La Politique est un engagement.

2.1.2. Environnement africain

Le sous-développement n'est pas un manque de ressources, mais l'incapacité à tirer profit de ses ressources ; ce qui suppose des préalables à savoir :

- ✓ une prise de conscience de ses forces et faiblesses ;
- ✓ une vision claire d'un devenir collectif avec :
- – ses valeurs,
- – ses missions intergénérationnelles,
- – ses exigences de courage et de volonté politiques ;
- ✓ un projet d'Émergence de Mali Koura. Le développement n'est pas un phénomène naturel. Il découle de projets conçus et réalisés en toute souveraineté. Il est évident que le projet Mali Koura ne peut découler que d'un grand projet de renaissance de l'Afrique au XXIe siècle. Mali Koura sera un maillon fort de la chaîne africaine. Le Mali n'est Maliba que lors qu'il est le vecteur de la socialisation et du progrès africains.

2.2. La préactivité du projet Mali Koura

Refuser d'être objet, pour être un acteur agissant sur le cours de son histoire par ses apports au progrès du Mali, de l'Afrique et de l'humanité. L'Afrique est le continent le plus doté en potentialités de développement, alors qu'elle est à l'agonie sous le poids du sous-développement et du changement climatique. L'Afrique n'arrive pas à changer son logiciel de développement, faute de souveraineté culturelle, politique et économique. Mourir de misère sur une montagne d'or et de diamants, avec sa sébile tendue au reste du monde, voilà le paradoxe africain.

VII. CONCLUSION : LA LETTRE ET L'ESPRIT DE DEBOUT AFRIQUE !!!!!

1. L'afrique et le monde en ce XXIe siècle

1.1. Un monde unipolaire de domination de l'impérialisme néolibéral américain avec ses cinq monopoles de domination.

1.2. L'Europe occidentale, alliée des États-Unis, a conçu sa propre doctrine de domination des peuples africains, appelée « IMPÉRIALISME LIBÉRAL ».
1.3. Dans la division inter-impérialiste du travail, c'est l'Europe qui est chargée de la gestion de l'Afrique.
1.4. L'impérialisme est un système de prédation. Nous Africains sommes divisés, fragilisés et soumis à l'exploitation du système impérialiste dont la prospérité a été bâtie sur le malheur de l'Afrique :

- Esclavage, comme outils de production ;
- Colonisation directe pour piller nos ressources nécessaires à l'industrialisation de l'Europe ;
- Le néocolonialisme aujourd'hui, pour maintenir le système de pillage de nos ressources.

2. Un monde multipolaire en gestation sous l'impulsion des brics
Processus dans lequel l'Afrique doit jouer sa partition, d'où toute la problématique de la dynamique d'une Afrique renaissante à elle-même et au reste du monde.

2.1. Situation de l'Afrique

- Indépendance de pacotille avec maintien de la soumission culturelle, politique et économique à l'Occident.
- 54 États, donc absence de bouquet synergique face à la chasse en meute des puissances impérialistes. Pour se développer, il faut être d'abord soi-même (souveraineté culturelle, politique et économique).

D'où le titre DEBOUT AFRIQUE !!!!! avec 5 points d'exclamation qui sous-tendent cinq points du chemin critique de reconstitution de l'Afrique d'abord en tant que force qui compte et faire du XXIe siècle le siècle de l'Afrique renaissante :

2.2. Leadership des élites
Le leadership des élites intellectuelles, politiques et économiques doit être à hauteur des enjeux et défis du relèvement du continent après 4 siècles de domination impérialiste, à travers de lourds sacrifices et des contraintes de rupture des liens tributaires (internes et externes) qui ne sont acceptables que partagés par tous. Une vision claire et partagée de la Renaissance africaine avec ses valeurs et ses missions

intergénérationnelles; un leadership fort incarnant, la résistance à l'impérialisme libéral; la capacité de mobiliser les peuples africains dans la réalisation des États-Unis d'Afrique, enfin et surtout, la capacité de compréhension et de création de voies et moyens de rupture des liens tributaires qui bloquent le développement de l'Afrique sont, entre autres, les conditions de libération du continent des serres de l'impérialisme libéral :

1) savoir et pouvoir réaliser le triple réarmement culturel, politique et économique ;
2) concevoir et bâtir de façon grandiose la Nouvelle Afrique ;
3) bâtir la puissance africaine sur une nouvelle économie du savoir et une nouvelle société universaliste ;
4) enfin et surtout savoir et pouvoir assurer la défense et la sécurité de la nouvelle Afrique face à la chasse en meute de l'impérialisme libéral.

VOILÀ LES DÉFIS INTERGÉNÉRATIONNELS À RELEVER.

DEUXIÈME PARTIE :

ENJEUX ET DÉFIS D'AVÈNEMENT DE MALI KOURA

I. INTRODUCTION
L'APPORT DE L'AFRIQUE À LA PENSÉE HUMAINE

C'est en Afrique qu'est né l'homme avant d'émigrer à la conquête de la planète Terre. C'est donc sur cette terre africaine que l'homme a :

- appris à marcher, à parler ;
- commencé à raisonner et à produire.

C'est en Égypte qu'est née la première religion monothéiste. C'est en Égypte qu'étudia huit ans durant, Platon, le père de la philosophie occidentale.

Quatre mille ans avant J.-C., les savants égyptiens établissaient des calendriers solaires sur cent ans « La première forme connue de l'ordinateur est l'abaque dont Hérodote observa l'usage chez les Égyptiens ».
Cheikh Anta Diop a établi une liaison irréfutable entre l'Égypte ancienne et le reste de l'Afrique. Mais ce qu'on ne dit pas c'est l'histoire contemporaine de l'Égypte, à savoir que les Égyptiens ne sont pas des Arabes. C'est seulement à partir de la conquête de leur pays par les troupes musulmanes que les Égyptiens abandonnèrent leur langue et leur écriture pour adopter l'arabe. C'est ce qu'on appelle en linguistique une assimilation totale.
C'est seulement entre l'an 1000 et l'an 1500 que l'Europe est passée de périphérie à centre du monde. Avant cela, les Arabes ont été les précepteurs de l'Europe.
L'Europe a pris de l'avance sur le reste du monde grâce à trois révolutions :

1. l'imprimerie et le papier dont ils ne sont pas inventeurs ;
2. l'invention du capitalisme qui est l'apport particulier de l'Europe au développement des forces productives ;
3. la révolution industrielle du XVIIe siècle à nos jours.

À l'inverse l'Afrique a stagné quand les autres progressaient, ce qui correspond à une régression au carré à cause :

- de sa colonisation et de son maintien dans l'ignorance ;
- du blocage de son industrialisation ;
- de l'inhibition culturelle et politique ;

- de la soumission de son économie aux besoins du développement de l'Europe, durant et après la colonisation.

Ainsi le continent se trouve face aux gaps suivants :

- gap culturel ;
- gap politique ;
- gap économique.

Mais aussi et surtout l'impérieuse obligation de changer la direction des rails du développement à travers un projet de Renaissance et mutation de l'Afrique au XXIe siècle, avant d'accélérer la vitesse du train du développement (Joseph Ki-Zerbo).

La condition de réussite de ce projet dépend de notre capacité :

- ❖ à nous réarmer au triple plan culturel, politique et économique ;
- ❖ à centrer notre gouvernance sur les trois binômes que sont :
  - ✓ paix et sécurité,
  - ✓ justice et démocratie,
  - ✓ croissance économique et développement humain durables :
    - dans le cadre d'une Afrique unie politiquement et économiquement,
    - sur la base de la doctrine de déconnexion consistant à soumettre les rapports avec notre environnement (interne et externe) aux exigences de notre développement,
    - dans le cadre de la pratique de la théorie bambara des cent bâtonnets dans son double sens, à savoir :
      - o unis nous sommes une force capable de résister aux ennemis,
      - o unis dans des efforts convergents, nous créons la synergie du développement : 1 + 1 = 3.

Au lieu de 2, telle est la signification originelle de synergie. Une Afrique balkanisée ne sera jamais à hauteur de souhait dans la compétition économique d'un monde globalisé.

Consciente de sa faiblesse face aux États-Unis et à l'ex-URSS, l'Europe a construit patiemment son intégration économique.

La globalisation est l'ÈRE des grands ensembles. Nous Africains devons penser et agir en fonction de cela. Toute autre démarche politique et économique indépendante de cette variable est vouée à l'échec : s'unir ou rester en marge du développement.

L'Afrique dispose de cadres politiques et techniques. Elle dispose donc de l'intelligence. Ces dirigeants auront-ils le courage de s'assumer afin que le continent fasse le grand bond en avant ? Dans leur résistance à la pénétration coloniale, les chefs africains ont fait preuve de courage et de patriotisme, mais la conscience et la volonté de l'union ont fait défaut face à un adversaire disposant d'une supériorité technologique. Soixante ans après la création de l'OUA, la faiblesse de la conscience et de la volonté d'union handicape l'émergence d'une Afrique qui compte.

II. ÉTAT DES LIEUX DU MALI SOUS LA IIIe RÉPUBLIQUE

1. Déliquescence de l'État : mauvais fonctionnement des institutions

À l'indépendance en 1960, avec 13 cadres de la catégorie A et un budget de quelques dizaines de milliards de FCFA, les pères de l'indépendance ont réussi à fonder un État et à préserver l'intégrité territoriale d'une part, et à assurer paix et sécurité à l'intérieur d'autre part. En 2017, avec plus de 15 000 cadres supérieurs dans la fonction publique, le pays n'arrive pas à assurer son intégrité territoriale et la sécurité intérieure.

Depuis les événements de mars 1991, le Mali a connu une forte croissance économique sans développement, ce qui fait de cette progression économique, une magnifique inutilité par rapport aux besoins réels des populations. Les cadres s'enrichissent de plus en plus, alors que les pauvres s'appauvrissent davantage : voilà les conséquences de la mauvaise gouvernance de ces perroquets de la révolution et de la démocratie. Nous acteurs du mouvement démocratique que n'avons-nous pas dit de 1965 à 1991 :

- du régime politico-bureaucratique de Modibo Keïta et de sa bourgeoisie compradore ;
- du régime néocolonial du Comité militaire de libération nationale (CMLN).

Et voir que nous démocrates révolutionnaires ne sommes pas parvenus à incarner la souveraineté du Mali, et encore moins la satisfaction en biens et services du peuple malien, sans lesquelles parler de bonne gouvernance n'est que du verbiage.

En 2005, dans l'étude du Réarmement économique du Mali, nous demandions que chacun de nous interroge en toute intimité sa conscience. Quelques années plus tard, un vieux Bambara m'a rétorqué que pour cela il fallait avoir une conscience. La conscience et la consistance patriotiques font terriblement défaut au niveau des élites maliennes.

2. Cas de la IIIe République

Perte du sens moral

- « Le sens moral est plus important que l'intelligence, quand il disparaît d'une nation, ce sont toutes les structures qui s'effondrent. » Au Mali, la recherche effrénée du gain facile prévaut sur les valeurs d'honneur, de dignité et de solidarité qui caractérisaient notre société.
- C'est sous la IIIe République que les démocrates sincères ont, par décision du ministre des Finances, autorisé l'octroi de marchés de gré à gré jusqu'à 250 millions de francs CFA ; alors que sous le dictateur c'était limité à 10 millions : la démocratie est devenue, en plein midi, un festival de brigands. Dans un tel contexte s'arrête la séparation des pouvoirs exécutif, législatif, et judiciaire ; le pouvoir n'arrêtait plus le pouvoir pour éviter les abus. Les institutions deviennent des coquilles vides. Après le coup d'État contre Mamadou Tandia du Niger, le président Amadou Toumani Touré (ATT) a dit, à juste raison, que c'est le mauvais fonctionnement des institutions qui entraîne les coups d'État.
- Avec la IIIe République, l'État du Mali ne fonctionne que pour les tenants du pouvoir. Toute personne disposant d'une parcelle de pouvoir en fait son fonds de commerce. Cela n'ayant plus suffi à l'appétit des tenants du pouvoir, ils ont versé dans le déni total de toute éthique et déontologie d'une bonne gouvernance à travers :
  - ✓ le développement de la corruption à cause de l'impunité érigée en mode de gouvernance ;
  - ✓ l'impunité entraîne automatiquement la perte d'autorité de l'État. Pour qu'il y ait autorité il faut l'équité ;
  - ✓ pour qu'il y ait autorité, il faut sanctionner la faute et récompenser le mérite ;
  - ✓ cette déliquescence de l'État malien explique en partie la pratique démocratique dans la lettre mais sans l'esprit, d'où le détournement du peuple des élections marquées par l'achat de conscience d'une part, et la non-tenue des engagements

électoraux d'autre part : les politiciens maliens s'appauvrissent en faisant des promesses et s'enrichissent en ne les tenant pas ;

- ✓ le fonctionnement mafieux de l'État en collusion avec les narcotrafiquants et djihadistes spécialistes de la traite d'otages occidentaux :
  - rapports avec AQMI et les narcotrafiquants.
    AQMI n'est que les troupes salafistes qui se sont réfugiées au Mali sous la pression de l'armée algérienne.
    De 2002 à 2012, l'État malien a composé avec ces narcotrafiquants et preneurs d'otages occidentaux, à travers,
  - un accord tacite de non-agression avec les djihadistes d'AQMI, ce qui a entraîné la détérioration des rapports du Mali avec :
    - o la Mauritanie,
    - o l'Algérie,
    - o la France.

1- Des années durant, la Mauritanie a fait face seule aux terroristes. Le Mali ne voulant pas combattre les terroristes a autorisé la Mauritanie à venir les chercher en territoire malien : ce qui explique des patrouilles de plusieurs dizaines de véhicules militaires mauritaniens qui circulaient au Mali. Cette Mauritanie aussi vaste que le Mali et cinq fois moins peuplée que le Mali a défendu l'intégrité de son territoire et préservé la sécurité intérieure au prix d'immenses sacrifices. Pendant ce temps les autorités maliennes disaient que le Mali est trop vaste pour être sécurisé par les forces maliennes seules, comme si le Mali n'avait pas existé avant le 26 mars 1991.

2- L'Algérie dont les ressortissants sont les membres d'AQMI a offert des moyens, dont le carburant, pour que le Mali chasse AQMI. Les Américains ont formé des commandos antiterroristes, mais les autorités maliennes n'ont pas bougé. Pire, d'intermédiaire facilitateur, le Mali a basculé en complice des trafiquants d'otages. Sinon comment expliquer que 10 ans durant tous les otages des djihadistes soient transférés au Mali. Que les terroristes prennent des otages en Tunisie, en Mauritanie, au Niger et en Algérie ; ils les conduisent au Mali qui est leur bastion. Dix ans durant cela s'est passé au vu et au su des Maliens et du monde entier.

3- La France, dont les ressortissants pris en Mauritanie et au Niger étaient gardés au Mali, ne pouvait pas porter le pouvoir malien dans son cœur. C'est ainsi qu'en 2010 la France et la Mauritanie ont monté, en territoire malien, une opération militaire de sauvetage d'un otage français. Tout cela peut s'expliquer par l'absence de géostratégie dans la politique d'Alpha Oumar Konaré et ATT.

La géostratégie est, selon le contre-amiral Pierre Célérier, l'étude des rapports entre les problèmes stratégiques et les facteurs géographiques. Elle implique la géographie de chaque État, et sa situation historique et politique en regard de ses voisins.

Pendant 20 ans Alpha Oumar Konaré (AOK) et Amadou Toumani Touré (ATT) ont couru derrière Kadhafi, en négligeant l'Algérie qui partage avec le Mali 1 376 km de frontière et les mêmes populations entre le Sud de l'Algérie et le Nord du Mali. Les largesses de Kadhafi ne peuvent compenser cette réalité du terrain.

Nombreux sont les Maliens mal informés qui mettent tous les déboires du Mali au compte de l'Algérie, en oubliant que l'État malien ne s'est pas assumé 20 ans durant. L'Algérie qui est en guerre depuis 1992 contre les islamistes ne fait que préserver sa sécurité aux frontières et à l'intérieur du pays.

Si on ajoute à tout cela :

- le laxisme des Maliens dans la lutte contre le narcotrafic dont l'aboutissement a été le scandale d'air cocaïne à Tarkint ;
- la sous-traitante de la sécurité du Nord Mali aux milices et aux djihadistes ;
- la sous-traitance de notre défense à la France et à la communauté internationale ;
- la conclusion de tout cela est qu'on est en face d'un État failli et d'une classe politique en manque de conscience et de consistance patriotiques ;
- la croissance sans développement avec un cafouillage général au tour de la table de « mangecratie » à tous les échelons du pouvoir et de la société.

ATT et la lutte contre la corruption

Quand ATT est revenu au pouvoir, il a dit que la lutte contre la corruption c'est comme nettoyer un escalier, il faut commencer par le haut. Malheureusement pour le Mali, ATT ne fit rien contre la corruption. Il encourageât les corrompus en déclarant publiquement, à plusieurs reprises qu'il n'humiliera pas un chef de famille. Il protégeât et promut tous les corrompus de l'ère démocratique.

Cette situation de corruption généralisée entraîna le mauvais fonctionnement des institutions, donc à la cause du coup d'État qui jeta dans les égouts le pouvoir démocratique et tous les politicards de la « mangecratie » sans que le peuple manifeste la moindre désapprobation de cet acte anticonstitutionnel. Son diagnostic pertinent de la cause des coups d'État explique un tel comportement de tout un peuple.

Le Mali et sa perte du sens moral sont l'explication du coup d'État de 2012 face à une classe politique tournée vers elle-même et sans souffle vivifiant.

La transition de 2012–2013

a) La gestion de Cheick Modibo Diarra

Il format un gouvernement techniquement bon, mais il a eu tort dans sa manière d'avoir raison en excluant les partis de la « mangecratie ». Alors que le pays était à feu et à sang, sur les 24 membres de son gouvernement s'il avait donné 10 à ceux qui vivent par la politique, il aurait eu le temps de travailler et de consolider son pouvoir. Malgré tout il a maintenu le pays debout.

b) La gestion de Dioncounda

En vieux politicien futé il a su sauver les meubles de son clan. La gestion de la transition a été plus adaptée à une situation de crise que les fanfaronnades de son successeur IBK.

c) La gestion d'IBK

Si Dioncounda peut être qualifié de chef d'orchestre ; IBK est un homme-orchestre, alors qu'il aurait dû être la musique même, pour être à la hauteur des espoirs de tout un peuple.

Cheick M. Diarra a commis une faute, celle d'avoir constitué en pleine crise, une équipe gouvernementale sans consulter ses alliés potentiels et surtout ses adversaires. Le grand savant qu'il est aurait dû savoir que le particulier engendre le particulier.

IBK lui a commis quatre fautes :

1) non-respect des règles élémentaires de gestion de crise : savoir écouter et observer ; mouiller le maximum de gens en mobilisant le peuple. Avec sa victoire électorale, il constitue ses

gouvernements successifs sans consulter son parti et divers alliés. Pire, comme toujours, il n'est pas accessible : il est dans une cloche de verre ou l'entourage ne l'enrichit pas ;

2) dans le processus de négociation d'Alger, il devait aller vers le peuple et avec le peuple. La diplomatie c'est le travail de coulisses, mais qui n'est efficace qu'adossée à une victoire militaire, ou à un peuple solidaire de son souverain, ce qui n'était pas le cas d'IBK à Alger. C'est effarant que la communauté internationale ait balayé d'un revers de la main les recommandations de la société civile et de l'opposition maliennes ;
3) IBK fait confiance à la France plutôt qu'aux forces vives du pays ; alors que les Occidentaux, par culture, ne craignent que les mouvements de masses ;
4) des années durant, le régime a laissé le peuple sur sa faim dans la lutte contre la corruption et la gestion de la crise du Nord d'une part, et la satisfaction des besoins élémentaires des populations d'autre part. Les grèves illimitées dans des secteurs sensibles ne sont qu'un aspect du désespoir du peuple.

Dût-on exciter toutes les indignations et heurter tous les préjugés, il faut le dire, parce que c'est la vérité, les acteurs du mouvement démocratique de 1991 ont failli et la société civile avec. Voilà pourquoi notre pays est tombé plus bas que terre, à travers :

- la perte de souveraineté sur une grande partie du territoire ;
- la mise du pays sous tutelle de la communauté internationale ;
- une croissance économique sans développement ;
- une pratique démocratique à la lettre mais sans l'esprit ;
- tout cela ayant conduit à une désarticulation culturelle, politique et économique de notre société.

III. PROBLÉMATIQUE DE LA REFONDATION DE L'ÉTAT MALIEN

Pour concrétiser sa refondation l'État du Mali devra maîtriser ses rapports avec son environnement :

- ✓ interne : Pesanteurs et dynamiques inhérentes à la société malienne. Sans cohérence interne il est impossible d'affronter les agressions externes d'un monde en changement rapide. D'où la nécessité du triple réarmement culturel, politique et économique du pays ;

✓ externe : France, Afrique, monde

Sur les plans :

- doctrinal,
- militaire et sécuritaire,
- géopolitique,
- géoéconomique.

1. Face à la situation actuelle, trois problématiques se dégagent

- Problématique de la refondation de l'État malien.
- Problématique de la renaissance du Mali.
- Problématique de la constitution d'une force alternative, capable de prendre le pouvoir et d'incarner les aspirations du peuple.

Le devoir des patriotes : Incarner l'espoir en créant les moyens et conditions de la renaissance de MALIBA.

2. Vision de la renaissance et de la mutation de l'Afrique

Au XXIe siècle (REMA 21), se déclinant localement à Mali Koura cette liaison est nécessaire parce que le Mali est un maillon de la chaîne africaine.

Valeurs du REMA au XXI e siècle :

- humanisme et liberté de croyance ;
- travail et équité ;
- solidarité et actions collectives convergentes ;
- science et technologie comme vecteurs de développement ;
- démocratie comme méthode de gouvernement : Aristote a dit : « la démocratie implique la vertu, à son absence tout est perdu ».

3. Mission des héritiers des pères fondateurs

Revisiter et reformuler le projet panafricain des pères fondateurs en fonction

Des enjeux et défis de la REMA au XXIe siècle ; en tenant compte des rapports de force avec l'environnement du projet. Cette tâche est extrêmement délicate. Nous ne sommes pas les pères fondateurs. La part maudite de tout héritage est celle qu'on ne peut prendre sans se trahir. Se réclamer des pères fondateurs et en même temps fouler au pied leur vision et les valeurs d'honneur et de dignité qui les caractérisaient, cela est affreux. Celui qui ne peut pas porter avec honneur et dignité la charge de la renaissance du Mali et de l'Afrique n'a qu'à voler et piller sans parler. Par contre l'Équité et le souci de l'intérêt collectif exigent des patriotes de sanctionner sans état d'âme les fautifs, et récompenser ceux qui auront mérité de la patrie dans leur tâche de construction nationale.

4. À ton appel Mali

« Notre pays, le Mali, connaît la pire crise de son histoire contemporaine, conséquence de la mal gouvernance avec son lot de corruption, de clientélisme, de népotisme, de mensonge et d'impunité. »
Le pays est depuis dix ans dans une crise multidimensionnelle caractérisée par un ensemble de contradictions imbriquées culturellement, politiquement et économiquement.
Face à une telle complexité des problèmes, le cœur ne doit, en aucun cas, prendre le dessus sur l'esprit d'analyse, de mesure et de décision. Même la guerre est d'abord une activité de l'esprit avant de venir, sur le terrain, trancher dans une lutte à mort. Dans le déroulement de toute lutte c'est le meilleur traducteur de l'évolution du rapport des forces qui gagne. Nous sommes face à :

1) un environnement interne caractérisé par la déliquescence de l'État et la désarticulation culturelle et politique de la société ;
2) un environnement externe bien structuré et agissant dans le cadre d'une vision à long terme de contrôle de l'Afrique. Le Mali est un maillon très important sur les plans géostratégique et géopolitique de cette vision et de la stratégie qui en découle. Jusqu'en 2012, aucun pays voisin du Mali, encore moins la France et les États-Unis, ne faisait confiance à l'État malien à cause de sa complicité avec les terroristes trafiquants d'otages et de drogue.

La première faiblesse du Mali est qu'il ne reconnaît pas qu'il a failli et n'arrive pas à s'assumer face aux enjeux et défis de la crise multidimensionnelle qu'il traverse. Si vous bâtissez sur du mensonge votre maison finira par s'écrouler. Vous ne pouvez pas détruire durant la nuit la maison des autres et que Dieu ne détruise pas la vôtre en plein midi.
L'ampleur de la crise que vit le pays nous interpelle tous et nous devons remplir notre devoir de vérité, de courage, d'actions intelligentes et efficaces face aux enjeux et défis de sortie de crise. Depuis des décennies, le Niger, la Mauritanie et l'Algérie se battent pour sauvegarder l'intégrité de leur territoire et la souveraineté de leur État

respectif. Pendant ce temps, les responsables maliens se distinguent par le pillage systématique du pays (les rapports sans suite du vérificateur ne révèlent qu'un seul aspect des pratiques de l'État prédateur malien) et la complicité avec les trafiquants d'otages et de drogue du Sahara et du Sahel. Notre État a failli dans une démocratie pourrie.

Il est temps que les Maliens cessent de se voiler la face : la sécurité des Maliens et la construction nationale relèvent de la responsabilité des Maliens. Le Niger et la Mauritanie ont à peu près la même superficie que le Mali. La population de la Mauritanie représente le tiers de celle du Mali. Le Niger compte sur son territoire deux fois plus de Touaregs que le Mali. Ces deux pays s'assument et le Mali depuis des années argue de l'étendue de son territoire pour justifier sa carence sécuritaire. Nous les Maliens avons démissionné et cela ne peut pas continuer. « Ceux qui vivent ce sont ceux qui luttent. » Pour que renaisse Maliba des cendres de l'inconscience et de l'inconsistance patriotiques, nous devons, debout sur les remparts, résoudre trois problématiques à savoir :

1) la problématique de sortie de la crise multidimensionnelle que vit le pays depuis des années ;
2) la problématique de la refondation de l'État du Mali ;
3) la problématique de l'émergence du Mali dans une Afrique en marche.

L'ampleur du laxisme, de la corruption et de l'impunité est telle :

- que rares sont les Maliens qui croient aux hommes politiques maliens ;
- que nos partenaires eux-mêmes doutent de la capacité des responsables politiques maliens à redresser le pays.

La prise en charge de ces problématiques implique, au préalable, une autorité centrale (gouvernement) capable de remettre le pays au travail à travers :

- une reprise en main ferme, mais dans l'équité, de l'administration publique qui met en œuvre la politique gouvernementale ;
- une justice libre de pressions politiques, mais respectueuse de son éthique et de sa déontologie. Au Mali, la corruption et la faiblesse du pouvoir exécutif ont entraîné l'abandon de la justice à elle-même ;
- une reconstitution de nos forces armées et de sécurité à hauteur du rôle qu'elles doivent jouer dans la sécurisation de l'ensemble du territoire.

Un État se résume matériellement aux éléments constitutifs ci-après :

- UN TERRITOIRE ;
- UN PEUPLE ;
- UNE ARMÉE.

La politique et l'économie ne peuvent pas avoir de réalité effective sans ces trois éléments.

Si la survie de la nation n'a pas de prix « elle a celui qui correspond à la part maximale de son revenu qu'elle peut consacrer à sa défense sans compromettre son existence ».

Pour l'armée d'être prête à faire face à toute situation conflictuelle risquant de mettre en péril les intérêts supérieurs de la nation.

Si le Mali en général, et le Nord du Mali en particulier, fait l'objet de tant de convoitises (avouées et non avouées), ce n'est pas pour la beauté des hommes du désert mais à cause des ressources naturelles du pays.

Quand les Maliens s'épuisent à gérer les urgences, les grandes puissances conçoivent et agissent sur 25 à 50 ans.

La plus petite et la moins peuplée des trois régions du Nord [Kidal] est censée renfermée les ressources suivantes :

- hydrocarbures ;
- or, uranium, terres rares, coltan, nikel, chrome, zinc, cuivre, plomb, gypse, eaux souterraines.

À l'indépendance, les pères fondateurs avaient la vision d'un pays culturellement, politiquement et économiquement debout sur le sentier du progrès. Cela supposait l'affirmation de notre souveraineté nationale : conception et application (sans aucune contrainte extérieure) de notre politique de développement économique, social et culturel à l'intérieur du pays ; l'établissement de relations extérieures en fonction des intérêts de notre peuple.

Une telle politique n'est pas praticable sans la défense de l'intégrité territoriale, du maintien de la paix et de la sécurité nationale. C'est ainsi qu'avec une volonté politique inébranlable et avec l'aide de pays amis le Mali a forgé une armée à hauteur de souhait en fonction des contraintes géopolitiques et économiques de l'époque.

Sous les Ire et IIe républiques, l'armée malienne a fait face avec succès à toutes les situations conflictuelles menaçant la sécurité nationale.

Sous la IIIe République, les politiques ont commis non pas une erreur, mais une faute politique grave en privilégiant la « démocratie » au détriment de la défense et de la justice. Cette politique a conduit droit le pays dans le mur :

- croissance sans développement ;

- démocratie formelle, sans justice, sans valeurs morales. Un célèbre penseur a écrit « que le sens moral est plus important que l'intelligence ; quand il disparaît d'une nation ce sont toutes les structures qui s'écroulent ».

L'armée, la colonne vertébrale de la nation a été cassée moralement et ramenée qualitativement à l'image du pouvoir politique plombé par la corruption et l'impunité.
La nature ayant horreur du vide :
- les religieux ont occupé le champ idéologique ;
- les trafiquants de drogue et d'otages ont investi les régions nord du pays ;
- l'ajustement structurel (sans fin) a soumis notre économie, nos rapports avec l'extérieur aux exigences des puissances d'argent.

En perdant notre souveraineté culturelle (penser par nous-mêmes et pour nous-mêmes [sans contrainte extérieure]), la conception et la réalisation d'un développement clef en tête n'étaient plus possibles.
Aujourd'hui, le Mali fait face aux difficultés suivantes :
- ➢ Manque d'autorité de l'appareil d'État ;
- ➢ Absence de paix et de sécurité face à trois types d'adversaires souvent intimement liés :
- le mouvement séparatiste,
- les narcotrafiquants,
- les djihadistes étrangers et maliens.

Face à de tels adversaires, en matière de défense, à court, moyen et long terme, on est obligé d'avoir recours à la guerre.

1) La guerre d'abord parce que notre pays est attaqué à la fois par les trois courants. Depuis plus de 10 ans, les **politiques** essayent de résoudre le problème par la ruse et le compromis. « Ce qu'on n'a pas su défendre avec des armes, il ne faut pas espérer le garder par des larmes. » La guerre est une activité non permanente, alors que la construction du système de défense nationale est une tâche permanente (en période de guerre comme en période de paix). C'est pourquoi on ne doit pas concevoir le système de défense avec des visions à court terme (combler les lacunes actuelles sur 1 à 5 ans). Les politiques ont la faiblesse d'être tenus par des échéances électorales. Les militaires eux n'ont droit ni à l'erreur ni à l'échec.

2) Pour concilier les politiques (exécutif et législateur) avec les militaires, il faut dépasser la grande concession budgétaire qu'est la loi de programmation militaire sur cinq ans visant à combler les lacunes actuelles, en la complétant avec un système de financement complémentaire visant la mise à niveau de l'armée par rapport à son environnement conflictuel, mais aussi et surtout technologique. Les systèmes militaires sont aujourd'hui une création permanente. Si la loi de programmation militaire vise à combler les lacunes du présent tout en maintenant ouvert pour le futur un éventail de possibilités ; elle ne permet pas de définir « un projet lointain et ensuite à le réaliser par étape suivant une programmation rigoureuse ».
3) Une diplomatie souple, mais ferme et prenant en charge les aspects géopolitique, géoéconomique et géostratégique de notre environnement régional et international.
4) Une construction d'une nouvelle force politique alternative.

Aujourd'hui les Maliens sont déçus par la pratique des partis politiques au pouvoir, d'où leur refus de militer dans les partis, et de ne pas voter aux élections, mais ils ne se désintéressent pas de la politique, de la gouvernance qui agit négativement et quotidiennement sur tous les aspects de leur existence. Ainsi apparaissent de plus en plus d'associations à but politique pour prendre en compte des besoins insatisfaits et organiser des actions collectives pour y répondre. C'est la mauvaise gouvernance des partis au pouvoir qui poussent les associations à jouer un rôle politique, d'où la recherche de nouvelles manières d'intervenir dans la marche du pays. Cette rupture du monopole politique des partis implique un nouveau type d'organisation à double rôle :

A) rôle associatif en agissant sur les décideurs politiques pour qu'ils répondent à la demande sociale ;

B) rôle politique en agissant sur la politique, sur la gouvernance pour faire évoluer les pratiques qui régissent la demande sociale.

Ce double rôle ne peut être joué efficacement que par deux structures liées pour ne pas dire imbriquées :

1) association politique de coordination, de concentration de toutes les forces sociales de façon solidaire et convergente sur des objectifs précis à des moments précis pour contraindre les décideurs ;

2) rôle de catalyseur, d'acteur de terrain qui sera joué par les différentes associations qui se battent sur les différents fronts sociaux. C'est l'ensemble de ses associations qui doivent s'unir pour former le mouvement associatif sous forme de coordination, de plate-forme, etc. C'est l'union qui fait la force.

L'association politique doit intégrer les représentants de toutes les forces vives dans une coordination dont l'organigramme sera sous forme de trèfles dans un cercle. Une sorte de table ronde dans les discussions.

À un moment donné du développement des luttes et de la dynamique organisationnelle, l'association politique peut se muer en parti politique pour aller à la conquête du pouvoir politique.

Le mouvement associatif est une pépinière de militants politiques. Tout le problème est de savoir l'écrémer pour constituer la chaîne d'encadrement politique à travers le pays.

Face à la complexité des luttes sociales et politiques d'une part, à la force et la solidarité des tenants du pouvoir d'autre part, il est impératif que le camp du peuple soit innovateur, créatif et efficace pour arracher le pouvoir à ceux qui l'exercent au nom du peuple, mais sans le peuple.

5. Vision

« Une vision qui ne s'accompagne pas d'action n'est qu'un rêve. Une action qui ne découle pas d'une vision, c'est du temps perdu. Une vision suivie d'action peut changer le monde », selon Nelson Mandela.

Notre vision de la lutte politique dans le Mali d'aujourd'hui peut se résumer comme suit :

S'assumer dans la lutte patriotique pour sauver le pays :

- de la partition ;
- du développement du sous-développement.

En faisant preuve d'originalité, de créativité et d'efficacité dans la pratique civique et politique, en repensant les voies et moyens de notre lutte à la lumière des expériences vécues d'une part, et des rapports de force internes et externes à notre société d'autre part. Tout cela en vue d'un Mali émergent dans une Afrique renaissante à elle-même et au reste du monde.

Notre stratégie de la renaissance du Mali peut se décliner en huit points :

1) OBJECTIFS GÉNÉRAUX :
   - paix et sécurité ;

- justice et démocratie ;
- croissance économique et développement humain durables.

2) OBJECTIFS SPÉCIFIQUES :
   - à court terme (un an) : organiser les forces vives et en faire le fer de lance du processus de fusion de toutes les contradictions et de tous les courants concourant aux changements politique, économique et social. Il s'agit de mettre fin au cycle actuel de croissance sans développement ;
   - à moyen terme (2 à 3 ans) : être en mesure de peser sur le cours de l'histoire du pays, en pesant sur le triple Réarmement culturel, politique et économique du peuple ;
   - à moyen et long termes (3 à 5 ans) : réunir les conditions subjectives et objectives de conquête du pouvoir afin d'orienter et diriger les leviers de sortie du sous-développement.
3) CHAMPS PRIORITAIRES :
   - Triple réarmement culturel, politique et économique du peuple.
4) CIBLES à acquérir aux idées et pratiques de notre projet : jeunes, travailleurs et les femmes, etc.
5) VECTEURS DE DÉVELOPPEMENT : innovation, créativité, formation continue de « capital » culturel, politique et économique. Sortir des sentiers battus, en inventant les voies et moyens d'un développement endogène, en faisant preuve d'innovation, de créativité et d'efficacité dans la formation continue de « capital » culturel, politique et économique.
6) MOYENS :
   - Ressources humaines de qualité en quantité suffisante. Dans la stratégie graduelle, au départ, ce n'est pas le nombre de personnes et des structures de base qui sont déterminants, mais la qualité des hommes et des femmes qui animent le mouvement. Ensuite et seulement ensuite s'imposera le nombre autour de l'encadrement avec la prise intacte des bases des concurrents et adversaires. Tout grand rassemblement sans un encadrement de qualité est appelé à se disloquer rapidement.
   - Moyens de communication nécessaires et suffisants. Dans notre monde dominé par les TIC, la communication est l'arme la mieux performante sur les champs des batailles idéologiques, politiques et économiques. Dans un tel contexte, vouloir changer le cours de l'histoire sans moyens et méthodes de

communication à hauteur des enjeux, « c'est faire de la musique sans instruments ».

- Moyens financiers et économiques à hauteur de souhait pour soutenir le développement d'une part, l'intensité des luttes aux phases 2 et 3 d'autre part.
- Moyens matériels, logistiques et autres à hauteur des objectifs assignés aux structures.

7) CONDITIONS :

Si nous voulons parvenir à une révolution sociale qui changera les structures de production et les rapports sociaux, nous devons réaliser le réarmement culturel et politique du peuple pour réussir le réarmement économique dans l'exercice de la démocratie. L'économie est déterminante en dernière instance, mais à condition que la superstructure culturelle et politique soit suffisamment active pour empêcher la résurgence et la domination des valeurs et pratiques rétrogrades du passé.

8) SYNERGIE :

- cohérence de la théorie et fécondité de la pratique sur le champ des luttes idéologiques et politiques ;
- peuple acquis aux valeurs et missions de notre projet à travers son réarmement culturel et politique d'une part, et notre pratique d'autre part ;
- conditions subjectives et objectives sont réunies pour la rupture historique, c'est-à-dire la prise du pouvoir par les forces acquises au changement.

IV. ÉBAUCHE DE PROJET DE SOCIÉTÉ

1. État des lieux du pays

Une société en crise multidimensionnelle par le délitement des élites (politiques et administratives) engendré par l'appât du gain facile qui découle de la corruption et de l'impunité. La nature ayant horreur du vide, les séparatistes, les narcotrafiquants et les hordes politiques se sont emparés des ruines d'un État failli dans une démocratie bananière. L'impérialisme qui somnole, mais ne dort jamais joue sur les contradictions internes en transformant les fissures en failles pour pénétrer dans la muraille pour reconquérir le pays de Modibo Keïta.

Pendant ce temps, c'est la logique de prédation qui guide la classe politique malienne au détriment de la conscience et de la consistance patriotiques.
Face à cette situation trois problématiques se dressent sur la route du redressement national à savoir :

1) problématique de sortie de crise consistant au rétablissement de l'intégrité territorial et de la sécurité sur l'ensemble du pays ;
2) rétablissement de l'autorité de l'État par la reprise en main ferme, mais dans l'équité de l'administration publique chargée de la mise en œuvre de la politique gouvernementale ;
3) réunion des moyens et conditions d'émergence de Maliba dans une Afrique en marche.

2. Que faire ?

Revenir à la vision des pères fondateurs d'un pays culturellement, politiquement et économiquement DEBOUT sur le sentier du progrès.
À l'indépendance, il y avait un parti et des dirigeants qui mettaient le Mali au-dessus de tout. Le malheur est qu'aujourd'hui les partis et leurs dirigeants sont tournés vers eux-mêmes sans souffle vivifiant. Dans un tel contexte, le préalable est de réunir les forces patriotiques qui vont s'atteler à la construction de la force alternative à la décadence actuelle. Mais cela ressemble à la quadrature du cercle dans un pays où chacun veut être chef ; alors que les hommes et les femmes dédiés à la cause du peuple ont seulement besoin d'un cadre organisationnel pour marquer l'histoire de leur pays. Les centaines de médaillés de l'indépendance étaient irrésistiblement saisis et entraînés par la passion patriotique. Modibo Keïta, après Mamadou Konaté, n'était ni le plus instruit, encore moins le seul méritant.
La conscience patriotique, l'autodiscipline, la capacité de créativité et la rigueur stratégique voilà les caractéristiques de la capacité à faire bouger les lignes de l'histoire. Ce sont des hommes et des femmes trempés qui vont organiser, éduquer et conduire le peuple dans sa lutte contre le désordre sociétal actuel.

3. Stratégie de résolution des trois problématiques citées ci-dessus dans l'état des lieux

Un projet de société étant la vision d'ensemble de l'organisation et du fonctionnement du système que l'on a l'intention de mettre en œuvre, voici le cadre conceptuel que je propose :

1) VISION DE SORTIE DE CRISE, DE RÉTABLISSEMENT DE L'AUTORITÉ DE L'ÉTAT ET D'ÉMERGENCE DU MALI DANS UNE AFRIQUE EN MARCHE

✓ Valeurs sociétales :
- d'honneur et de dignité ;
- de justice et de solidarité ;
- de démocratie, à savoir « que les gouvernants exécutent ce qui a été convenu de commun accord, en faveur du peuple » ;
- de respect de l'éthique et de la déontologie de bonne gouvernance au service du peuple.

✓ Missions des patriotes :
- préserver l'intégrité du territoire légué par nos pères ;
- assurer la paix et la sécurité sur l'étendue du territoire national ;
- conformément à la vision des pères fondateurs : maintenir le pays DEBOUT culturellement, politiquement et économiquement sur le sentier du progrès.

2) OBJECTIFS GLOBAUX :

✓ paix et sécurité (conditions préalables au développement) ;
✓ justice et démocratie ;
✓ croissance économique et développement humain durables.

3) OBJECTIFS SPÉCIFIQUES :

✓ Triple réarmement culturel, politique et économique du pays.

4) LES MOYENS À METTRE EN ŒUVRE :

✓ les ressources humaines (à valoriser) ;
✓ l'existant économique et financier à exploiter judicieusement ;
✓ les ressources naturelles (ces dons de dieu) à exploiter durablement comme actif principal d'une stratégie de sortie de la pauvreté ;
✓ les apports extérieurs (scientifiques, technologiques, financiers, etc.) comme catalyseurs de la dynamique de développement endogène.

5) LES CONDITIONS À RÉUNIR :

✓ auto-ajustement dans le cadre d'une politique nationale de développement endogène ;
✓ appropriation, maîtrise et application de la science et de la technologie et leur application à notre production de biens et services ;

- ✓ triple réarmement culturel, politique et économique comme vecteur d'une politique d'innovation, de créativité et de formation continue de « capital » économique, culturel, etc. (savoir et pouvoir sortir des sentiers battus) ;
- ✓ dans un monde où l'économie est à base de savoir ; pouvoir réaliser les transitions nécessaires afin de combler, en quelques décennies, les gaps issus de 400 ans de pillages, d'agressions, de violes culturels, etc. de l'Afrique.

6) TRANSITIONS :
   - ✓ culturelle (voir les étapes du réarmement culturel) ;
   - ✓ énergétique ;
   - ✓ infrastructurelle ;
   - ✓ numérique ;
   - ✓ scientifique et technologique ;
   - ✓ économique ;
   - ✓ société universaliste écologiste (face au changement climatique qui menace l'existence des pays sahélo-sahariens).

Bamako le 30/12/2017
Diatrou Diakité

4. Appel aux jeunes du mali et d'Afrique

Après quatre siècles d'agressions militaires, de pillages économiques, de viols culturels, d'aliénation politique et de marginalisation dans le processus de développement impérialiste du capitalisme, l'Afrique accéda à l'indépendance politique.

Après les échecs de ses aventures militaires coloniales en Indochine et en Algérie, l'impérialisme français décida de se retirer de ses colonies d'Afrique (mais) sans partir d'où la FRANÇAFRIQUE qui est la continuation et la normalisation politiques, économiques et culturelles de la politique coloniale de soumission des colonies aux exigences des besoins économiques, financiers et diplomatiques de la France. C'est une pratique anti-souverainiste et antidéveloppement de l'Afrique. Son antithèse est ce que Samir Amin appelle la doctrine de « déconnexion » à savoir la soumission des relations de l'Afrique avec l'extérieur aux exigences de son développement interne, ce qui est l'opposé même de la politique d'ajustement structurel néolibéral (sans fin) imposée au continent depuis plus de 40 ans.

À la sortie de la Seconde Guerre mondiale, face à la puissance agricole américaine, les Européens ont appliqué à leur agriculture une politique de « déconnexion » en la soustrayant des pressions de l'agriculture américaine et du marché mondial (marché commun agricole). Toujours face à la puissance de leur allié et protecteur américain, le marché commun agricole s'élargit et s'est mué en Union européenne. Ainsi l'Europe a montré son intelligence et sa capacité à défendre ses intérêts. Par contre, les pratiques de la Françafrique d'une part et celles de l'ajustement structurel néolibéral d'autre part, ont entraîné le désarmement culturel, politique et économique des pays d'Afrique. Mais cette analyse ne serait ni honnête ni complète si nous passons sous silence la responsabilité capitale des élites africaines dans la politique de croissance sans développement qui, dans le meilleur des cas, nous fait passer de la misère a la pauvreté.

La renaissance et la mutation de l'Afrique passent par le triple sursaut culturel, politique et économique. Là encore, évitons de jeter toute la responsabilité de nos difficultés et échecs sur la France. La France, élément extérieur du processus néocolonial, ne peut intervenir qu'à travers les éléments internes que sont nos élites corrompues. C'est la corruption et l'inconsistance patriotique des élites africaines qui sont les vecteurs de la recolonisation du continent. Ceux qui ont tenté de rompre le cercle vicieux de développement du sous-développement ont été éliminés par les puissances d'argent avec la complicité des dirigeants africains. Tels ont été les cas des pères fondateurs et de leurs continuateurs comme Sankara et Kadhafi.

De Nkrumah à Sankara, de Nasser à Kadhafi, les porteurs du projet africain ont échoué, mais leur échec n'enlève rien à leur mérite, car ils ont montré la voie vers la lumière qui éclairera la marche historique vers la renaissance et la mutation de l'Afrique. Leur échec sera porteur d'avenir si et seulement si les nouvelles générations reprennent le flambeau plus intelligemment en tirant les leçons du passé d'une part, et en se réarmant culturellement, politiquement et économiquement en fonction des rapports de force et du gap de développement de l'Afrique d'autre part. Mais aucune arme (culturelle, politique, économique) ne sera efficace que si les acteurs africains les emploient selon la technique du judo, à savoir retourner la force du plus fort contre lui.
Aujourd'hui, le malheur est que nos élites ont courbé l'échine et ont

cessé de penser par eux-mêmes et d'agir pour les peuples qu'ils sont censés incarner.

Jeunes du Mali et d'Afrique, face à la recolonisation vicieuse et pernicieuse de l'Afrique, sachons que c'est « la lutte qui décide de tout ». Mais qui décide de la lutte ? Nous, les patriotes qui refusons de baisser les bras. « Les peuples portent leur délivrance dans leurs mains, et leurs destinées dans leur volonté. »

Jeunes du Mali, jeunes d'Afrique !
Refusons la partition du Mali et le protectorat français sur Kidal.
Refusons la continuation de la soumission de l'Afrique aux exigences du maintien de la prospérité de la France.
Rompons le cercle vicieux de la domination politique et économique néocoloniale afin que l'Afrique renaisse aux autres et à elle-même.

Mais le refus ne suffit pas. Nous devons passer de la dénonciation (nécessaire à la prise de conscience des peuples) à la réalisation des moyens et conditions de l'émergence de l'Afrique au XXIe siècle.
« La force du plus fort est sa capacité d'absorber l'autre, d'agir et de parler à sa place.
La faiblesse est de ne pouvoir résister, de ne pouvoir répondre… En subissant la violence d'un autre, la substance passive n'a que ce qu'elle mérite. »
Jeunes du Mali, jeunes d'Afrique !
Nous sommes l'avenir, nous sommes l'espoir des peuples d'Afrique.
Puisse Dieu nous inspirer et guider nos pas dans la lutte pour la renaissance de l'Afrique.

Vive le Mali uni et indivisible !

Vive l'Afrique unie pour sa renaissance et sa prospérité !

Bamako, ce 27/12/2016

5. Processus de rupture du cercle vicieux néocolonial

1) Revisiter le projet des pères fondateurs, et concevoir un nouveau projet de renaissance et de mutation de l'Afrique.
2) Idem pour le Mali émergent.

3) Théorie et pratique de la doctrine de « déconnexion ».
4) Pratique de la théorie bambara des 100 bâtonnets (théorie et pratique de l'intégration africaine).
5) Objectifs globaux de gouvernance, les 3 binômes :
   - ✓ paix et sécurité ;
   - ✓ justice et démocratie ;
   - ✓ croissance économique et développement humain durable.
6) Objectifs spécifiques : 4 révolutions préalables à la renaissance africaine :
   - ✓ révolution culturelle ;
   - ✓ révolution politique ;
   - ✓ révolution économique ;
   - ✓ évolution sociale rapide mais maîtrisée.
7) Champs d'actions prioritaires :
   - ✓ réarmement culturel ;
   - ✓ réarmement politique ;
   - ✓ réarmement économique ;
   - ✓ mutation scientifique et technologique.
8) Vecteurs de développement, LCP :
   - ✓ Levier : bonne gouvernance à travers le triple réarmement et les 3 binômes.
   - ✓ Catalyseur : recherche stratégique :
     - imagination ;
     - innovation ;
     - créativité ;
     - efficacité (atteindre l'objectif) ;
     - toujours plus d'organisation et de synthèse.
   - ✓ Progrès : formation continue de « capital » culturel, social, politique, économique, etc.
9) MOYENS À METTRE EN ŒUVRE :
   - ✓ ressources humaines (à valoriser) ;
   - ✓ l'existant culturel, social et économique (à gérer judicieusement) ;
   - ✓ ressources naturelles à exploiter en tant qu'actif de la stratégie de sortie de la pauvreté.

Domaines économiques prioritaires :

- infrastructures à hauteur du basculement scientifique et technologique de l'Afrique ;

- révolution industrielle ;
- révolution agricole ;
- révolution dans les services à hauteur des révolutions industrielle et agricole dont ils constituent le « fonds de roulement ». Les industries et l'agriculture ne peuvent fonctionner sans l'accompagnement des services (transports, banques, distribution, administration, etc.).

CONDITIONS :

- ✓ bonne gouvernance avec les trois binômes au centre de tout ;
- ✓ réaliser le triple réarmement ;
- ✓ appliquer avec constance la doctrine de déconnexion ;
- ✓ réaliser l'intégration africaine.

6. Souveraineté nationale

L'indispensable sursaut patriotique pour la vraie indépendance

Du 22 septembre 1960 à aujourd'hui, l'événement qui a le plus détourné le Mali de la voie de l'émergence ouverte par les pères de l'indépendance est, sans conteste, le coup d'État du 19 novembre 1968. Que reste-t-il de l'indépendance ? Il reste à notre peuple deux choses. Primo, la coquille d'un État vidé de sa substance territoriale, de son outil de défense, de son autorité par la généralisation de l'impunité et par la perte de la liberté d'action du gouvernement dans ses relations extérieures.

Secundo, retrouver son esprit patriotique, sa résilience à toutes les tentatives de domination étrangère, en se pliant temporairement, mais sans jamais rompre dans les épreuves. Notre peuple a saigné dans les épreuves, mais n'est pas mort et ne mourra point.

Pour remettre le Mali sur la voie de l'indépendance politique et économique, il faut être vigilant. « On nous pardonnera d'être battus, mais jamais d'être surpris », dit-on dans les écoles de stratégie.

Les potentialités géostratégiques et géoéconomiques du Mali sont telles que le pays sera de plus en plus l'objet de convoitises, de bals masqués dans les relations internationales.

Face aux menaces de partition du pays, de blocage de son développement, un sursaut patriotique est indispensable autour de plusieurs axes stratégiques et névralgiques.

Ainsi, il est nécessaire de mettre en pratique les valeurs fondatrices de notre république à savoir notre devise (Un peuple – Un But – Une Foi), symbole de l'unité de pensée et d'action de notre peuple ; l'hymne nationale dédié à la construction du Mali et de l'Afrique.

Nous devons également mettre nos valeurs ancestrales d'honneur et de dignité au cœur de notre pratique sociale. Cela remettra à l'heure la pendule éthique faisant de l'argent un moyen et non une fin.

Éviter le conservatisme des armes, en nous réarmant culturellement, politiquement et économiquement à hauteur des enjeux et défis de développement dans un monde globalisé, un monde de science et de technologie.

Nous devons aussi nous approprier, maîtriser et appliquer la science et la technologie à notre production de biens et services pour satisfaire les besoins de la majorité de nos concitoyens.

Dans l'étude du Réarmement économique du Mali, s'agissant du développement rural, nous écrivions en 2005 : « Nous n'avancerons jamais au rythme du monde moderne si nous ne parvenons pas, en quelques décennies, à nous débarrasser de notre passé technologique. »

En effet, dans le village planétaire, n'oublions jamais que nous devons adopter les armes de l'adversaire ou inventer de nouvelles à hauteur des défis. « Le conservateur qui a entrepris la lutte pour préserver les armes est vaincu d'avance », dit le stratège.
Tout cela restera lettre morte si les moyens, mais aussi et surtout les conditions nécessaires et suffisantes ne sont pas réunies. Il s'agit de se donner les moyens du développement du pays en valorisant par exemple les ressources humaines et l'existant économique. Il faut mettre en valeur nos ressources naturelles dans le cadre d'un développement durable. Il est aussi indispensable d'utiliser judicieusement les apports extérieurs pour accélérer le réarmement économique de notre pays.
Les décideurs politiques et les leaders de la société civile doivent toujours avoir l'esprit que le développement est lié à un leadership fort avec une vision claire de la stratégie et des structures de sortie de la pauvreté ; une capacité d'incarner un État souverain au service du peuple.

Et cela en réunissant les conditions de la paix et de la sécurité sur l'ensemble du territoire ; de la croissance économique et d'équité dans la satisfaction des besoins du peuple. Ce qui implique de savoir et pouvoir rompre le cercle vicieux du sous-développement en concentrant les efforts sur les trois binômes qui sont la paix et la sécurité, l'équité et la participation populaire aux actions de développement, la croissance économique et le développement humain durables. L'accumulation de richesses sans vision et sans contrat social portée par une forte volonté politique est une machine aveugle et inégalitaire, d'où la nécessité d'une liaison dialectique entre croissance économique et satisfaction des besoins du peuple.

Le triple réarmement culturel, politique et économique exige que soient soumis aux exigences de notre développement interne nos rapports avec l'extérieur. C'est l'une des conditions sine qua non pour rompre le cercle vicieux de l'ajustement structurel néolibéral sans fin.

Les dirigeants du pays doivent comprendre qu'on ne sort pas d'un cercle vicieux, on le rompt. Et cela en privilégiant l'auto-ajustement qui consiste à se ressaisir, à se remettre en cause sans contrainte extérieure et sans se renier ; à mobiliser toutes les ressources nationales et les affecter judicieusement au développement. Mais, ce choix nécessite un sursaut patriotique des forces vives du pays afin de mettre les intérêts du Mali au centre, voire au-dessus de tout ! Et ce n'est pas cher payé si cela doit nous permettre de jouir pleinement de notre indépendance politique, économique et socioculturelle !

V. PROBLÉMATIQUE DU PARTI DE TYPE NOUVEAU

« Ce n'est pas votre stratégie que nous désapprouvons, mais l'absence de stratégie. Ce n'est pas votre pratique que nous désapprouvons mais l'absence de pratique », c'est par ces phrases que nous critiquions en 1975 l'attitude de la direction du Parti malien du travail (PMT).
Quarante-deux ans après, ce n'est plus un régime militaire dictatorial qui gouverne le Mali, mais un régime civil issu d'élections démocratiques, mais malheureusement corrompu et aplati devant la France.
Nous ne sommes plus dans un monde bipolaire, mais multipolaire avec une domination manifeste des ex-puissances coloniales sur l'Afrique à

travers une recolonisation sous forme d'ajustement structurel néolibéral sans fin. La gouvernance de soumission a remplacé celle de souveraineté, de développement endogène. La culture de la mendicité a remplacé celle de la responsabilité. On ne conçoit plus qu'en fonction de la vision et de la volonté des institutions de Breton Woods nous avons perdu toute souveraineté culturelle, politique et économique ; nous n'avons plus de personnalité, nous sommes les nouveaux esclaves du capitalisme financiarisé, ne vivant qu'en fonction des intérêts politiques et économiques du maître. Les pères fondateurs se morfondent de honte et de douleur dans leur tombe pour avoir enfanté des hommes et des femmes incapables de prendre l'héritage.
Heureusement, « les peuples saignent mais ne meurent pas ». Un autre penseur a dit « que les peuples portent leur destinée dans leur volonté ». Pour ne pas démériter des pères fondateurs dont nous nous réclamons, nous avons l'ardente obligation du sursaut patriotique pour que l'Afrique redevienne une terre d'honneur et de dignité. L'espoir est permis et incarné par de petits pays comme le Rwanda et le Botswana, mais aussi par l'Éthiopie qui se battent courageusement contre le sous-développement et la soumission aux puissances d'argent.

1. Vision de la lutte révolutionnaire pour la renaissance et la mutation scientifique et technologique de l'Afrique au XXIe siècle (REMA 21).

D'abord entendons-nous sur ce que nous appelons Révolution !
Il se trouve qu'à la suite de certaines expériences historiques passées, la révolution est l'insurrection violente contre l'ordre établi. Étymologiquement, la révolution est un profond changement de société. Depuis Marx, on ajoute un profond changement de société qui s'exprime par une transformation radicale des rapports de production, des structures de production. Une telle approche, en ce début du XXIe siècle, n'est pas à écarter dans l'avenir et par les jeunes si la débilité féroce du néolibéralisme continue à exacerber les contradictions et à boucher toute perspective de développement pour les peuples africains. Au cours du XXe siècle le capitalisme impérialiste a beaucoup évolué positivement sous la pression du mouvement révolutionnaire mondial dont les moments significatifs ont été les prises du pouvoir par Lénine en 1917, Mao en 1949 après 22 ans de guerre ininterrompue d'une part, et les mouvements de libération nationale après la Seconde Guerre mondiale d'autre part.

Après cette remarque sur la dynamique de l'évolution historique qui, dans tous les cas, n'est jamais acquise d'avance : elle résulte toujours de luttes d'intérêts. Nous précisons qu'en ce début du XXIe siècle et des rapports de force existant, notre conception de la révolution est celle de Michel Rocard à savoir que « le seul sens rigoureux du mot Révolution est celui qui évoque une transformation des structures de la société. Cela ne préjuge pas des méthodes ou des situations qui seront à la source d'une telle transformation ».

C'est à la lumière des luttes passées et présentes, et en fonction des réalités sociales, culturelles, politiques et économiques du monde, de l'Afrique et du Mali de ce XXIe siècle que nous devons concevoir le futur désiré du continent et du Mali. La vision du Mali émergent doit découler de celle de l'Afrique dont il n'est qu'un maillon et un acteur actif.

2. Vision de la renaissance et de la mutation de l'Afrique au XXIe siècle (REMA 21)

En fonction des considérations ci-dessus, nous devons bâtir :

Le schéma de construction du parti révolutionnaire de type nouveau. La constitution et le développent d'un outil de prise de pouvoir est, en grande partie, un travail de management des ressources humaines. L'Afrique du XXIe siècle n'est pas celle du siècle passé : les NTIC, la mondialisation et les gouvernances désastreuses locales ont fait changer les mentalités et pratiques de la majorité des gens. L'encadrement culturel, politique et social est assuré par la classe moyenne dont la composante démographique a été multipliée par 1000 en 50 ans. Ce sera une illusion de vouloir imposer un comportement de type révolutionnaire des XIXe et XXe siècles à la majorité de cette composante indispensable au triple réarmement culturel, politique et économique du peuple. Avec les TIC, les ouvriers et paysans du XXIe siècle sont culturellement différents de ceux du siècle passé. Combien de cadres sont aujourd'hui capables de faire le sacrifice ultime pour le peuple ? Dans ces conditions comment faire pour que les choses changent, pour que rien ne soit plus comme avant ? Pour cela, dans la conception et la réalisation du parti et de son projet de société, nous devons aller au peuple et avec le peuple, en force de proposition dans la conception ; et en force de contrôle et de régulation dans la réalisation des programmes et projets, conformément à ce que j'appelle l'esprit de Campo-Formio c'est-à-dire ne pas vouloir aller au-delà de nos capacités à une étape

déterminée du développement du processus révolutionnaire, mais aussi et surtout ne pas sous-estimer nos adversaires. Lorsqu'en 1797 Bonaparte ne pousse pas sur Vienne et signe la paix de Campo-Formio, il évalue la possibilité de résistance des Autrichiens privés de capitale, autant que les capacités militaires limitées du directoire à Paris. Il sait, comme par pressentiment, mesurer la décision relative (obtenue sur l'archiduc Charles) à la décision absolue, celle qu'il ne tiendrait qu'en annihilant la puissance impériale autrichienne ; celle qu'il cherchera en vain dans la prise de Moscou.
Cinquante ans après les indépendances politiques, nous ne sommes plus ce que nous étions, ou ce que nous nous croyons êtres. Comme le disait Marx, il ne faut pas juger une période révolutionnaire selon la conscience qu'elle a d'elle-même. Tout cela pour dire de ne concevoir, ni pratiquer qu'en fonction de nos capacités réelles de production et de résistance au terrorisme caché et ouvert des classes dominantes nationales et de leurs maîtres extérieurs. Il ne faut être ni en retard ni en avance sur le peuple, encore moins vouloir faire son bonheur malgré lui. Nkrumah invitait les militants de son parti à suivre le conseil des Chinois :
« Vas au peuple,
Vis dans son sein,
Apprends de lui,
Aime-le,
Sers-le,
Prépares avec lui,
Commences par ce qu'il sait,
Construis sur ce qu'il a ».

Telle doit être la conduite démocratique du patriote révolutionnaire.

Tout cela pose crûment la problématique de la conception d'une nouvelle économie du savoir et d'une nouvelle société universaliste. Cette exigence pose la nécessité de la mutation scientifique et technologique de l'Afrique dans le monde d'aujourd'hui. Cette mutation pose l'exigence d'un grand bond en avant vers une société numérisée. L'appropriation, la maîtrise et l'application du numérique à la formation, à la production de biens et services permettront au continent de combler son gap scientifique et technologique dans ce XXIe siècle où l'économie est à base de savoir. La généralisation du

numérique à l'ensemble des activités de production de biens et services conditionnera et enrichira la personnalité des nouvelles générations d'hommes et de femmes d'Afrique. Avec les TIC, l'homme africain vivra en réseau solidaire et harmonieux, donc en enrichissement mutuel continu. « L'épanouissement complet et harmonieux de la personnalité dépend des conditions de vie : si l'individu a un cercle large et varié d'activités, cela donne un vaste horizon à sa pensée. Si son activité est limitée par une étroite spécialisation au-delà de laquelle il ne voit pas le monde qui l'entoure, sa pensée devient unilatérale et s'appauvrit. »
Une renaissance africaine sur la base d'une économie du savoir, et d'une nouvelle société universaliste pose directement la problématique fondamentale de la vision d'une Afrique conçue et bâtie dans des efforts collectifs convergents vers les cimes du développement. Cette Afrique nouvelle peut s'inspirer d'autrui, mais ne doit pas copier autrui si elle veut devenir cette terre d'avenir pour l'humanité.
Gloire aux pionniers de la science et de la technologie, ces chercheurs infatigables. Dieu a tout créé ; nous créatures dotées d'intelligence et de raison ne pouvons et ne faisons que transformer pour satisfaire nos besoins. Si l'être humain ne fait pas cela, il vit comme le singe dans la forêt qui se contente d'en tirer sa nourriture sans y apporter la moindre valeur ajoutée.
« Comme rien ne se construit qu'au prix d'une destruction équivalente », l'industrialisation et le capitalisme ont augmenté les capacités de production et de consommation de l'humanité, mais avec son corollaire de destruction de l'environnement qui menace, à terme, la vie sur terre à cause du changement climatique. Produire pour nos besoins, mais en même temps maîtriser notre environnement, notre cadre de vie et de travail, est la condition de garantie du maintien de la vie sur terre. La faiblesse du capitalisme est le fait qu'il met le profit avant l'homme. L'Afrique écologiste devra mettre science, technologie et profit au service de l'homme, de sa tension permanente de savoir plus, d'être toujours plus. Pour cela, il faut reconvertir l'homme à travers un triple réarmement culturel, politique et économique. « Il devient indispensable que l'humanité formule un nouveau mode de pensée si elle veut survivre et atteindre un plan plus élevé » (Einstein). Telle doit être l'approche de la conception et de l'application de la vision de renaissance et de la mutation de l'Afrique au XXIe siècle (REMA 21).
Selon le Père Englebert Mveng, « en Afrique, toute civilisation, dans

ses manifestations techniques, est l'expression d'une vision et d'une conception de l'homme qui lui donne son véritable contenu ». Toujours selon Mveng « l'Afrique oppose sa conception de l'homme dont la vocation est d'unifier le cosmos en unifiant l'homme, de construire le monde en destinée humaine ». Dans l'optique d'une telle vision si nous n'avons pas l'intelligence et le courage de sortir des sentiers battus, de prendre le large en faisant preuve d'innovation, de créativité, de plus d'organisation et de synthèse, c'est que nous n'avons pas conscience de la grandeur des défis à relever.

Chercher le pouvoir pour le pouvoir ou plutôt pour ses intérêts personnels, cela ne donne pas un sens à une vie de révolutionnaire qui consiste à mettre ses capacités de compréhension et de création au service de la transformation sociale pour le bonheur de la majorité. Mais en plus de cela, la mission des révolutionnaires est de tenir le flambeau révolutionnaire d'une part, savoir et pouvoir le passer à la jeune génération d'autre part. Les leaders de plus de 70 ans qui se croient irremplaçables et s'accrochent au pouvoir ont signé leur échec. Revenons au concept de révolution que nous avons présenté sous ses formes sociologique, marxiste et sociale-démocrate. C'est certainement les définitions de Metternich, l'homme qui, quarante années durant, lutta contre la révolution en Europe, qui permettent de cerner la nature de la révolution de mars 1991 au Mali. En 1832, Metternich écrivait : « il n'existe en Europe qu'une seule affaire sérieuse, et cette affaire c'est la révolution ». Encore précisait-il qu'il existe trois sortes de révolutions :

> « Celles que l'on connaît sous la dénomination de révolutions de palais se font contre les personnes. Les révolutions politiques sont dirigées contre les formes de l'État. La révolution sociale attaque les bases de la société. »

Si on se réfère aux définitions de ce monarchiste réactionnaire, en mars 1991 il y a eu une révolution politique au Mali. Nous avons vaincu l'État udpmiste, mais en 26 ans, les acteurs du mouvement démocratique ne se sont attaqués ni aux structures économiques, ni aux superstructures idéologiques et politiques d'un pays semi-féodal. Pire, les démocrates n'ont même pas pu assumer les prérogatives d'un État souverain. Nous sommes passés d'un État autoritaire à un État faible et laxiste ; du parti unique constitutionnel au multipartisme intégral frôlant l'anarchie. Les réformes économiques effectuées sous la houlette des institutions de Breton Woods à travers 26 ans d'ajustement structurel néolibéral n'ont entraîné que croissance sans développement, c'est-à-dire sans changement des rapports de production, du cadre et des conditions de vie et de travail du peuple. Bien sûr que la machine économique a fonctionné pour les tenants du pouvoir :

- le salaire mensuel du président de la République est passé de 900 000 F CFA à 4 000 000 F CFA (344 % d'augmentation) ;
- un député qui n'a pas le DEF peut payer 10 médecins débutants ;
- la délinquance financière est devenue le sport favori des élites maliennes ;
- l'impunité a enlevé toute autorité à l'État.

Face à une situation politique, économique et sociale donnée, le révolutionnaire vient changer l'ordre établi. Par rapport à la forteresse du pouvoir d'en face, il est l'attaquant. Il vient et le défenseur l'attend de pied ferme. Cet envahisseur et perturbateur est haï par les possédants des pouvoirs politiques et économiques qui se préoccupent de comment parer à cette situation. Là encore, revenons à Metternich dont la seule préoccupation de sa vie a été l'organisation de la contre-révolution : en 1821, au moment où mourait à Sainte-Hélène le vaincu des rois et en s'adressant au Tsar Alexandre de ses pensées et programmes il dit :
« Le but précis des factieux est unique. C'est celui de renversement de toute chose légalement existante. Le principe que les monarques doivent opposer à ce plan, c'est celui de la conservation de toute chose légalement existante. Le seul moyen de parvenir à ce but pourra être de ne pas innover. » Quand le conservateur parle de légalité, le révolutionnaire parle de légitimité pour contester la légalité des possédants. Dans cette lutte, a priori, la logique de guerre donne l'avantage au conservateur défenseur de l'ordre établi ; malheureusement pour les possédants tout homme porte les défauts de ses qualités. Il en est de même de toute forteresse. « Qui veut attaquer une place il suffit qu'il découvre l'unique faiblesse qui rend toute cette force précaire. » Pour le révolutionnaire, « une chaîne vaut ce que vaut son maillon le plus faible. Qui veut en général, contrôler une situation donnée, veillera à ce qu'aucune faiblesse ne rende vulnérable l'ensemble du système » telle est la théorie révolutionnaire léniniste de la lutte des faibles contre les forts de l'ordre établi.

En ce début du XXIe siècle, les révolutionnaires ne doivent ni perdre de vue ni sous-estimer la capacité de nuisance multiforme des tenants des cinq monopoles de domination du monde à savoir :

- le contrôle des armes de destruction massive ;
- l'accès aux matières premières de la planète ;
- le contrôle des nouvelles technologies ;
- le contrôle des marchés financiers ;
- le contrôle des médias.

Contrairement au conservatisme extrême de Metternich, sous la pression des luttes populaires, les pouvoirs capitalistes ont su innover dans leurs formes d'exploitation et d'oppression, mais du XVIIe siècle à aujourd'hui, ils n'ont pas et ne peuvent pas innover le principe fondamental de l'impérialisme, à savoir : ne tolérer que les puissances complémentaires, mais jamais de puissances concurrentes, ce qui explique :

- l'acharnement de la Grande-Bretagne à empêcher l'industrialisation de l'Inde et de l'Égypte jusqu'à leur indépendance ;
- le même acharnement de l'Occident contre l'ex-URSS, et aujourd'hui la fédération de Russie et la Chine ;
- leurs vaines tentatives de détacher le Sud industriel de la Chine du reste de ce pays continent ;
- enfin en 2017, la tentative du président américain Donald Trump de disloquer l'Union européenne en encourageant publiquement la sortie du Royaume-Uni de l'UE.

Sans une approche originale, avec des trésors d'ingéniosité, d'innovation et de créativité, mais aussi de courage patriotique, jamais au grand jamais l'Afrique ne sera ni libre ni émergente avec :

- des dirigeants intelligents, mais corrompus ;
- 93 % des diamants du monde ;
- 42 % du cobalt ;
- 60 % de l'or ;
- 34 % de la bauxite ;
- 17 % du cuivre ;
- 23 % de l'uranium ;
- 60 % des terres arables.

Les 53 minéraux précieux du monde se trouvent en Afrique.
Les réserves de fer d'Afrique sont le double de celles des États-Unis.
On estime que 16 % du potentiel d'énergie hydraulique du monde se trouvent en Afrique.

En ce début du XXIe siècle, il n'y a plus de pouvoir politique de droit divin, mais il y a des pratiques exécrables, des formes d'État qui ne sont que le contenant et le contenu de l'oppression et de l'exploitation des faibles par les forts. Nous frémissons quand nous entendons les oppresseurs parler de liberté et de démocratie ; ces puissances qui sont démocratiques chez elles et esclavagistes à l'extérieur.

3. Le parti de type nouveau

Le développement en tant que satisfaction des besoins de la majorité en biens et services et la bonne gouvernance en tant que capacité à satisfaire les besoins de la majorité du peuple posent un seul problème fondamental aux dirigeants patriotes : c'est comment susciter et entretenir les transformations structurelles à l'intérieur, et soumettre les rapports avec l'environnement aux exigences du développement du pays : souveraineté, croissance et développement tout est là. Une société est un ensemble régi par des structures de production et des superstructures de domination. Tant qu'on ne s'attaque pas intelligemment, systématiquement et avec constance à cet ensemble structures et superstructures, il est impossible de rompre le cercle vicieux du sous-développement : on ne sort pas d'un cercle vicieux, on le rompt. Voilà toute la problématique de la raison d'être de l'action révolutionnaire et de son outil d'exécution qu'est le parti. Toutes ces élites politiques, intellectuelles et économiques qui se contentent de prendre leur part du gâteau, représentent à la fois la tragédie et la comédie de la renaissance de l'Afrique et du Mali.

En ce XXIe siècle, pour la montée en puissance continue des forces populaires dans la prise en main de leur destinée, nous conseillons une stratégie rigoureuse, et une tactique souple de realpolitik guidée par le rapport de force à chaque étape du développement des luttes au plan local et international. En ce siècle de mondialisation et des cinq monopoles de domination du monde par le capitalisme financiarisé, au lieu de s'attaquer toujours verbalement aux puissances extérieures, mettons de l'ordre dans notre maison Mali. Ayons l'honnêteté et le courage de faire notre autocritique, de nous imposer un auto-ajustement afin d'être nous-mêmes et demander les aides pour compléter les moyens et conditions du développement.

Le développement n'est pas un phénomène naturel, il découle de notre capacité de compréhension et de création, de notre gouvernance culturelle, politique et économique. Quand nous voyons le courage et l'acharnement des dirigeants des pays développés dans les réformes structurelles afin que leurs pays soient à hauteur de souhait dans la compétition des nations, nous ne pouvons pas nous empêcher de nous indigner devant le comportement d'esclaves de nos élites. Nous ne sommes pas jaloux des autres, nous n'avons pas le courage de sortir des sentiers battus. Le même problème se pose à nous partisans du changement : dans cette optique d'invention des formes, méthodes et moyens de réarrangement « des milliers de branchettes d'un nid d'aigle sans se faire crocher », le rôle des élites intellectuelles, politiques et économiques est déterminant.

Pour la création d'un parti de type nouveau et son développement, il y a des dispositions indispensables à la survie du projet révolutionnaire :

1) PHASE CRÉATION ET IMPLANTATION :

- l'équipe de concepteurs du projet constituée de vieux militants, mais aussi et surtout de jeunes et de femmes d'horizons divers. Nous pensons que ce potentiel existe et il est disponible. Il faut faire attention à la notion de jeune. Les pères fondateurs n'étaient pas, à quelques exceptions près, des vieux quand ils s'engageaient dans la lutte, ou quand ils prenaient le pouvoir ;
- constituer les structures de base et réaliser l'enracinement du parti ;
- œuvrer inlassablement à la formation des cadres capables de former le caractère des militants à travers une éducation par l'exemple c'est-à-dire leur comportement dans la gestion du parti, mais aussi de celle de toute responsabilité qui leur sera confiée ;
- veiller au réarmement culturel du peuple. La culture est transversale dans le développement économique et social ;
- le processus électoral et la gestion de la pratique des élus constituent une véritable école d'éducation citoyenne : faire son devoir de citoyen militant tout en rendant compte, ensuite demander des comptes à tous ceux qui ont une responsabilité collective. Vous ne pouvez pas valablement demander des comptes aux autres alors que vous-même ne remplissez pas votre devoir de citoyen et de militant. Il faut la double redevabilité des citoyens et des responsables.

2) LES RAPPORTS ENTRE LE SOMMET ET LA BASE DU PARTI

Nous sommes :

- ✓ dans un monde de communication ;
- ✓ dans un pays en voie de décentralisation poussée, et dans lequel le nombre de cadres supérieurs est passé, en 50 ans, de 13 à 15 000 dans la fonction publique. Les universités déversent des dizaines de milliers de cadres dans le secteur privé, et malheureusement aussi dans la rue avec toutes les conséquences qui en découlent ;
- ✓ dans une situation culturelle et politique où les méthodes de gestion des ressources humaines du siècle passé ne sont plus opérationnelles, il faut pour le parti de type nouveau, un management du type double DPO :
- en période ordinaire une direction participative par objectifs (DPO) dans laquelle la direction du parti aura un rôle de proposition, de contrôle et de régulation,
- en période électorale, ce sera une direction par objectifs ou les instances (Conseil national, congrès) et/ou la direction exécutive du parti qui fixeront les objectifs à atteindre,
- une large autonomie sera donnée aux structures et instances locales et régionales (commune, cercle, région, district de Bamako). Nous ne pouvons être en recul par rapport à la décentralisation en cours dans le pays.

3) LA PROBLÉMATIQUE DU FINANCEMENT OU LE NERF DE LA GUERRE

Là encore, nous devons compter d'abord sur nos propres forces à travers les contributions volontaires des cadres. Ensuite sur les activités génératrices de revenus. Créer des entreprises de production de biens et services. Dans le monde capitaliste « exister c'est produire et vendre ». Si nous ne sommes pas capables d'en créer, c'est que nous sommes stériles donc en marge de l'histoire. Ensuite viendront les appuis extérieurs qu'il faut savoir chercher et exploiter judicieusement pour accélérer la vitesse du train.

Selon Rocard, « en France, la quasi-totalité des partis qui existent ont été, dans les périodes décisives de leur histoire, financés soit par le patronat, soit par l'étranger, mais à ma connaissance, sauf peut-être le parti radical qui justement n'est pas un parti, mais une somme de comités électoraux. On ne connaît pas de force politique nationale importante qui soit née intégralement de ses moyens propres ».

4. Les préalables

1) EXISTER :
   CONCEVOIR LE PROJET
   - Le faire valider par ceux qui sont censés le porter (personnes ressources, associations, etc.).
   - Lancer officiellement le parti avec une maîtrise professionnelle de la communication.
   - Créer les structures de base.
2) CRÉER LES MOYENS NÉCESSAIRES À L'ANIMATION ET AU DÉVELOPPEMENT DU PARTI
   - Créer un réseau de communication à l'ère des TIC, la communication constitue les munitions de l'armement de la bataille politique.
   - Créer des activités génératrices de revenus pour les militants et la partie.
   - Obtenir des appuis aussi bien à l'intérieur qu'à l'extérieur.

   La réalisation de cette 2e phase facilitera les négociations pour des alliances aux élections. « La diplomatie sans les armes, c'est la musique sans les instruments », selon Otto Von Bismarck. Les partis ne nouent des alliances qu'en fonction des rapports de force.
3) PRÉPARER LES ÉCHÉANCES ÉLECTORALES DE 2017 ET 2018

   Nous devons autant que possible participer aux prochaines élections. Ce sera un bon entraînement pour nos militants. Si nous avons des élus cela contribuera à la visibilité du parti sur la scène politique.

   Parallèlement au processus de longue haleine de constitution d'une force révolutionnaire, nous avons l'obligation de résultats immédiats dans les batailles communes et quotidiennes avec les populations. Donc parallèlement au travail d'implantation du parti, nous devons gérer avec les populations, sans démagogie, leurs préoccupations de santé, d'éducation, d'emploi, etc.

   Si nous avons des élus, cela permettra de porter la voix du peuple dans les instances délibératives et de décision des collectivités locales et à l'Assemblée nationale.

Transition politique malienne en cours : Qui dirige le processus ? Le réarmement et les victoires des forces armées et de sécurité seront éphémères sans un soutien politique à hauteur des enjeux et des défis de résolution de la crise multidimensionnelle que traverse le pays. Toute la problématique de la reconquête de l'intégrité territoriale et de l'indépendance politique trouve sa clé dans la construction d'une force politique patriotique capable de réaliser sans tarder, concomitamment et avec efficacité, deux tâches primordiales et de la plus haute importance stratégique.

L'une consiste à souder les fissures internes de notre société déstructurée par le laxisme et l'impunité institués et perpétués au point d'être érigés en pratique comme méthode de gouvernance d'un État gangrené par la corruption.

C'est un préalable, parce que les forces étrangères de domination et de prédation ne peuvent opérer avec succès qu'à travers les contradictions internes, elles agissent toujours en semant la division, en suscitant des oppositions ou en attisant des conflits latents ou déclarés entre acteurs sociaux, politiques, économiques et culturels locaux.

L'autre tâche a pour objet la soumission de nos rapports avec les puissances impérialistes aux exigences de notre développement interne.

Le problème n'est pas d'être pour ou contre la France, mais de savoir et pouvoir défendre nos intérêts face à ce partenaire et aux autres puissances dominatrices de la communauté internationale. On peut être parfaitement conscient d'une situation d'injustice et des dispositions défavorables pour ses droits et ses aspirations, on peut même être, en plus, tout à fait en capacité de défendre ses intérêts, mais ne pas le faire. Tel a été le cas des élites maliennes (toutes tendances confondues) jusqu'en mai 2021.

L'impérieuse nécessité d'accomplir ces deux tâches déterminantes et décisives pour la reconquête de notre souveraineté et la reprise en main de notre destin nous renvoie directement à l'éternelle question du changement révolutionnaire : Qui dirige le processus ? Or, là, aujourd'hui, nous autres révolutionnaires, sommes faibles au triple plan :

- idéologique, avec l'absence de moyens de communication performants avec le peuple ;

- politique, en l'absence de l'outil de lutte politique indispensable qu'est le parti révolutionnaire capable d'assurer la conduite de la lutte de notre peuple jusqu'à la victoire ;
- et économique, vu le dénuement économique et financier des patriotes face aux « démocrates » milliardaires locaux.

Par conséquent, il nous incombe de reconstruire la grande force populaire de renaissance du Mali. Pour ce faire, il faut :

- construire le parti du peuple, un travail complexe et qui nécessité beaucoup de temps ;
- savoir nouer des alliances en fonction des exigences de la renaissance du Mali et de notre propre développement en tant que force de garantie des intérêts de notre peuple, d'où la nécessité de comprendre l'évolution des contradictions qui régissent aujourd'hui notre pays.

Le plus grave handicap, c'est l'absence de vision, d'ambitions et de volonté politiques des élites maliennes face aux convoitises des puissances impérialistes et au risque de partition du pays. Celui qui ne pense pas à l'avenir n'a pas d'avenir. « L'homme qui détermine sa conduite par la perspective la plus proche est l'homme le plus faible. » Face aux menaces qui hypothèquent aujourd'hui l'existence même du Mali, nous devons savoir et pouvoir regrouper toutes les forces conscientes de la nécessité d'un sursaut patriotique.

Là, si nous ne sommes pas idéologiquement et politiquement forts pour peser sur le cours des événements, nous allons réaliser une nouvelle révolution politique qui ne sera pas capable d'évoluer en révolution sociale et économique changeant les structures de production et les superstructures au profit de la majorité des Maliens.

C'est sur ce terrain que les pères fondateurs ont échoué sous la pression des faiblesses structurelles internes léguées par la colonisation et les pressions externes. Mais leur échec n'enlève rien à leur mérite par ce qu'ils ont montré la voie à suivre.

Les démocrates des 30 dernières années ont choisi la voie inverse en se soumettant à l'impérialisme néolibéral. Il y a quand même quelques exceptions :

❖ **AU MALI**

Les nombreux résistants du Mouvement démocratique malien. J'ai l'habitude de parler de l'intégrité des premiers ministres Younoussi

TOURÉ et Abdoulaye Sékou SOW. Il y a beaucoup d'autres qui n'ont pas démérité. Je ne suis pas tendre dans mes critiques de la gouvernance de la IIIe République, mais cela n'enlève rien aux acquis politiques, économiques et sociaux des 30 dernières années. Les jeunes ignorants et les vieux udpmistes doivent savoir que sans les sacrifices consentis par les acteurs du mouvement démocratique, ils n'auraient pas pu s'exprimer librement comme ils le font depuis trente ans. Quant au chef du courant restaurateur, il me fait pitié. Nous qui avons vécu 23 ans de dictature, avons épargné, toléré et intégré les gens de tout acabit dans la gouvernance du pays.

❖ SUR LE PLAN CONTINENTAL

Le Botswana, un petit pays démocratique qui, depuis 56 ans, a su préserver ses intérêts miniers face aux multinationales d'une part, et, d'autre part, affecter judicieusement au développement les ressources provenant de l'exploitation des diamants de son sous-sol.

Le Rwanda, un autre petit pays ayant douloureusement vécu le génocide le plus terrible qu'ait connu l'Afrique, a pu se ressaisir et prendre en main son destin. Le Rwanda n'est pas un pays démocratique de façade comme le Mali, mais les investisseurs n'hésitent pas à investir dans ce pays parce que les lois du pays sont appliquées, et il y a moins de corruption. Ce petit pays a pu faire face à l'impérialisme français.

L'Éthiopie est un pays dont le système démocratique est contesté par les Occidentaux, mais qui tient tête aux puissances impérialistes et leurs instruments que sont les institutions de Breton Woods.

Ainsi, dans le cadre d'un de ses programmes d'ajustement structurel, le FMI a voulu imposer à ce pays sous-développé une libéralisation à l'américaine de son système bancaire. Le Premier ministre éthiopien a répondu : « je ne me suis pas battu plus de 15 ans, les armes à la main, pour qu'un bureaucrate vienne me dicter comment gouverner mon pays ».

L'Éthiopie avait contracté avec le FMI un prêt garanti avec l'hypothèque d'un de ses avions. Quand l'Éthiopie a estimé avantageux de rembourser à l'avance le reliquat de sa dette et de lever l'hypothèque sur son avion, le FMI s'est mis en colère parce que le pays avait remboursé sa dette sans son autorisation !

L'Éthiopie est passée outre. Comme on peut le constater, la mentalité esclavagiste de l'ajustement structurel néolibéral est un frein au développement des pays africains.

La Banque mondiale qui est l'autre bras exécutif de l'impérialisme a le mérite d'être moins americanomorphiste que le FMI.

(Americomorphisme : erreur des Américains qui attribuent à des peuples différents d'eux des tendances, des possibilités et des recettes qui n'appartiennent qu'à eux [Pierre Moussa dans Les États-Unis et les nations prolétaires]). Les connaisseurs diront que ce sont les Européens qui dirigent le FMI, ce qui est vrai, mais ils ne sont que les exécutants zélés de la politique américaine.

Mais le premier frein au développement de l'Afrique est la perte de souveraineté culturelle de ses cadres. Depuis quatre décennies, les cadres politiques et techniques du continent ont cessé de penser par eux-mêmes et pour l'Afrique. Nos normes et valeurs de référence sont celles des institutions de Breton Woods. Dans ces conditions, adieu à toute tentative de développement endogène ! Une Afrique responsable aura sa propre vision de sa renaissance par rapport à elle-même et au reste du monde que ses fils et filles déclineront en programmes et projets de développement endogènes.

Une fois de plus, au niveau de l'Afrique comme celui du Mali se pose la question capitale : Qui dirige le processus ? Ceux qui dirigent aujourd'hui le continent africain ne sont que les chargés de mission de la nouvelle domination néolibérale, dans le cadre du maintien de l'Afrique comme réservoir de matières premières.

En revenant à la situation du Mali, les exigences du court terme 2022–2024 d'une part et nos faiblesses actuelles d'autre part nous imposent une évaluation des contradictions internes à notre société, et de celles opposant notre pays à son environnement externe (sous-régional et international).

- Sans analyse concrète de la situation concrète, comme le disait Lénine, point d'action efficace. L'efficacité entendue comme l'atteinte des objectifs. Dans ce contexte de la recherche stratégique, voici les questions qui hantent les patriotes africains :

  la question de l'environnement vu sous l'angle non pas des seuls facteurs extérieurs, mais de tous les éléments internes et externes pouvant influencer le développement du Mali. Une telle vision mettra l'accent d'abord sur les problèmes et responsabilités internes, ensuite et seulement ensuite, sur les facteurs extérieurs qui ne peuvent agir qu'à travers les facteurs internes. Un proverbe malien dit que le margouillat ne rentre dans la case que par la fissure. Tant que nous continuerons d'imputer à l'Occident la responsabilité de tous nos problèmes,

nous continuerons à marcher en unijambistes, avec tout ce que cela comporte comme handicap dans la compétition des nations sur le chemin du progrès ;
- les enjeux et défis de la transition 2022–2024, imposent aux patriotes de se retrouver afin de former la nouvelle force alternative d'avènement de Mali Koura.

5. Mission des forces patriotiques

Avoir une vision des moyens et conditions du sursaut patriotique de sauvetage de notre patrie. Notre peuple est conscient et disponible pour les causes patriotiques.

Ce qui lui manque, c'est l'apport des cadres politiques, administratifs et des hommes de culture en termes d'organisation, d'éducation et de mobilisation dans son combat multidimensionnel contre les forces rétrogrades internes à notre société d'une part, et contre les forces « françafricaines » de recolonisation politique et économique de notre pays d'autre part. Ce sont nos divergences stériles qui permettent aux ennemis extérieurs de transformer les fissures de notre société en brèches pour y entrer et reprendre la forteresse Mali. Le mal malien est d'abord interne à notre pays. Ce mal s'appelle inconscience et inconsistance patriotiques de nos élites. Si notre peuple est organisé et mobilisé sur sa devise : Un Peuple – Un But – Une Foi, les puissances étrangères renonceront à leur projet de partition du pays. Ce sont nos égos que nous mettons au-dessus de la patrie qui nous rendent incapables de voir à travers les signes la marche de l'histoire. Après 167 ans d'histoire partagée entre le Mali et la France, le peuple malien est loin d'être antifrançais, mais il reste fidèle à ses valeurs d'honneur et de dignité.

En conclusion de l'étude du réarmement économique du Mali, en 2005, j'écrivais : « Le volet négociation du contrat équitable de réalisation du projet d'infrastructures et d'industries de base pour le développement du Mali (PID-Mali) est la phase pratique, pour ne pas dire historique, qui relève de l'intervention au plus niveau de l'État, d'acteurs politiques expérimentés, suffisamment habiles pour faire ressortir et accorder les intérêts des deux pays. »
Là, il s'agissait de la Chine, mais c'est valable dans les rapports du Mali avec n'importe quelle puissance. En décembre 2012, en introduction à

mon « Esquisse d'une politique d'utilisation des ressources naturelles pour le développement du Mali », j'écrivais : « Les dirigeants politiques et militaires de la transition sont condamnés à sortir de l'ordinaire, des sentiers battus pour faire face aux défis actuels du pays :

- la libération, par la force, des régions Nord occupées par les rebelles ;
- l'organisation d'élections crédibles ;
- éviter que le cadre et les conditionnalités de la libération des régions Nord ne soient pas une corde au cou de la République du Mali. »

Malheureusement, nous sommes tombés dans le piège : nous avons eu la corde au cou avec la France, et les chaînes aux pieds avec la communauté internationale dont les intérêts se confondent avec ceux de la France. Notre peuple triomphera si, en usant de son génie, il s'élève au-dessus de la mêlée, de la règle commune pour faire la petite différence qui sauvera la patrie de la partition et de la régression au carré. Compte tenu de l'émiettement du mouvement démocratique au cours des 30 dernières années, le rassemblement des forces patriotiques est notre espoir.

Puisse Dieu guider les pas de notre peuple avec baraka et bonne inspiration.

VI. LES PATRIOTES FACE AUX MENACES INTERNES

1. Comment contrer la grande imposture qui hypothèque le développement du pays

Depuis 1990, la vie politique malienne se nourrit de deux mensonges à savoir : les accords de paix et le mimétisme démocratique. L'accord de défense de 2014 avec la France, l'accord de paix d'Alger de 2015, les résolutions relatives à la MINUSMA et la dégénérescence de la gouvernance « démocratique » du pays sont, entre autres, les raisons essentielles de la descente aux enfers du Mali.

« Mentir pour l'avantage d'autrui est fraude, mentir pour nuire est calomnie, c'est la pire espèce de mensonge. Mentir sans préjudice ni profit, ni préjudice de soi ni d'autrui n'est pas mentir : ce n'est pas du mensonge, c'est de la fiction. Mentir pour son avantage à soi-même est imposture », dit un penseur. C'est malheureusement de cela (imposture) que se nourrit la politique malienne depuis trois décennies. Bâtir sur du mensonge, c'est construire un château de cartes.

Sous le Comité militaire de libération nationale (CMLN) et l'Union démocratique du peuple malien (UDPM) de feu le général Moussa Traoré, le pays a vécu une dictature militaire de 1968 à 1978 puis un système de parti unique constitutionnel, plutôt « d'embrigadement » que démocratique de 1979 à 1991.

La mise en place de politiques, de stratégies et de mécanismes assurant la mise en œuvre d'un processus continu de remise en cause de l'indépendance nationale, de la nation malienne et des acquis du peuple malien en matière de développement économique, social et culturel autonome et conséquent, a été abandonnée au profit de l'extraversion et de la dépendance structurelles sous la botte du système capitaliste mondial de 1970 à 1991.

Le règne des « démocrates sincères et patriotes convaincus », qui tiennent le pays à merci depuis 1992, brille par l'incapacité des élites à incarner un État (manque de culture étatique), à l'exception notable de rares personnalités comme feu Boubacar Sada Sy qui était un homme des décisions difficiles, un chef. Les premiers ministres Younoussi Touré et Abdoulaye Sékou Sow étaient intègres et patriotes.

La démocratie s'est aussi traduite par l'impunité et le développement exponentiel de la corruption et de la délinquance financière (captage méthodique et systématique des deniers publics et autres richesses nationales par des dirigeants politiques et syndicaux prébendiers alliés à des « opérateurs économiques » privés affairistes véreux et aux capitalistes vampires étrangers).

Cette période marque également l'achèvement de la destruction des composantes stratégiques du secteur public et la liquidation du patrimoine national au profit des privés. Et la faiblesse de la gouvernance et la corruption des élites se sont déteintes sur la colonne vertébrale de l'État qu'est l'Armée, en la désarticulant sur les plans éthique, déontologique, matériel…

La « fantômatisation » est en train de vider l'État de ses capacités de conception et de pilotage des politiques, stratégies et plans de développement du pays, de son pouvoir d'arbitrage et de régulation ; de ses prérogatives régaliennes dans les domaines des services de base aux populations, de leur protection, de leur encadrement et de leur contrôle. En un mot, on est passé de la transformation d'un État national fort, unitaire et intégrateur dans un creuset commun fécond à un « État failli », éclaté, en voie d'atomisation ; un acteur central moribond, agonisant.

Le peuple lui-même, faute d'encadrement et d'éducation par les groupements d'intérêt économique (GIE) que sont les partis politiques alimentaires, n'avait plus que sa capacité d'indignation et de révolte. Celle-ci est noble, mais insuffisante quand on sait que, contrairement à la révolution, la révolte est toujours politiquement battue. On distribue chaque année des milliards aux partis politiques mais, en trente ans, aucun n'a mis en place un programme adéquat et efficace de formation civique de ses militants. Le parti ADP-Maliba avait lancé l'idée, à son niveau, qui est restée sans suite. Le Parena s'était aussi un moment illustré sur cette voie avant de l'abandonner pour des raisons qui lui sont propres. L'État étant devenu politiquement et militairement désarmé, un « cadavre sur pied », la horde djihadiste et narcotrafiquante s'est confortablement installée dans le Nord du pays durant 10 ans, avant de déclarer la guerre à l'État malien.
L'impérialisme français et ses agents séparatistes se sont ensuite finalement emparés de l'ensemble du pays à partir de 2013. Depuis, l'État du Mali est un sac accroché aux basques de ses ennemis, un « mort en sursis »… C'est ce qu'on appelle en français facile une mise sous tutelle avant la substitution totale et la liquidation complète appelées sournoisement « régionalisation », c'est-à-dire une « départementalisation » néocoloniale, l'autre nom de ce qu'il faut bien nommer la partition et la recolonisation à peine déguisées du territoire national.
Il reste maintenant à consacrer la légalisation du dépeçage du Mali en plusieurs micro-États à la merci des prédateurs, des charognards. L'accord d'Alger de 2015 incarnait déjà la lettre et l'esprit de ce projet français.

Que faire pour redresser la barre et éviter la partition du Mali ?

Ce pays a besoin d'hommes et de femmes (civiles et militaires) capables d'incarner la mission de sauvetage du pays, de réaliser surtout l'avènement de Mali Kura. N'est pas Modibo Keïta qui le veut. Pourtant, le pays dispose encore de cadres politiques et militaires capables de le sauver. Il suffit qu'ils mettent leur ego au-dessous de la mission de sauvetage de la patrie en se donnant la main dans l'ordre et la discipline pour relever les défis d'avènement de ce Mali nouveau. Et cela en s'appuyant sur l'héritage patriotique légué par nos pères, artisans de notre indépendance nationale (depuis l'époque de la longue et héroïque résistance à l'occupation, à la domination et à l'exploitation impérialistes coloniales) et apporter notre valeur ajoutée aux valeurs de grandeur et de dignité de Maliba.

En juin 1940, le vieux maréchal Pétain accepte la défaite militaire et signe un armistice avec Hitler.
Selon Martin Motte, coauteur de La Mesure de la force, traité de stratégie de l'école de guerre, « De Gaulle n'a commandé sur le terrain qu'en mai-juin 1940, mais avait un sens géostratégique extraordinaire, une vision planétaire du conflit avec ses interactions entre les continents, la mer et la terre, avec l'économie, l'idéologie… Ce qui fait sa supériorité sur des maréchaux comme Foch et Pétain qui ont pourtant commandé une armée sur des champs de bataille. Mais la stratégie est la capacité d'articuler l'action de forces sur le terrain (la tactique ou les opérations) avec la politique, c'est l'articulation du politiquement souhaitable et du militairement possible ».
La refondation du Mali doit reposer sur les leçons de notre histoire nationale ; l'invasion marocaine de l'Empire songhaï ; la conquête coloniale et la résistance de notre peuple ; la vision de l'US-RDA d'un peuple debout sur le sentier du progrès économique, social et culturel ; la construction de l'État malien à travers la coopération avec tous les pays respectant notre souveraineté et acceptant notre option de développement ; la mobilisation, l'éducation et l'implication effective du peuple dans la conception et la réalisation des programmes et projets de développement.

C'est cette démarche qui a permis au régime de l'US-RDA, en huit ans, la création d'une administration publique, d'une armée nationale qui n'a perdu aucune guerre jusqu'en 2012. Elle lui a également permis de poser les bases d'un développement économique et humain durable à travers la réforme de l'enseignement, d'une part, et la transformation industrielle de nos ressources agricoles et minières, d'autre part. Une base solide pour le rayonnement international du Mali.

Un édifice qui s'est écroulé sous le poids de la mauvaise gouvernance. Tout cet édifice s'est écroulé par la mauvaise gouvernance caractérisée par la perte du sens moral, le non-respect de l'éthique et de la déontologie. Un penseur a dit que « le sens moral est plus important que l'intelligence. Lorsqu'il disparaît d'une nation, ce sont toutes les structures qui s'écroulent » ! Tel est le cas des institutions du Mali. À leur sujet, nous ne cessons de citer la mère supérieure qui dit à une novice, « ne croyez pas que la règle nous garde, c'est nous qui gardons la règle ».

Les imposteurs politiques et autres nous crèvent les tympans en se référant à la démocratie, à la constitution, alors qu'ils sont les premiers à fouler aux pieds la constitution et les principes juridiques et démocratiques. Les institutions sont le contenant de la gouvernance, mais le contenu est la pratique des animateurs. C'est comme la légalité qui est juridique, mais la légitimité s'émane de la pratique. Lorsque le donneur d'ordre viole la loi, foule aux pieds la morale, il cesse d'être légitime. Si les mauvais gouvernants et les mauvais prêcheurs étaient tant soit peu honnêtes, ils se suicideraient en disant au peuple : « Faites ce que nous vous disons de faire, mais ne faites pas ce que nous faisons ».
Nous entendons souvent des gens dire que la décadence du Mali est la faute de nous tous. Non, elle est due au fait que les liens qui unissent la gouvernance aux gouvernés sont pourris. Quand les gouvernants ne respectent pas la morale, l'éthique et la déontologie, le régime politique tourne à l'envers. Malheur à ces faibles qui déterminent leur conduite par les délices du pouvoir et les perspectives les plus proches. Les sages maliens disent que si tu te caches la nuit pour détruire la case d'autrui, Dieu détruira la tienne à midi ; tel sera toujours le sort des prédateurs du peuple, en dépit des fortunes colossales amassées au cours de leur forfaiture.

Encore les sages du Mandé disent que si on demande à tout un chacun de vivre à la sueur de son front (halala), le dirigeant doit vivre d'intégrité. Avant, au Mali, si tu déshonorais ta famille en violant les lois et valeurs communautaires, tu te suicidais ou tu quittais définitivement le terroir pour éviter les sanctions judiciaires et morales. Aujourd'hui, ce sont les voleurs (de voix des électeurs et de biens publics) qui sont adoubés : le Mali tourne à l'envers !

Aujourd'hui, deux maux, qui ne sont que l'envers et le revers de la même médaille, menacent de mort le Mali. Il s'agit de l'accord de paix d'Alger et de l'accord de défense signé avec la France en 2014. Cet engagement militaire est l'outil de conduite du processus de démantèlement de notre pays, commencé avec l'occupation de Kidal en 2013. L'opération Barkhane et ses avatars (G5 Sahel, Forces spéciales, Takuba, etc.) ne sont que le « cache-sexe » de la manœuvre de louvoiement de l'impérialisme néocolonial français et de ses alliés. L'Accord pour la paix et la réconciliation au Mali (APR) est la légalisation de l'occupation du Mali par la France en 2013 et le vecteur de la dynamique de désintégration du Mali. Ne tenons pas compte du texte officiel de l'accord de défense, qui n'est qu'une pâle copie des accords français avec des pays voisins du Mali sous son giron.

L'essentiel se trouve dans les annexes (ou clauses secrètes) qui ne sont pas publiées. L'accord de défense et l'APR font des Maliens un peuple aux pieds et mains liés auquel on intime l'ordre de sauter. Nous sommes dans le cercle vicieux de la domination impérialiste ; or, on ne sort pas d'un cercle vicieux, on le rompt. La communauté internationale n'est que le masque impérialiste de la France. Cette communauté internationale n'a jamais résolu un conflit africain en 61 ans. Les larbins s'y accrochent parce qu'ils vivent de la prédation générée et entretenue par les mécanismes de domination et de pillage de nos richesses orchestrés par l'impérialisme.

2. Que devons-nous faire ?

« Un peuple qui se soumet est un peuple qui se dissout », dit-on. Tout comme « les peuples portent leur liberté dans leurs mains et tiennent leur avenir dans leur volonté ». Autrement, seule la lutte paie. Ce qu'il y a lieu de faire, c'est d'aller au peuple avec les analyses de l'accord faites par la commission technique du comité stratégique du M5-RFP, du FRAA et des éminents constitutionnalistes maliens afin d'éclairer les forces vives sur la lettre et l'esprit de l'accord issu du processus d'Alger. Il faut se donner aussi les moyens d'identifier et de rassembler toutes les forces s'opposant à l'application de cet accord politiquement, économiquement et culturellement toxique. Il faut mener rigoureusement et impitoyablement une lutte multidimensionnelle contre tous ces accords.

Tout comme il est indispensable de réunir les moyens et les conditions militaires et diplomatiques d'une paix négociée avec nos frères du Nord. Nous avons mené la lutte d'indépendance ensemble. Le grand-père de l'actuel Amenokal de Kidal a été l'un des partisans de l'indépendance. Nous avons toujours vécu ensemble avant, pendant et après la colonisation. La rébellion de 1990 nous a donné des cadres militaires et civils au patriotisme et aux compétences avérés.

Même Iyad Ag Aly n'a jamais été séparatiste, c'est pourquoi il a été diabolisé par la France. Idem pour le grand patriote Ag Gamou que les Français ont combattu au profit de la Coordination des mouvements de l'Azawad (CMA). La différence entre Iyad et Gamou est que le premier, en tant qu'allié d'AQMI, est un terroriste, alors que le second est une fierté nationale. Pour renforcer les rescapés MNLA récupérés par la France au Burkina Faso et en Mauritanie, les Français ont blanchi une partie d'Ansar Dine d'Iyad Ag Aly pour former la CMA.

Mais, cette coordination doit comprendre que la France nous a engagé dans un processus qui bouche l'avenir de nos enfants et de nos petits-enfants. Ayons l'intelligence et le courage de concevoir ensemble un avenir collectif, sans aucune intervention extérieure. Sachons passer l'éponge sur le passé afin que les fantômes sataniques de la mésentente retournent définitivement dans les ténèbres, en faisant place à la construction de Mali Kura qui sera une œuvre de compromis dans une convergence collective pour le bonheur de tous les Maliens.
Les difficultés de développement du Nord sont dues à la gestion des sécheresses de 1973 à maintenant, d'une part, et à l'instrumentalisation d'une partie des élites touarègues et arabes par la France, d'autre part.

Se préparer à l'inexorable bataille de se libérer de la tutelle française.
Il nous faut un État fort avec des hommes et des femmes à la hauteur des enjeux et défis d'avènement de Mali Kura. Dans cet effort de soi sur soi, « Espoir Mali Koura » (EMK) doit être le mobilisateur, le modérateur et le recours. Et cela parce que ses fondateurs ont compris qu'une paix se fait avec des moyens et des conditions. Et ces moyens ne peuvent être que militaires et diplomatiques. Il s'agit de propositions de construction de Mali Kura, respectant les principes et les valeurs démocratiques (conception et application d'un devenir collectif sans aucune contrainte extérieure).

Proposer une solution acceptable par la partie adverse : voilà la clef sans laquelle aucune paix n'est durable. Le Mali est parti militairement vaincu par la France (et non la CMA) aux négociations d'Alger. Mais l'accord proposé par la France est inacceptable pour le peuple malien. Raison pour laquelle aucun gouvernement ne pourra l'appliquer. Ce que la France et la CMA ont gagné par les armes, elles l'ont perdu politiquement par leur incapacité à proposer une sortie de crise acceptable par le peuple. La France oublie que les hommes politiques, qu'elle plie comme un ferrailleur plie le fer de diamètre 6, ne sont pas le peuple malien.

La culture colonialiste des dirigeants français leur fait oublier l'histoire. Après l'invasion marocaine de l'Empire songhaï en 1591, les Songhaïs ont résisté durant 22 ans jusqu'à la défaite de l'envahisseur. La France a mis 43 ans (montée des troupes de Faidherbe de Saint-Louis à Kayes [Médine] en 1855 à la capture de Samory en 1898) pour conquérir le Soudan français, et 18 ans (assassinats de Firhoun et Barzani en 1916) pour le pacifier, soit 61 ans de lutte pour obtenir 30 ans de stabilité de 1916 à 1946, date de la création des partis politiques RDA et PSP, suivie de 14 ans de luttes politiques qui ont abouti à l'indépendance le 22 septembre 1960.

En 1964, la rébellion a été vaincue militairement, mais en même temps il y avait l'équité en matière d'éducation et d'administration, du vivre-ensemble. C'est la sécheresse des années 1970 et 1980 qui a poussé les Touaregs à l'exil en Libye. Les gens de la région de Kayes sont allés massivement en France.

C'est la réforme de l'enseignement de 1962 qui a généralisé l'éducation en donnant une prime de 20 000 F CFA par mois à chaque enseignant des campements nomades ou de pécheurs (pour mémoire 20 000 F CFA représentaient le prix d'achat de deux vaches à l'époque. Deux vaches coûtent aujourd'hui au moins 400 000 F CFA). Avant l'indépendance, dites-nous combien d'écoles il y avait dans la région actuelle de Kidal après 60 ans de colonisation ? Tous les cadres de la rébellion de 1990 sont les produits de la réforme de 1962. La paix et une bonne gestion de nos immenses ressources naturelles feront du Nord la locomotive du développement du Mali. Que c'est aberrant de ne pas nous entendre sans intervention extérieure toxique. Et cela parce que les offres politiques, culturelles et économiques extérieures sont toujours subtilement empoisonnées.

Presque enclavé par le désert, le Nord du Mali a ses particularités climatiques, d'enclavement. Mais le sous-développement est une misère partagée par toutes les parties du Mali. La stratégie de paix ne peut être que malienne et non française sous couvert de la communauté internationale.

Et cela d'autant plus qu'une stratégie de refondation se conçoit en fonction de la géographie, de l'histoire, de la culture, des potentiels humains et économiques… Elle vise des objectifs à atteindre et est basée sur des alliances existantes ou à réaliser. Son efficacité repose surtout sur la capacité de compréhension et de créativité de l'équipe dirigeante, notamment le donneur d'ordre et ses états-majors politique et militaire. Face au complot français internationaliste sous le couvert des Nations unies, il n'y a qu'une seule approche efficiente : organiser et réarmer culturellement, politiquement, idéologiquement, économiquement et militairement notre peuple pour éviter la partition, d'une part, et soumettre les rapports de notre gouvernance avec son environnement (interne et externe) aux exigences de notre développement, d'autre part. C'est une bataille impitoyable à laquelle nous devons nous préparer. Nous devons nous y préparer sans état d'âme, car les puissances impérialistes n'hésiteront pas à nous recoloniser pour exploiter nos ressources naturelles qui dépassent l'entendement. Le programme de morcellement du Mali n'est que la partie visible de l'iceberg.

VII. ENJEUX ET DÉFIS D'AVÈNEMENT DE MALI KOURA

Face aux enjeux et défis de rupture de nos liens tributaires avec « l'impérialisme libéral » d'une part, et de remédier à nos faiblesses dans la compétition impitoyable des nations d'autre part, le Mali a l'ardente obligation d'avancer sans arrêt (qui s'arrête se trompe) pour relever les défis majeurs, mais comment ? : en marchant sur ses deux jambes, à savoir :

- se donner les moyens militaires et sécuritaires de rétablissement de la paix et de la sécurité. Car faire la guerre sans une armée formée et équipée à hauteur de mission, c'est faire de la musique sans instrument ;
- réunir moyens et conditions d'une économie de guerre apportant les ressources suffisantes à la victoire militaire d'une part, et la prospérité au peuple d'autre part.

Marcher sur ses deux jambes d'abord, mais cela ne suffit pas. Après la victoire militaire, il faut savoir offrir une paix satisfaisant aux exigences d'un État unitaire et laïc, mais aussi et surtout acceptable par nos frères vaincus. Par frères, nous entendons les Maliens séparatistes et narcotrafiquants, mais jamais les membres du djihad international (AQMI et EIGS).

L'interview accordée par notre camarade Cheick Oumar Sissoko au journal Les Échos du 18 août 2021 fait non seulement l'état des lieux, mais elle montre également la voie à suivre pour relever un pays tombé plus bas que terre. Face à la gravité de la situation, le coordinateur d'EMK et figure de proue du M5-RFP propose deux axes d'action :

- la déclaration de l'état de guerre ;
- et la construction d'une économie de guerre.

1. Contexte et justification de la déclaration de l'état de guerre

1.1. État des lieux

Depuis plus de vingt ans, avec le repli du GSPC (devenu AQMI) en territoire malien d'une part, et la création du MUJAO, d'Ansar Dine et de l'EIGS d'autre part, le Mali fait l'objet d'une agression perpétrée par le mouvement djihadiste international.

La jonction économique, sociale et militaire des courants djihadistes avec les réseaux de narcotrafics d'un côté, et la faillite de l'État malien dans ses fonctions régaliennes de l'autre, ont fait du Nord du Mali une zone de non-droit, avec des pratiques qui ont détruit toutes les valeurs et toutes les bonnes pratiques traditionnelles du « vivre-ensemble » : Le Mali est à reconstruire politiquement, socialement et économiquement comme nation solidaire et debout sur le sentier du progrès.

Enfin et surtout, la délinquance financière et l'impunité ont fait perdre toute autorité à l'État malien. Nous avons un État incapable d'assumer ses fonctions régaliennes.

1.2. Que faire ?

Ce n'est pas avec les jongleries d'une démocratie kleptocratique qu'on va relever le pays. Ayons le courage de nous remettre en cause. Il ne s'agit pas seulement d'identifier, de dénoncer et d'écarter les auteurs de l'effondrement du pays, mais de chercher à relever la mère patrie. Cela ne peut se faire que par une opération chirurgicale. Pour paraphraser le chanteur, je dirai que ce que nous n'avons pas pu défendre avec des armes, n'espérons pas le garder avec des larmes.

Pour l'avènement de Mali Koura, nous avons besoin d'hommes d'État et non de voleurs portants des manteaux démocratiques. Ce n'est pas en organisant des élections truquées – notre pratique constante depuis trente ans – ou en maintenant en l'état des institutions qui fonctionnent au seul profit de leurs animateurs passés maîtres en instrumentalisation qu'on pourra relever un pays tombé plus bas que terre. Le particulier engendre le particulier. Du haut d'un rônier, le Mali est tombé dans un puits : il n'est pas à relever, il faut d'abord le sortir du puits. Malheurs aux imposteurs qui appellent aux élections en piétinant l'éthique et la déontologie et en détournant les yeux de la misère du peuple ! Avec un tel mépris des intérêts collectifs doublé d'une irresponsabilité criminelle, jamais notre pays ne connaîtra la paix sociale, encore moins le développement.

2. Sauver notre système démocratique de la voracité létale des kleptocrates

La démocratie, c'est le recours au peuple souverain pour la conception et la réalisation collectives d'un devenir commun. Les élections ne sont qu'une méthode de choix des mandants pour une période déterminée. Chez nous, au moment où le pays se consume, les kleptocrates n'agissent que pour s'emparer des carcasses d'un pays qu'ils ont massacré. Aux uns et autres, nous disons que ce qui s'impose en la circonstance, c'est l'union sacrée avec les militaires pour sauver d'abord la patrie en danger de mort. C'est pourquoi nous ne pouvons que saluer et soutenir les actions en cours contre la corruption d'une part, et la main mise néocoloniale de la France sur notre pays d'autre part. Nous le décryptons comme un appel à la mobilisation du peuple en provenance du pouvoir de transition. La nouvelle déclinaison de la junte doit être accompagnée afin que le Mali sorte des paradigmes néocoloniaux en reconquérant, entre autres, notre souveraineté au triple plan :

- culturel, en pensant par nous-mêmes et pour nous-mêmes ;
- politique, par la reprise en main de notre présent et de notre devenir ;
- économique, qui est celle qui détermine en dernière instance.

2.1. Vivifier nos immenses capitaux dormants par une combinaison judicieuse d'actions politiques, économiques et juridiques

Nous soulignons plus loin également l'importance stratégique et les avantages de la combinaison des actions politiques, économiques et juridiques consistant à vivifier les immenses capitaux dormants dans notre

patrimoine immobilier et foncier, dans nos entreprises non déclarées, mais aussi et surtout l'exploitation et la mise en valeur des richesses du sous-sol, des ressources hydro-électriques et hydro-agricoles. Si le Mali arrive, de façon innovatrice, à donner vie à ces immenses capitaux morts, notre pays, par son exemple, forcera le destin de l'Afrique. Nous avons des ressources énormes, mais nous n'arrivons pas à les rendre actives, à leur donner le souffle vivifiant.
Seuls des hommes et femmes d'État peuvent incarner une telle mutation historique, pas des kleptocrates habillés en démocrates.

2.2. Nécessité et définition de la déclaration de l'état de guerre

Pour sauver la patrie en danger de mort et ouvrir la voie à un avenir radieux, l'État malien n'a d'autre choix que de décréter l'état de guerre. Celui-ci consiste en une mobilisation générale :

- des esprits ;
- du peuple tout entier ;
- des ressources économiques ;
- des finances nécessaires à une guerre prolongée ;
- des moyens de communication ;
- enfin et surtout, une mobilisation militaire et sécuritaire générale pour vaincre l'ennemi.

2.3. Objectifs généraux de l'état de guerre

L'état de guerre vise deux principaux objectifs généraux :

- la reprise en main de l'ensemble des ressources (humaines, matérielles, techniques, financières, intellectuelles, culturelles) nécessaires et indispensables pour assurer la victoire ;
- la mise en échec du projet, inavoué mais tout à fait évident, de partition du Mali par la restauration de la plénitude de la souveraineté de notre État sur l'ensemble du territoire national.

  C'est l'enjeu majeur pour tout patriote authentique, car le jour de la chute de la patrie est le jour de mort du patriote : il ne reste de lui qu'un cadavre vivant, le désespoir l'habite et le néant l'attend.

3. L'économie de guerre

3.1. Pourquoi une économie de guerre ?

Nous sommes donc obligés de partir d'un État failli pour en faire un État fort apte à faire face à la complexité d'une longue guerre contre les forces hostiles au Mali.

3.2. Problèmes à résoudre et défis à relever

En face, les forces adverses, les entraves et les obstacles sont nombreux et de taille :

- l'occupation militaire de Kidal depuis 2013 par la France qui y a installé les rebelles séparatistes de la CMA, l'accord de défense et de coopération militaire France–Mali de 2014 et l'accord d'Alger de 2015 sont les vecteurs d'un processus de partition du Mali ;
- l'iniquité consistant à ne pas sanctionner la faute et à récompenser le mérite a affaibli l'autorité de l'État malien ;
- l'insuffisance de ressources financières due à la mauvaise gouvernance, fait de l'État malien un mendiant tendant sa sébile au monde entier, alors que le pays flotte sur des ressources naturelles immenses ;
- l'état de sous-développement qui ne résulte pas d'un manque de ressources, mais plutôt de notre incapacité à tirer profit de nos immenses ressources naturelles ;
- ne contrôlant pas la banque centrale F CFA (BCEAO), le pays ne peut compter sur ce levier important.

3.3. Objectifs majeurs de l'économie de guerre

Seconde action déterminante pour relever le pays, elle doit réaliser deux objectifs majeurs, à savoir :

- gagner la guerre ;
- apporter la prospérité au peuple malien.

4. Comment faire pour assurer le succès des deux actions prioritaires dans la situation actuelle de crise exacerbée ?

Les axes et les objectifs étant déjà fixés dans l'interview de Cheick Oumar Sissoko au journal Les Échos du 18 août 2021, il reste à accomplir la tâche d'élaboration du comment faire.

Le but de la présente contribution est d'y contribuer modestement en proposant des pistes pour alimenter la réflexion et l'action collectives des patriotes maliens.

4.1. Les phases de la guerre à dérouler

Il faut distinguer et articuler deux phases dans le déroulement de la guerre contre la coalition djihadiste–séparatiste et de narcotrafiquants :

- une guerre-éclair de 6 à 12 mois pour briser les reins de

l'ennemi. Elle nécessite des troupes aguerries, mais aussi et surtout de la logistique et des armes à hauteur de souhait. On n'a pas besoin d'être un spécialiste pour savoir que la lutte antiterroriste nécessite l'aviation, les blindés, les TIC et un réseau de renseignement efficient ;

- une guerre d'éradication de l'insécurité qui sera militaire, sécuritaire, politique, économique et socioculturelle sur une période de 3 à 10 ans.

4.2. Les paramètres-clés de la conduite de la guerre et de la gestion de l'état de guerre

Pour être efficaces et gagner rapidement la guerre contre le djihadisme international, les séparatistes et les narcotrafiquants, nous devons maîtriser trois paramètres.

Le premier paramètre déterminant à considérer est la conception et la mise en œuvre d'une politique de bon voisinage avec tous les pays frontaliers du Mali

Le second paramètre-clé est la négociation et la mise en place de partenariats globaux avec des pays compatibles dans la lutte contre le terrorisme d'une part, et capables d'aider efficacement à mettre en valeur les ressources dont regorge notre pays d'autre part.

Il s'agit de l'Algérie, la Russie, la Chine et les pays qui respectent notre souveraineté et acceptent les exigences d'un développement national puissant et durable du Mali.

En effet, pour mener à bien la phase de guerre-éclair, nous devons avoir le courage de signer un accord avec l'Algérie qui est l'adversaire d'AQMI, le parrain de tous les courants terroristes et de narcotrafiquants du Sahara et du Sahel. Elle a les moyens et l'expérience de la lutte antiterroriste.

Contrairement à ce que pensent certains Maliens, ce pays a de très bonnes raisons de nouer des rapports larges et solides avec le Mali :

- des raisons sécuritaires :
    a) De l'époque de sa guerre d'indépendance à aujourd'hui, l'Algérie a les mêmes problèmes avec la France en matière de convoitise de ses ressources naturelles et de manipulation des populations locales du Sud de son territoire contigu au Nord du Mali ;
    b) AQMI qui s'est réfugiée au Mali sous le poids de l'armée algérienne, est le parrain (au moins sur le terrain) de tous les

mouvements terroristes et des narcotrafiquants du Nord du Mali. Cette organisation terroriste est un danger permanent pour l'Algérie qui partage 1 376 km de frontière avec le Mali ;

- sa forte implication dans la recherche pétrolière sur les blocs 1, 2, 3 et 4 du bassin de Taoudéni, en association avec l'italienne ENI ; et particulièrement sur le bloc 20 où elle opère seule. Ce bloc qui était de 40 000 km^2 est passé à 117 800 km^2 en 2016, soit l'équivalent de 98 % des 7 cercles de la région de Kayes, 80 % des régions de Sikasso et Ségou réunies ;
- la proximité des blocs pétroliers maliens et des infrastructures pétrolières et gazières algériennes ;
- son statut et ses ambitions de puissance militaire régionale des pays sahélo-sahéliens ;
- ses intérêts commerciaux et économiques dans les régions du Nord du Mali.

  Par leur enclavement et leur proximité, les régions de Tombouctou, Taoudéni et Kidal sont des zones d'influence économique de l'Algérie comme le sont celles de Sikasso et Kayes pour respectivement la RCI et le Sénégal. La preuve est qu'on ne peut construire une usine à Kayes ou à Sikasso sans évaluer la concurrence des industries similaires dans ces deux pays voisins.

Pour toutes ces raisons, l'Algérie est le partenaire idéal (obligé) du Mali pour la sécurisation et le développement des deux pays. Les reproches que font certains Maliens à l'Algérie ne sont pas fondés. Depuis trente ans, l'État du Mali ne s'est pas assumé dans ses fonctions régaliennes dans un contexte géopolitique et géostratégique trouble. Si l'État malien démissionne, les autres États vont foncer sur le pays comme un aigle sur sa proie. Assumons-nous et les autres nous respecteront. L'État malien n'a pas seulement failli, il s'est mû en prédateur du peuple.
Nous avons également intérêt à solliciter la Russie qui est le partenaire traditionnel de l'armée malienne. Le Mali en tirera d'énormes avantages, car :

- la Russie est l'un des pays ayant les moyens de nous aider à rompre les liens tributaires qui nous unissent à « l'impérialisme libéral » qui nous traite de sauvages ;

- sur le plan diplomatique, la Russie et la Chine ont fait souvent usage de leur droit de véto pour défendre des pays agressés et en lutte pour chasser les occupants de leur territoire, à l'exemple de la Syrie.

Après l'Algérie et la Russie, nous devons négocier un accord de partenariat global avec la Chine aussi parce que :

- sa croissance économique a besoin de nos ressources naturelles au moins pour les 25 prochaines années ;
- sa coopération avec le Mali a résisté à toutes les variations de la politique d'ajustement structurel néolibéral à laquelle notre pays est soumis depuis 40 ans ;
- notre pays recèle de ressources naturelles nécessaires à la forte croissance chinoise ;
- la Chine dispose de ressources financières énormes, de technologies avancées dans tous les domaines du réarmement économique du Mali.

En outre, la mobilisation des apports de tous les autres pays qui respectent la souveraineté du Mali et dont le partenariat n'aurait aucune incidence négative sur la dynamique de développement de notre pays renforcera dans l'immédiat voire durablement nos capacités propres.

4.3. Que pouvons-nous proposer en échange à nos partenaires ?

Le Mali ne peut leur offrir que deux choses :

- des ressources humaines (main-d'œuvre) ;
- et des ressources naturelles couvrant tous les besoins de nos partenaires industriels et ceux du peuple malien si elles passent de potentialités à richesses à travers leur mise en valeur industrielle sur place.

Le Mali offrira donc en contrepartie des bouquets miniers, d'hydrocarbures et d'autres ressources naturelles ayant pour objets :

- le financement de la guerre ;
- la recherche et la mise en valeur des produits miniers et agrosylvopastoraux avec des infrastructures et équipements clés en tête (et non clés en main) dans une ère de changement d'époque sous l'impulsion scientifique et technologique ;
- le désenclavement intérieur et extérieur de notre vaste pays ;
- la dotation du pays en équipements de production d'énergies renouvelables. L'énergie est le moteur de la croissance économique et du bien-être humain ;

- le développement d'industries métallurgiques aux produits destinés au marché mondial ;
- la mise en place d'industries en amont et en aval de l'agriculture ;
- l'installation d'autres industries manufacturières en fonction des ressources locales et des besoins du pays ;
- la réalisation de la transition économique rurale ;
- l'implantation d'industries non manufacturières (industries pétrolières et gazières) ;
- la création des services connexes et l'exécution de prestations de services de l'ère numérique.

Le troisième paramètre, non moins important, qui conditionne même avant tout la victoire contre le djihadisme international, les séparatistes et les narcotrafiquants est l'impérieuse nécessité de satisfaire les besoins basiques du peuple malien. Mais comment faire pour gagner la guerre et apporter la prospérité à un peuple meurtri ?
Il faudra articuler la mobilisation pour la guerre contre le djihadisme international et le développement autocentré pour assurer la paix, la sécurité et la prospérité au peuple.

5. Nos atouts économiques pour gagner la guerre et apporter la prospérité au peuple malien

Sur les cinq monopoles néolibéraux de domination du monde au XXIe siècle, le Mali ne peut agir que sur un seul, à savoir l'accès aux matières premières. Or, là aussi les Européens ont élaboré une doctrine dite « l'impérialisme libéral » qui se décline comme suit :
Le point 24 du Concept stratégique de l'OTAN déclare que « la sécurité de l'Alliance doit aussi s'envisager dans un contexte global ». Les intérêts de sécurité de l'Alliance peuvent être mis en cause par d'autres risques à caractère plus général, notamment des actes relevant du terrorisme, du sabotage et du crime organisé, et par la rupture des approvisionnements en ressources vitales. De grands mouvements incontrôlés de population, résultant en particulier de conflits armés, peuvent également poser des problèmes pour la sécurité et la stabilité de l'Alliance.
Cette nouvelle exigence sécuritaire, au premier chef la protection du libre accès aux ressources naturelles, risque de se heurter à des oppositions résolues, voire à des mouvements sociaux insurrectionnels qui pourraient considérer que les ressources naturelles sont « leur »

bien. En conséquence, les interventions auxquelles l'OTAN doit se préparer découlent des « disparités économiques et sociales croissantes qui pourraient nourrir les révolutions du XXIe siècle, lorsque le désespoir cède la place à la violence. Des révolutions qui peuvent se propager dans les pays créent des instabilités politiques qui pourraient interrompre les lignes d'approvisionnement des pays africains et asiatiques riches en ressources minérales ». L'Union européenne (UE) ne possède pas une force armée centralisée, elle n'est pas plus une puissance politique homogène. De là à qualifier ses pays membres et l'action communautaire de soft power, voilà un langage qui étonnera sans doute dans plusieurs régions de la planète. En réalité, l'histoire de l'Europe et la dynamique des forces à l'œuvre dans la construction communautaire dessinent une configuration originale qui correspond à ce que l'actuel conseiller de Javier Solana, Robert Cooper, qualifie d'« impérialisme libéral ». Distinguer le monde « civilisé », d'où la guerre est définitivement bannie, et la « jungle », où les Européens doivent sans hésitation adopter les « lois de la jungle » et les moyens militaires les plus puissants, telle est, selon Robert Cooper, la mission historique de l'Europe post-moderne. Le nouvel agenda stratégique n'est pas pour « l'Europe de défendre son territoire, ce dont elle est capable, mais qui n'est plus très pertinent aujourd'hui. La sécurité nationale commence aujourd'hui à l'extérieur – dans des zones comme l'Afghanistan et l'Irak ».

Les documents de l'UE soulignent désormais que la « sécurité énergétique » doit devenir une préoccupation prioritaire des gouvernements. La dépendance de l'UE vis-à-vis de l'énergie ira croissant. L'UE importait au début de la décennie 76 % de ses besoins en pétrole, et le taux de dépendance devrait passer à 90 % en 2020. Cependant, la mise en place d'une politique commune en matière de sécurité énergétique sera longue et tortueuse, car les enjeux énergétiques touchent au plus profond des intérêts géopolitiques et économiques des États européens, en particulier pour ceux qui ont derrière eux des décennies de colonisation. En France, pays qui possède en revanche une longue expérience dans l'action militaire destinée à sécuriser ses approvisionnements, les études sur les questions des liens entre la sécurité et l'énergie se multiplient. Le rapport 2005 du Conseil économique de la défense résume une série assez longue de travaux consacrés à la sécurité des approvisionnements. Il rappelle que « la maîtrise de l'énergie est un élément déterminant de notre politique de sécurité et de défense », que le « prépositionnement de forces françaises et les partenariats de défense entretenus avec des États producteurs ou par lesquels transitent leurs approvisionnements permettent à la France de conduire une politique sécuritaire proactive » en Afrique et dans le golfe Persique et que cette politique est menée soit seule (principalement en Afrique), soit dans le cadre de l'Union européenne, soit enfin grâce à une coopération avec les États-Unis sur les actions à entreprendre pour conserver cette sécurité d'approvisionnement.

6. Les « guerres pour les ressources »

L'accroissement continu du nombre de conflits violents et de guerres depuis la Seconde Guerre mondiale, en particulier des conflits « intra-étatiques », a donné naissance au cours des années 1990 à des débats qui se sont largement focalisés sur les études publiées par la Banque mondiale.

Face aux pratiques de jungle de la France et de ses alliés au Mali, notre pays peut et doit utiliser ses ressources naturelles si chères à l'impérialisme, pour réunir les moyens nécessaires à la victoire militaire et diplomatique d'une part, et à la sortie de la majorité de notre peuple de la misère à la prospérité d'autre part.

Comment mettre en place une politique avantageuse d'exploitation des ressources naturelles ?

Constats préalables et leçons tirées de l'expérience historique

Les ressources minières africaines représentent plus du tiers des réserves mondiales et d'une façon générale, les matières premières constituent pour l'Afrique un atout majeur.

S'agissant du Mali en particulier, le potentiel en ressources naturelles est extrêmement riche. Mais les ressources naturelles ne sont que des potentialités qu'il faut transformer pour en faire des richesses. C'est l'utilisation de ces richesses qui permet d'en faire des outils de développement, c'est-à-dire d'opérer le passage de la pauvreté à la prospérité pour la majorité.

Pour changer les richesses en moyens de développement, il faut :

- irriguer au lieu de configurer ;
- répartir localement la production de valeurs au lieu de l'importer ;
- favoriser l'installation de filières au lieu d'importer ce qu'elles fabriquent ailleurs.

L'exemple chinois est éloquent à cet égard : quand on vend des avions à la Chine, les Chinois demandent que les futures usines d'avions soient installées en Chine.
Alors, pourquoi quand on vend à la Chine des matières premières dont elle a tant besoin, n'imposons-nous pas l'installation en Afrique même des usines de transformation ?
L'absence d'une telle vision stratégique explique qu'en Afrique, depuis 60 ans, la politique de développement nous a fait passer, très souvent, de la misère à la pauvreté. Faut-il rappeler aux hommes politiques « qu'on fait carrière en politique, mais c'est en économie qu'on se fait un nom ».

6.1. Les moyens à mettre en place

Maîtrise des ressources naturelles pour accoupler lutte contre le changement climatique et développement économique et social :

- désenclavement intérieur et extérieur pour booster les échanges économiques et sociaux ;
- maîtrise des eaux ;
- énergies renouvelables ;
- agriculture intensive ;
- élevage intensif ;
- restauration des forêts en général, celles de la boucle du Baoulé et de la zone de biodiversité Bafing–Falémé–Kéniéba en particulier ;
- partenariats stratégiques avec des opérateurs étrangers, réaliser la grande muraille verte qui va traverser le Mali d'Ouest à l'Est. Ce projet titanesque et la restauration des 112 forêts classées, couvrant trois millions d'hectares, ne peuvent être réalisés que dans le cadre de partenariats publics et privés ;
- aquaculture à grande échelle ;
- industries de transformation des produits locaux ;
- agroforesterie ;
- exploitation industrielle des mines, dans le respect des règles de protection de l'environnement ;
- idem pour les hydrocarbures.

6.2. Les conditions de faisabilité, de viabilité et de pérennisation

- La souveraineté culturelle, politique et économique à travers l'application de la doctrine de déconnexion dans le cadre du « bouquet synergique ».

- La conception, l'adoption et l'application d'une politique d'utilisation des ressources naturelles pour le triple réarmement du pays.
- Le développement des capacités techniques et organisationnelles des acteurs locaux et régionaux en matière de gouvernance.
- Savoir et pouvoir sortir des sentiers battus en mettant en liaison, à travers des PPP :
  a) les acteurs nationaux du développement ;
  b) les partenaires détenteurs des finances et des compétences, dans un cadre réglementaire où toutes les parties y trouvent leurs comptes ;
  c) la sécurité juridique des investissements, qui en réalité, couvre les aspects essentiels d'une gouvernance vertueuse.

J'ai développé la doctrine de ce partenariat gagnant–gagnant dans mon étude du Réarmement économique du Mali (mars 2005) comme suit :

« Pour qu'une industrialisation par importation soit possible, il faut qu'elle bénéficie aux deux parties en cause. En l'absence de conditions qui le rendent mutuellement attrayant, le transfert de technologie n'aura pas lieu. Des accords conclus sur des bases saines, en vue de l'importation de compétences industrielles et de capitaux pour la mise en œuvre de projets réalisables, représentent la manière la plus rapide et la moins coûteuse de s'acheminer vers une société industrielle » (M. D. BRYCE, « Développement industriel/Méthodes et politiques », pages 47, 49, 50, 51).

Voilà brièvement le contexte stratégique du développement industriel d'un pays en voie de développement.

Tout développement économique harmonieux résulte nécessairement du développement simultané de l'industrie et de l'agriculture. Le développement agricole est inconcevable sans industries en amont (engrais, chimie, matériel agricole, électricité) et en aval (agro-industries qui prolongent l'agriculture). Mais sans agriculture autosuffisante et performante, l'industrialisation se ramène à la recherche de ressources pour procurer le pain et le beurre au peuple.

6.3. Les conditions générales nécessaires de réussite de la stratégie de mise à profit de nos immenses ressources naturelles

La réussite de cette stratégie est tributaire de quatre conditions nécessaires :

- la maîtrise du second paramètre-clé de la guerre mentionné plus haut, à savoir la négociation de partenariats stratégiques globaux qui ne seront pas, à terme, des chaînes à notre cou – Pour être libre il faut savoir s'enchaîner ;
- savoir et pouvoir sortir des paradigmes occidentaux qui sont subtilement empoisonnés dans des contextes créés par eux-mêmes ;
- subordonner nos rapports avec « l'impérialisme libéral » (qui nous méprise) aux besoins de la guerre à mener et aux exigences de notre développement interne ;
- réunir deux sous-conditions internes nécessaires en matière de politiques publiques et de stratégie de développement :
  a) l'auto-ajustement,
  b) la conception et la mise en œuvre d'un plan de développement.

6.4. Gagner la paix après avoir gagné la guerre

Pour gagner la paix après la victoire militaire, il faudra :

- préparer la paix :
  a) offrir aux vaincus des conditions garantissant l'unité et la laïcité de la République, mais acceptables par nos frères sécessionnistes. Sans un tel compromis, il n'y aura pas de paix durable,
  b) gouvernance équitable : sanctionner la faute et récompenser le mérite,
  c) nouvelles institutions à concevoir à la lumière de 61 ans de pratiques politiques, de 1960 à 2021 ;
- préparer le retour à une économie de paix :
  a) remboursement des dettes de guerre,
  b) mise à niveau de l'économie nationale pour faire face à la concurrence régionale et internationale,
  c) politique de plein investissement et de plein emploi avec le retour de la sécurité,
  d) politique de développement des infrastructures et d'équipements sociaux de base en général, et dans les zones ayant souffert de la guerre en particulier.

Bamako, le 19 septembre 2021

VIII. LA RÉSISTANCE DU PEUPLE INSOUMIS DU MALI FACE À L'IMPÉRIALISME FRANÇAIS

L'approche consistant à se retirer des 85 % du champ de bataille pour se concentrer sur les 15 % des trois frontières du Gourma n'était rien d'autre qu'une répétition de l'opération montée contre le Mali en Libye en 2011. Cette opération repose sur l'occupation du Nord Mali (sous le contrôle des services spéciaux français) par des hordes séparatistes, djihadistes et narcotrafiquantes afin de proclamer l'indépendance de l'Azawad, et la faire valider par la France et alliés. Un brillant avocat français a dit qu'il est plus facile de conclure des contrats léonins avec un État séparatiste faible qu'avec un État central. L'agenda français n'est ni l'amour des Touaregs, encore moins les intérêts du peuple malien, mais plutôt le maillon central (qu'est le Mali) du vieux projet d'Organisation commune des régions sahariennes (OCRS) de 1957, faisant des territoires sahélo-sahariens les bases d'approvisionnements des industries françaises dans la compétition économique mondiale des grandes puissances.

Face à cet enjeu stratégique majeur, la lutte contre le terrorisme que la France a créée au Mali depuis la Libye n'est que du baratin pour cacher ses desseins inavoués. La preuve, depuis l'arrivée officielle de l'armée française au Mali en 2013, le terrorisme s'est étendu à l'ensemble du territoire national, mais aussi au Burkina Faso et au Niger sous les yeux de Barkhane, de la MINUSMA et de Takuba.

Si l'occupation du Nord Mali en 2012 était une cynique fourberie, la tentative de renversement de l'équipe Assimi GOÏTA depuis les événements du 24 mai 2021 vise à assassiner, sans état d'âme, la souveraineté du Mali. Après les échecs des deux premières phases (nœud constricteur et nœud coulant), le peuple insoumis du Mali doit maintenant, intelligemment et constamment, réunir les moyens et conditions nécessaires et suffisants pour faire face à la guerre d'usure que la France va nous livrer sous de multiples formes : c'est une course à la fois de fond et de relais, je veux dire intergénérationnelle qui nécessite :

1) libérer notre pays de l'emprise militaro-sécuritaire de la France. Il faut que l'armée française quitte le Mali ;

2) rétablir paix et sécurité sur l'ensemble de notre pays en tant que préalables au développement ;
3) faire valoir le triple réarmement préalable culturel, politique et économique du pays pour le grand bond en avant ;
4) créer et renforcer des bases économiques de la rupture des liens tributaires avec l'impérialisme françafricain, à savoir :

- Savoir et pouvoir tirer profit des immenses dons de dieu que sont nos ressources naturelles, en passant de la malédiction à la bénédiction des ressources naturelles à travers leurs transformations industrielles locales d'une part, et l'affectation judicieuse des recettes y provenant à la croissance économique et au développement humain durables d'autre part. Des cinq monopoles néolibéraux de domination du monde, le Mali ne peut agir immédiatement que sur l'accès aux ressources naturelles.
- Recouvrer notre souveraineté monétaire et économique en quittant l'UEMOA. L'histoire du projet de monnaie unique de la CEDEAO depuis 22 ans, doit nous pousser à créer notre monnaie en attendant que l'Afrique francophone ait des dirigeants capables de se libérer du joug néocolonial de la françafrique. La Guinée, la Mauritanie et tous les pays anglophones ont, chacun, sa monnaie nationale. L'Afrique francophone gémit, depuis la conférence de Berlin de 1885 (137 ans), dans les serres de l'aigle impérialiste français qui compte nous y conserver pour les 100 prochaines années. Cette volonté impérialiste ne doit plus faire peur aux patriotes africains ; c'est de la plus grande difficulté que naît la plus grande force. C'est d'Afrique francophone privée de ses souverainetés politique, sécuritaire, monétaire et économique que partira le processus de rupture des liens tributaires qui lient l'Afrique à l'impérialisme libéral.
- Ce travail pharaonique ne peut être improvisé. Pour le Mali, il doit s'effectuer comme suit :
  - Vision de Mali Koura

  En tant que maillon fort de la chaîne de la renaissance et de la mutation de l'Afrique au XXIe siècle. À l'ère des grands ensembles, il est illusoire de vouloir faire chemin tout seul face à la chasse en meute de l'impérialisme (l'exemple libyen de l'OTAN, force Takuba au Mali). Mais l'intégration africaine sous contrôle impérialiste est la démarche de l'esclave libéré qui revient au maître parce qu'il a perdu le réflexe de concevoir et de créer tout seul. Tel est le cas de ces intellectuels perroquets qui pensent qu'un pays africain ne peut vivre et encore moins se développer sans l'Occident et ses institutions néocoloniales. Le président Nkrumah les appelait les ânes chargés de bouquins.

➢ Fixer les objectifs globaux de Mali Koura

La vision et les objectifs relèvent des autorités supérieures de l'État. Il leur revient de les partager avec la majorité du peuple. Nous disons la majorité du peuple et non l'inclusivité qui en politique est un concept d'enfumage. Tous les humains ne reconnaissent pas Dieu.

Si nous approuvons et soutenons les actes posés par la junte depuis le 24 mai 2021, nous remarquons le manque de clarté dans sa vision et ses objectifs Mali Koura. Les recommandations des ANR de décembre 2021 sont assez pertinentes, mais c'est le travail d'une génération. Pour nous EMK, il y a trois préalables qui sont du ressort d'une transition de rupture, à savoir (comme nous le signifions dans notre solution de sortie crise inscrite dans le document intitulé « Mobilisation générale contre la guerre imposée au Mali ») :

1) mobiliser tous les moyens matériels et immatériels du pays pour gagner la guerre ;
2) une gouvernance vertueuse mettant fin à la corruption et à l'impunité. Aucune réforme ne pourra améliorer la gouvernance sans la sanction de la faute et la récompense du mérite ;
3) dans le cadre d'une économie de guerre, reprendre en main l'économie nationale.

« Sous le terme d'économie de guerre, on décrit non pas l'ensemble des rapports économiques en temps de guerre, mais leur adaptation aux exigences d'une guerre : un très large interventionnisme qui doit assurer l'approvisionnement de la population, de l'économie et de l'armée. Selon la nature de la guerre, une partie de la production est transférée du secteur civil au secteur militaire. L'économie de guerre s'impose donc graduellement et en fonction des nécessités de l'armée ; elle représente également le passage d'une stratégie de guerre courte vers une stratégie adaptée à la guerre d'usure multiforme de longue durée qui continuera après la transition dans le cas du Mali. Comment faire ?

La mise en œuvre des valeurs et la réalisation des missions découlant de la vision d'une part, et l'atteinte des objectifs d'autre part, relèvent des techniciens de l'exécutif. Le cas le plus connu est celui des codes (minier, foncier, forestier, etc.) : La vision et les objectifs qui relèvent de l'autorité politique, précèdent le comment faire qui est du ressort des techniciens. On ne peut pas résoudre techniquement un problème politique. Si les techniciens le conçoivent, la réalisation risque d'attendre faute de volonté politique. C'est le même problème qu'on rencontre au niveau des organisations régionales africaines : de bons documents produits par les techniciens qui restent dans les tiroirs. Nous pouvons citer le cas de la monnaie CEDEAO qui traîne depuis 22 ans, et qui est encore reportée à 2027 soit plus d'une génération. En 2019, nous avons vu la manœuvre toxique de l'ECO-CFA, des présidents Ouattara et Macron pour torpiller la monnaie unique CEDEAO.

Aujourd'hui, le malheur est que les élites africaines ont courbé l'échine et ont cessé de penser par eux-mêmes et d'agir pour les peuples qu'ils sont censés incarner.

Nous patriotes du Mali et d'Afrique, face à la recolonisation vicieuse et pernicieuse de l'Afrique, sachons que c'est « la lutte qui décide de tout ». Mais qui décide de la lutte ? Nous les patriotes qui refusons de baisser les bras : « Les peuples portent leur délivrance dans leurs mains et leurs destinées dans leur volonté. »
Patriotes du Mali et d'Afrique, refusons la continuation de la soumission de l'Afrique aux exigences du maintien de la prospérité de la France.
Rompons le cercle vicieux de la domination politique et économique néocoloniale afin que l'Afrique renaisse aux autres et à elle-même. Mais le refus ne suffit pas. Nous devons passer de la dénonciation (nécessaire à la prise de conscience des peuples) à la réalisation des moyens et conditions de l'émergence de l'Afrique au XXIe siècle.
« La force du plus fort est sa capacité d'absorber l'autre, d'agir et de parler à sa place. La faiblesse est de ne pouvoir résister, de ne pouvoir répondre… En subissant la violence d'un autre, la substance passive n'a que ce qu'elle mérite ».
Patriotes du Mali et d'Afrique, nous sommes l'avenir, nous sommes l'espoir des peuples d'Afrique.

Puisse Dieu nous inspirer et guider nos pas dans la lutte pour l'avènement de Mali Koura dans le concert des nations vers un partenariat pour la renaissance patriotique en Afrique.
Vive le Mali uni et indivisible.
Vive l'Afrique unie pour sa renaissance et sa prospérité.

IX. LE VIRUS MALIEN

1. Contexte et justification

Depuis la fin de la Seconde Guerre mondiale, la France se charge de maintenir l'Afrique francophone sous sa domination, d'où la doctrine et les pratiques néocoloniales françafricaines. C'est la version française de la stratégie occidentale de maintenir l'Afrique dans la pauvreté pour la prospérité des puissances impérialistes. Ce qui explique les pratiques d'intolérance de toute volonté de souveraineté des ex-colonies françaises, avec son lot de coups d'État et d'assassinats des dirigeants patriotes africains.

2. La balkanisation et le néocolonialisme culturel, politique, économique des institutions africaines

2.1. Le mauvais exemple anti-impérialiste du peuple insoumis du mali

(La déconstruction anti-impérialiste du peuple insoumis du mali)

- Doctrine politique de déconnexion à travers sa volonté de souveraineté politique, militaire et sécuritaire, économique et culturelle.
- Refus du processus déguisé de partition de notre pays.
- Partenariat avec la Russie, acte de souveraineté inadmissible pour les États-Unis et leurs alliés européens. Le principe fondamental de l'impérialisme néolibéral est de ne jamais admettre une puissance concurrente, encore moins un peuple insoumis.

Dans son livre QUI mène le monde ?, l'américain Noam Chomsky écrit : « Les principes généraux que nous aborderons ici s'appliquent néanmoins aux autres grandes puissances ainsi qu'à nombre de pays. »
Il existe une version standard communément admise et que l'on retrouve chez les universitaires, dans les déclarations du gouvernement et dans le discours public. Celle-ci soutient que la première vocation des

gouvernements est de nature sécuritaire, et que la menace soviétique constituait le souci primordial des États-Unis et de leurs alliés après 1945. On peut analyser cette doctrine sous différents angles.
Une question évidente serait : qu'est-il arrivé après la disparition de cette menace soviétique en 1989 ? La réponse : rien n'a changé.
Il est bon de rappeler que cette conception valait et vaut toujours pour le reste du monde.
Les Européens ont élaboré une doctrine dite « l'impérialisme libéral » qui se décline comme suit :
Le point 24 du Concept stratégique de l'OTAN déclare que « la sécurité de l'Alliance doit aussi s'envisager dans un contexte global. Les intérêts de sécurité de l'Alliance peuvent être mis en cause par d'autres risques à caractère plus général, notamment des actes relevant du terrorisme, du sabotage et du crime organisé, et par la rupture des approvisionnements en ressources vitales. De grands mouvements incontrôlés de population, résultant en particulier de conflits armés, peuvent également poser des problèmes pour la sécurité et la stabilité de l'Alliance ».
Cette nouvelle exigence sécuritaire, au premier chef la protection du libre accès aux ressources naturelles, risque de se heurter à des oppositions résolues, voire à des mouvements sociaux insurrectionnels qui pourraient considérer que les ressources naturelles sont « leur » bien. En conséquence, les interventions auxquelles l'OTAN doit se préparer découlent des « disparités économiques et sociales croissantes qui pourraient nourrir les révolutions du XXIe siècle, lorsque le désespoir cède la place à la violence. Des révolutions qui peuvent se propager dans les pays créent des instabilités politiques qui pourraient interrompre les lignes d'approvisionnement des pays africains et asiatiques riches en ressources minérales ». L'Union européenne (UE) ne possède pas une force armée centralisée, elle n'est pas plus une puissance politique homogène. De là à qualifier ses pays membres et l'action communautaire de soft power, voilà un langage qui étonnera sans doute dans plusieurs régions de la planète. En réalité, l'histoire de l'Europe et la dynamique des forces à l'œuvre dans la construction communautaire dessinent une configuration originale qui correspond à ce que l'actuel conseiller de Javier Solana, Robert Cooper, qualifie d'« impérialisme libéral ». Distinguer le monde « civilisé », d'où la guerre est définitivement bannie, et la « jungle », où les Européens doivent sans hésitation adopter les « lois de la jungle » et les moyens

militaires les plus puissants, telle est, selon Robert Cooper, la mission historique de l'Europe post-moderne. Cet impérialisme se caractérise par les cinq monopoles de l'impérialisme libéral, à savoir le contrôle :

1. des technologies de pointe ;
2. de l'accès aux ressources naturelles de la planète ;
3. du système monétaire et financier intégré à l'échelle mondiale ;
4. des systèmes de communication et d'information ;
5. des armements de destruction massive.

Sur ces cinq monopoles, le Mali ne peut agir que sur une seule, à savoir l'accès aux matières premières. Sur ce plan notre pays est doté au-delà de toute espérance ; et c'est cette richesse immense en ressources naturelles qui explique le complot international pour dépecer le Mali en plusieurs micro-États taillables et corvéables entre les mains des multinationales occidentales.

3. La naissance et les méfaits du virus malien

- Mobilisation générale de notre peuple pour gagner la guerre qui lui est imposé depuis 10 ans.
- Résistance aux courroies africaines de transmission de la France (réseaux locaux, UEMOA, CEDEAO, etc.).
- Renvoi de l'ambassadeur de France.
- Démonstration qu'on peut résister à la France, ce qui ouvre la perspective de libération de l'Afrique des serres de l'impérialisme. Nous parlons de l'impérialisme parce que la France n'est qu'un maillon essentiel de la chaîne impérialiste, mais elle n'est ni la chaîne, ni le maillon fort du néolibéralisme impérialiste. Cette démonstration de force du Mali ne sera jamais acceptée par la meute de conquêtes néocoloniales que le monde entier a vu en action au Congo, en Irak, en Lybie, en Syrie, etc. EMK l'avait souligné dans son texte : « Résistance du peuple insoumis du Mali ».

La résistance du peuple insoumis du Mali est un danger pour le système de domination néocolonial de la France. La France en tant que maillon de la chaîne impérialiste néolibéral sera toujours soutenue par la meute guerrière de l'OTAN dans son opposition à toute puissance concurrente, et par extension à tout peuple insoumis. L'alliance militaire avec la Russie est le crime de trop du pouvoir malien, et qui sera combattu par tous les moyens pour empêcher la propagation de ce virus anti-impérialiste. Si un jour il arrive à nous Maliens et Africains

de nous laisser berner par les paroles mielleuses impérialistes, alors nous nous abuserons.
Avec le décret n° 2022/PT-RM du 6 juin 2022, prorogeant la transition de 24 mois, le Mali amorce la dernière ligne droite de la transition qui nous mènera aux élections, au retour à l'ordre constitutionnel.
Que faut-il attendre de cette troisième phase ?
Force est de reconnaître qu'après une première phase d'errements de la transition malienne, et une deuxième phase de rectification en deçà des attentes de la population dans presque tous les secteurs en dehors du volet sécuritaire attesté par la présentation du bilan à mi-parcours par le chef du gouvernement devant le CNT.
Fidèle à sa vision qui a toujours reposé sur le soutien à la transition avec la nécessité d'une veille citoyenne pour maintenir le cap de l'objectif Mali Kura, EMK a apporté plusieurs contributions pour une transition réussie.
C'est dans cette optique qu'EMK après une analyse de la situation sociopolitique, appelle les autorités de la transition et toutes les forces vives de la nation à un large consensus à travers un gouvernement de mission, pour faire face aux problèmes conjoncturels d'avant et ceux engendrés par l'embargo de la CEDEAO et de l'UEMOA, afin de soulager ce peuple tant éprouvé d'une part, et préparer les bases de résolution des problèmes structurels de développement de ce Mali qui patauge dans la misère, alors que 80 % de son territoire regorgent d'hydrocarbures, de pierres et métaux précieux les plus recherchés au monde, sans oublier les 43 000 000 ha de ses terres qui sont aptes à l'agriculture.

PROBLÈMES CONJONCTURELS À RÉSOUDRE :

1) bonne gouvernance pour rétablir la confiance entre gouvernés et gouvernants ;
2) sécurité des personnes et de leurs biens ;
3) sécurité alimentaire avec maîtrise des prix des produits de première nécessité ;
4) santé et éducation ;
5) emplois et revenus avec la relance économique aux niveaux communal, préfectoral, régional et national ;
6) réformes fondamentales pour l'avènement d'une IVe République porteuse de Mali Koura ;

7) réunir les moyens et conditions d'élections transparentes et crédibles de fin de transition.

Les problèmes structurels de développement du Mali peuvent être résumés comme suit :

- ❖ Revenir aux fondamentaux de résilience nationale à la doctrine impérialiste néolibérale avec ses cinq monopoles de maintien des peuples dans la pauvreté. Pour cela, le préalable est de doter le peuple d'une arme qui se renforce à l'usage, nous voulons dire une organisation d'éducation cultuelle et politique des masses populaires, face aux attaques constantes et multiformes de l'impérialisme. Vouloir refonder l'État ou créer Mali Koura (processus qui embrasse la société dans toutes ses composantes) sans organisation politique alternative, c'est faire de la musique sans instrument. En l'absence d'une telle force, les forces acquises à la France vont gagner les élections générales de fin de transition, et du coup vont nous ramener à la case départ, ce qui va boucher toute perspective aux forces patriotiques et aux jeunes militaires qui ont osé défier l'impérialisme français. Comme une transition politique ne peut que faire des réformes fondamentales et poser les pierres angulaires du Mali Koura, les forces patriotiques et les militaires doivent se donner la main pour une transition de rupture et de préparation d'une force politique alternative capable de porter la charge d'avènement de Mali Koura durant et après la transition. Le malheur du Mali est que tournés vers eux-mêmes les hommes politiques n'ont pas encore le souffle patriotique d'une part, et les militaires n'arrivent pas à clarifier leur vision et leurs objectifs Mali Koura durant et après la transition d'autre part. Tant que ceux qui détiennent la réalité du pouvoir restent dans la seule logique de guerre, les forces politiques navigueront dans le brouillard. Nous les politiques, devons reconnaître notre part de fautes politiques depuis les alliances de base du M5, et l'émiettement des forces de gauche. Ce sont ces fautes que nous sommes en train de payer cash. Quant aux militaires, ils s'abusent s'ils oublient que les victoires militaires sont éphémères sans soutiens politiques économiques et sociaux. Donc patriotes civiles et militaires doivent former le bouquet synergique pour :
  - ➢ une transition de rupture ;

- créer une force politique alternative capable de nouer des alliances et gagner les élections générales de fin de transition sur la base d'un programme d'avènement de Mali Koura. Sans cela c'est la restauration qui nous balayera de la scène. Ce programme sera basé sur les axes suivants :
  - triple réarmement (préalable) culturel, politique et économique. Pour attaquer il faut être fort,
  - les trois binômes qui sont la colonne vertébrale de la bonne gouvernance, à savoir : paix et sécurité, justice et démocratie, croissance économique et développement humain durables,
  - de façon transparente, concevoir et appliquer une politique et une stratégie d'utilisation des ressources naturelles pour la prospérité de l'ensemble de notre peuple à travers la réalisation de huit transitions économiques fondamentales de rupture du cercle vicieux de la pauvreté, à savoir :

1. infrastructures et équipement clés en tête et non clés en main,
2. énergies renouvelables (électrification) à hauteur de nos besoins économiques et du bien-être des populations,
3. transformations industrielles de nos ressources naturelles et de nos productions agrosylvopastorales,
4. développement économique et social du monde rural, en passant de la traction humaine et animale à la traction mécanique et électromécanique d'une part, et avec les services sociaux de base d'autre part,
5. services et prestations de services de l'ère numérique,
6. transition scientifique et technologique à travers : appropriation, maîtrise et application de la science et de la technologie à notre praxis,
7. recherche et développement à hauteur d'une économie du savoir dans un monde de science et de technologie,
8. sortir des sentiers battus par des réformes audacieuses d'amélioration de l'environnement économique, pour réunir moyens et conditions de notre développement.

Cette approche est d'autant plus nécessaire qu'une stratégie de refondation se conçoit en fonction de la géographie, de l'histoire, de la culture, des potentiels humains et économiques… Elle vise des objectifs à atteindre et est basée sur des alliances existantes ou à réaliser. Son efficacité repose surtout sur la capacité de compréhension et de créativité de l'équipe dirigeante avec ses états-majors politique et militaire.

Face au complot français sous le couvert de la communauté internationale, il n'y a qu'une seule approche efficiente : organiser et réarmer culturellement, politiquement, idéologiquement, économiquement et militairement notre peuple pour éviter la partition du pays d'une part, et soumettre les rapports de notre gouvernance avec son environnement (interne et externe) aux exigences de notre développement, d'autre part.

C'est une bataille de survie que nous menons. Nous devons continuer à nous y préparer sans état d'âme, car les puissances impérialistes n'hésiteront pas à nous recoloniser pour exploiter nos ressources naturelles qui dépassent l'entendement. Le programme de morcellement du Mali n'est que la partie visible de l'iceberg.

X. LE MALI ET LA RENAISSANCE DE L'AFRIQUE AU XXIe SIÈCLE

La France, sous couvert de la communauté internationale, applique au Mali des approches qui font abstraction des réalités du pays, au profit de ses intérêts néocoloniaux. Les problèmes africains, maliens en particulier, ne peuvent être résolus avec des pouvoirs et des idées qui les ont créés. Le Mali et l'Afrique ne peuvent résoudre leurs problèmes sans se doter d'armes à hauteur des enjeux et défis des menaces des cinq monopoles de domination impérialiste néolibérale de ce début du XXIe siècle. S'agissant des cinq monopoles néolibéraux de domination du Monde, Samir Amin écrit :
« Je rappelle que je n'ai jamais entendu par déconnexion un repli autarcique, mais une inversion stratégique dans la vision des rapports internes/externes, en réponse aux exigences incontournables d'un développement autocentré.

La déconnexion favorise la reconstruction d'une mondialisation fondée sur la négociation, et non la soumission aux intérêts exclusifs des monopoles impérialistes. Elle favorise la réduction des inégalités internationales.

La déconnexion s'impose du fait que les mesures préconisées dans les deux sections qui précèdent ne pourront véritablement jamais être mises en œuvre à l'échelon mondial, ni même à celui d'ensembles régionaux (comme l'Europe). Elles ne peuvent être amorcées que dans le cadre des États/nations les plus avancés par l'ampleur et la radicalité des luttes sociales et politiques, s'assignant l'objectif de s'engager dans la voie de la socialisation de la gestion de leur économie.
L'impérialisme, dans les formes qui ont été les siennes jusqu'au lendemain de la Seconde Guerre mondiale, avait construit le contraste centres impérialistes industrialisés/périphéries dominées interdites d'industries. Les victoires des mouvements de libération nationale ont amorcé l'industrialisation des périphéries, à travers les mises en œuvre de politiques de déconnexion exigées par leur option en faveur d'un développement autocentré. Associées à des réformes sociales plus ou moins radicales, ces déconnexions ont créé les conditions de "l'émergence" ultérieure de ceux de ces pays qui étaient allés le plus loin dans cette voie, la Chine en tête du peloton bien entendu. Cependant l'impérialisme de la triade, contraint de reculer et de "s'ajuster" aux conditions de cette époque révolue, s'est reconstruit sur des bases nouvelles, fondées sur des "avantages" dont il entend garder le privilège de l'exclusivité et que j'ai classés dans cinq rubriques ; le contrôle :

1- des technologies de pointe ;
2- de l'accès aux ressources naturelles de la planète ;
3- du système monétaire et financier intégré à l'échelle mondiale ;
4- des systèmes de communication et d'information ;
5- des armements de destruction massive.

La forme principale de la déconnexion aujourd'hui se définit alors précisément par la remise en cause de ces cinq privilèges de l'impérialisme contemporain. Les pays émergents sont engagés sur cette voie, avec plus ou moins de détermination évidemment comme certains projets de l'Amérique du Sud en amorcent la construction. L'audace consiste ici à aller de l'avant avec la plus grande résolution possible, sans trop s'inquiéter des ripostes de l'impérialisme aux abois. »

Cela suppose qu'on est conscient que la superpuissance occidentale est basée sur la démocratie et la justice internes ainsi que la capacité de réception et d'émission. Héritière de la civilisation gréco-latine, celle démocratique chez elle et esclavagiste à l'extérieur. Son vocabulaire diplomatique est une imposture grossière parce que le droit international ne s'applique qu'aux faibles, jamais aux puissants aussi bien en politique qu'en affaire. Quant à la capacité de réception, il faut rappeler que l'une des forces de la puissance romaine était sa capacité à s'approprier, en les innovant, les armes qu'elle trouvait sur les champs de bataille de ses multiples conquêtes. L'Occident sait s'inspirer des autres, mais ne singe pas. L'Europe n'a pas seulement colonisé le reste du monde, elle l'a cloîtré dans la dépendance culturelle, scientifique et technologique.

À l'arrivée des colonisateurs, l'Afrique et l'Asie n'étaient pas dépourvues de science et de technologie. Ainsi, l'industrie métallurgique indienne était par exemple plus développée que celle de l'Angleterre. Pour protéger ses industries, les Anglais ont empêché le développement industriel de l'Inde et de l'Égypte jusqu'à leur indépendance. Quant aux Américains, ils ont su protéger leurs industries textiles naissantes en taxant lourdement les importations de textiles britanniques.

Si à cela on ajoute le fait que tout a été inventé par la Chine et l'Inde, le mérite de l'Occident va alors se limiter à l'invention du capitalisme en accouplant science et technologie dans la production de biens et services. Ce n'est pas le seul accouplement de science et technologie qui fait sa force, mais sa capacité à faire la formation de capital : investir dans le développement des capacités de compréhension et de création, qui est le propulseur de croissance et développement. Épargner et investir : voilà la force du capitalisme sur tous les systèmes antérieurs de production !

1. Ses descendants d'esclaves qui s'ignorent

L'être humain est né en Afrique où il s'est d'abord affranchi de la prostration animale en inventant la science et la technologie afin de maîtriser son environnement pour sa survie et son bien-être. C'est d'Afrique qu'il se lança dans une longue migration de conquête de la planète terre. Nous avons du mépris pour toutes les idéologies politiques, philosophiques et religieuses qui piétinent la mission universaliste de l'humain, au profit de la défense des intérêts des puissants. Nous n'avons que mépris pour tous ses ignares qui ne savent pas qu'ils sont tous descendus noirs ou bruns de l'arbre africain, à cause du climat tropical. Infinis sont notre indignation et notre mépris pour ses racistes qui font semblant d'oublier que de la vallée du Rif en Afrique australe, d'Égypte, de Phénicie (actuel Liban) et d'Afrique du Nord, le monde fut noir avant de se blanchir sous les effets climatiques sous d'autres cieux.

Faut-il rappeler que les Romains appelaient maures (noirs) les habitants d'Afrique du Nord. Il y a eu ensuite Maure blanc et Maure noir pour justifier l'esclavage pratiqué par les Arabes et les Berbères. Les Berbères eux-mêmes furent l'objet de ségrégation de la part de conquérants arabes qui ont eu peur de leur intelligence, en leur interdisant de faire de la théologie. Quant à l'Égypte, elle n'est pas arabe d'origine. C'est après sa conquête par les troupes musulmanes qu'elle abandonna sa langue et son écriture pour adopter l'arabe, ce qu'on appelle en linguistique une assimilation totale.

Quant à l'esclavage, elle évolue, dans l'histoire, en fonction des besoins économiques en main-d'œuvre. L'esclavage de l'Égypte antique est différent de celui qui a été pratiqué ensuite par les Grecs. On dit que Platon, le père de la philosophie occidentale, a été fait esclave. Sa liberté a été rachetée par un autre philosophe grec. Sous la conduite du prophète Moïse, la libération du peuple juif est l'un des épisodes les plus glorieux de l'histoire de l'humanité. Quant à l'esclavage des Noirs, elle est plutôt récente dans l'histoire de l'humanité, alors que beaucoup d'Européens et d'Arabes sont des descendants d'esclaves.

L'esclavage, le servage et le travail salarié du capitalisme sont des formes d'exploitation de l'homme par l'homme pour des raisons économiques à des étapes de développement des forces productives et des rapports de production. Le travail salarié du prolétariat étant meilleur au servage, ce qui permit à la bourgeoisie capitaliste de liquider le féodalisme. Toute autre justification est une imposture idéologique et politique des possédants.

2. Que faire face aux idées et dirigeants qui sont la cause de notre position de lanterne rouge au XXIe siècle, sur le sentier du progrès scientifique et technologique ?

Après l'esclavage ce fut la colonisation directe basée sur le pillage et les travaux forcés qui boostèrent le développement de l'Occident.

Maintenant, c'est l'exploitation intensive et multiforme à travers notre soumission aux cinq monopoles de domination néolibérale du XXIe siècle.
« Il n'y a pas de bon vent pour celui qui ne sait où il va », dit l'adage. La première chose à faire est donc de concevoir un projet alternatif africain et le mettre au centre de tout. C'est ce projet que nous appelons renaissance et mutation de l'Afrique au XXIe siècle (REMA 21). Une initiative qui se décline localement en projet Mali Kura, le « Nouveau Mali ». Le Mali ne sera Maliba qu'en tant que vecteur de la socialisation et du progrès africains. Pour ce faire, il faut au préalable réaliser le triple réarmement culturel, politique et économique ; réaliser les 3 binômes (justice et démocratie, paix et sécurité, et enfin croissance économique et développement humain durable) qui sont la colonne vertébrale de la bonne gouvernance ; réaliser, à marche forcée, la réalisation des 12 transitions de rupture des liens tributaires avec notre environnement… Il faudra aussi bâtir une nouvelle économie du savoir, dans ce monde ouvert de l'ère numérique ; mettre au centre de tout, la construction d'une société universaliste qui fera de l'Afrique la locomotive d'un monde nouveau. Ce sera le retour de l'humain et de son histoire à leur source face à l'environnement et à l'avenir. Enfin et surtout il faut savoir et pouvoir défendre la pérennité et la dynamique du processus de la REMA 21 se déclinant localement en Mali Kura.

Autrement, il faut se donner les moyens de résoudre la conjoncture malienne en 2021 qui résume en plusieurs équations plus ou moins évidentes. Comment par exemple vouloir organiser des élections dans un pays ou les 2/3 échappent au contrôle de l'État ? Un pays, qui ne peut assurer ni la sécurité ni le financement de ses élections, n'est pas une démocratie, mais une vulgaire opération de restauration de l'ordre ancien au service de l'impérialisme et de ses suppôts locaux.

Tout comme tenter de réviser la constitution de 1992, alors que 75 % du territoire sont sous contrôle de la France associée aux séparatistes et des djihadistes associés à des narcotrafiquants est une insulte à l'intelligence et à l'honneur de notre peuple. Nous devons refuser toute atteinte à notre souveraineté nous imposant toute farce électorale avant la refondation de l'État. Et cela à travers notamment : le recouvrement de l'intégrité territoriale ; le rétablissement de la paix et de la sécurité sur l'ensemble du territoire ; le retour de l'administration et des services sociaux de base sur l'ensemble du territoire ; une bonne gouvernance assainissant le cadre politique et juridique à travers une lutte féroce contre la corruption ; et des réformes de moralisation de l'administration et de la vie politique.

Sans ces réalisations préalables, organiser des élections est un déni de réalité. L'impérialisme français et ses laquais locaux doivent souffrir une prolongation de la transition ou s'attendre à un autre coup d'État duquel surgira un Jerry Rawlings malien qui nettoiera les écuries de l'État malien. À force de vouloir soumettre la vie et les intérêts des peuples à leurs seuls intérêts, nous avons le sentiment que la bourgeoisie occidentale est en train de perdre son intelligence positive en s'arc-boutant dans des approches qui relèvent des mafias financières et des sociétés secrètes qui ont l'inconvénient d'être des cercles clos qui ne s'enrichissent pas d'apports extérieurs.

3. Prolonger la transition pour éviter un chaos post-électoral

La prolongation de la transition est inévitable si nous voulons éviter un chaos post-électoral qui donnera le coup de grâce aux aspirations du peuple à travers une restauration de l'ordre ancien, symbole de l'inconscience et de l'inconsistance patriotiques.

Ceux qui refusent la prolongation de la transition sont les mêmes qui ont entretenu un système politique fait de corruption, d'élections truquées ; d'une cour constitutionnelle qui s'est arrogé le pouvoir d'organiser un troisième tour (en chambre) des élections législatives de mars et avril 2020. Si cette cour avait respecté les résultats publiés par le ministère de l'Administration territoriale, la crise politique aurait pu être contenue. Hélas, donner l'avantage à celui qui ne le mérite pas c'est troubler l'ordre et la justice.

Quant aux militaires du Comité national pour le salut du peuple (CNSP), ils s'abusent en jouant aux défenseurs de l'ordre « IBKISTE ». Depuis leur arrivée au pouvoir en août 2020, ils ont brillé par manque d'assainissement politique et institutionnel d'un pays rongé par la corruption.

« Il devient indispensable que l'humanité formule de nouveaux modes de pensée si elle veut survivre et atteindre un plan plus élevé », a conseillé Albert Einstein. La première démarche de l'avènement de Mali Kura est de sortir des paradigmes occidentaux en matière de lutte contre le terrorisme et le sous-développement. Et cela d'autant plus que le terrorisme n'est qu'une arme utilisée par des acteurs politico-religieux qui instrumentalisent, au nom de Dieu, la terreur au service d'objectifs bassement matériels. Le terrorisme ne peut gagner parce que ses fins sont inavouables.

La lutte antiterroriste des puissances occidentales ne peut aussi l'emporter parce que ceux contre qui et pourquoi elle est menée ne sont pas clairement définis. Le terrorisme n'est qu'une arme utilisée par des courants politiques déterminés à des fins inavouables. Ni les terroristes ni les puissances impérialistes ne peuvent gagner une guerre aux objectifs non définis parce qu'inavouables. Il revient aux forces patriotiques maliennes de combattre intelligemment, mais impitoyablement le terrorisme et l'impérialisme. Le terrorisme et l'impérialisme incarnent Satan masqué, autant qu'un enfer pavé de bonnes intentions. Celui qui y croit s'abuse.

4. Les pré-activités de l'avènement de Mali Kura

Avoir une vision claire d'un Mali souverain et debout sur le sentier du progrès économique, social et culturel est l'une des conditions sine qua non de l'émergence tant souhaitée du Mali Kura. Pour y parvenir, il faut fixer des champs prioritaires de transformations profondes politiques, économiques, sociales et culturelles.

Déterminer les bases doctrinales et les méthodes organisationnelles de rupture avec les pratiques qui sont à la base de la régression actuelle de notre patrie devient alors une impérieuse nécessité. Tout comme prendre des mesures conservatoires afin d'éviter l'isolement d'une part, et pouvoir poser rapidement des actes de consolidation du nouveau pouvoir populaire, d'autre part.

L'urgence, c'est aussi sortir de la crise multidimensionnelle en rétablissant la paix et la sécurité à partir d'une position de force militaire et diplomatique ; en trouvant une issue négociée qui sauvegarde les intérêts supérieurs du Mali, et acceptable par les rebelles qui doivent la voir comme un moindre mal par rapport à ce qu'ils perdraient dans une guerre prolongée. Donc la condition d'une paix négociée (pas imposée) est la supériorité militaire et diplomatique de l'État malien.

L'une des charpentes de Mali Kura doit être l'équité dans la gouvernance, autrement savoir sanctionner la faute et récompenser le mérite afin de rétablir la confiance entre gouvernés et gouvernants et renforcer l'autorité de l'État. Cette construction du nouveau Mali passe par des réformes fondamentales de manière intelligente et rigoureuse. Il faut aussi veiller à renforcer l'indépendance et les moyens de la justice sans négliger les procédures, sans équivoque, de sanctions des magistrats en cas de non-respect de la déontologie. Il ne peut y avoir de stabilité sociale et politique sans une bonne justice.

L'équité dans la gouvernance est également indispensable pour rétablir l'égalité entre les citoyens et mettre fin à l'impunité qui est le terreau de toutes les délinquances. Il est aussi nécessaire de concevoir de façon transparente et consensuelle, une nouvelle constitution donnant naissance à la IVe République ; concevoir une loi électorale mettant fin aux pratiques mafieuses des trente dernières années ; adopter une nouvelle charte régissant les partis politiques ; réunir les moyens et les conditions d'élections crédibles mettant fin à la transition. Autant de conditions sine qua non pour instaurer une gouvernance vertueuse et rigoureuse afin de mieux préparer la transformation des comportements en faveur des valeurs fondamentales de la démocratie.

Il est évident que la réalisation de toutes ces mesures préalables nécessite 18 à 36 mois pour éviter un travail bâclé dans la précipitation. D'où l'impérieuse nécessité de prolonger l'actuelle transition politique d'un à deux ans.

Diatrou Diakité
Consultant indépendant

XI. COMPRENDRE POUR AGIR SUR LE COURS DE L'HISTOIRE

1. État des lieux après l'échec de la stratégie des nœuds

Le peuple malien doit maintenant sortir des paradigmes néocoloniaux pour faire face à la stratégie d'usure en cours contre le Mali.

1.1. Stratégie des nœuds en 2021–2022 : décryptage de la stratégie néocoloniale de la France au Mali

1.1.1. Face à la stratégie française des nœuds

QUI est passé du nœud constricteur au nœud coulant d'échafaud ?

- Après avoir fait de Kidal une enclave séparatiste interdite aux autorités maliennes et à l'armée nationale du Mali.

- Après avoir cantonné l'armée malienne pendant des années, et agi à sa place.
- Après avoir laissé pourrir le Centre du Mali.
- Après avoir formé une armée séparatiste à Kidal.

La France lance l'opération nœud constricteur en se retirant des deux tiers du Mali pour se concentrer sur 15 % du théâtre d'opérations dans la zone des trois frontières. Cette manœuvre n'était que le déclencheur de l'opération constricteur étouffant le Mali avec plusieurs nœuds (à l'est, à l'ouest et au centre comme le fait un boa). Cette opération permettant la récupération des 2/3 du Mali par le MLNA avec la complicité des forces françaises à Gao et dans les pays voisins.
La réaction ferme des autorités de transition à cette manœuvre a obligé la France à passer du nœud constricteur au nœud coulant.
Un nœud coulant se resserre lorsqu'on tire sur une de ses extrémités. L'extrémité par laquelle la France tire s'appelle la CEDEAO. Le nœud coulissant se serre de plus en plus à la pression. Au vu des sanctions de la CEDEAO qui a demandé le soutien de l'UE et de l'ONU contre le Mali, le nœud est tiré par la France comme suit :

1) Les alliés maliens du pillage du pays par la France.
2) La CEDEAO ; la France étant une contradiction externe, elle ne peut opérer qu'à travers les contradictions internes que sont leurs alliés maliens et régionaux.
3) Asphyxier l'économie malienne.
4) Décourager les Maliens.
5) Provoquer la révolte populaire.
6) Paralyser le pays.
7) Renverser le régime de transition. Cette stratégie a échoué en 2022 face à la détermination du peuple malien et de son gouvernement.

2. Les enjeux de la stratégie française de réanimation du projet OCRS de 1957 :

- Géographie : par sa position géographique, le Mali est le maillon central de l'OCRS.
- Géo-économie : le PIB malien représente moins de 1 % de celui de la France. Mais les grandes entreprises maliennes sont contrôlées par la France : Orange, Malitel appartenant à Maroc Telecom, elle-même contrôlée par Vivandi qui est une société française. Les mines idem. Aller vérifier les vrais propriétaires

au Canada et ailleurs, vous verrez qui se cache derrière la réglementation fiscale et réglementaire du Canada. L'ensemble des relations économiques franco-maliennes est secondaire par rapport aux potentialités maliennes en hydrocarbures et en minerais stratégiques pouvant alimenter les industries françaises au cours des 100 prochaines années. C'est là l'enjeu stratégique principal. Malheureusement les politiciens maliens et les séparatistes touaregs ne tiennent pas compte de cela : tournés vers eux-mêmes ils sont sans souffle vivifiant.
- Géostratégie : maîtriser le territoire central qu'est le Mali pour éviter toute contagion politique et idéologique sur les pays voisins du pré carré français.

Sur ces trois points, la grandeur, la hauteur et la constance de la volonté de puissance française n'ont jamais fait défaut. Le potentiel malien est tel que même avec la tête ensanglantée les Français persisteront à rester au Mali.

Pour notre sécurité, après avoir renvoyé l'armée française d'une part, il nous revient d'imposer nos conditions de coopération économique d'autre part. Cela relève de la qualité du leadership malien.

Les autorités supérieures de l'État doivent être soutenues dans le processus de rupture avec le passé néocolonial de la gouvernance malienne.

NOS APPORTS SPÉCIFIQUES AFIN QUE MALI KURA SOIT :
- clarifier et vulgariser le contenu de Mali Kura ;
- savoir et pouvoir rompre les liens tributaires (internes et externes) qui maintiennent notre peuple dans la misère ;
- réaliser le préalable triple réarmement culturel, politique et économique de notre peuple.

XII. COMPRENDRE POUR AGIR

1. Après l'échec de la stratégie française des nœuds, le mali fait face maintenant à la stratégie d'usure

1.1. Les 7 étapes de la guerre d'usure contre le Mali

1) manipulation de l'opinion publique ;
2) isolement multiforme du pays ;
3) organisation et développement de l'insécurité (groupes terroristes et séparatistes) ;

4) désorganisation financière et économique du pays ;
5) troubles sociaux ;
6) déstabilisation politique du pouvoir de transition ;
7) défaites économique, politique et militaire, entraînant le retour au pouvoir des affidés de la France.

La transition malienne est loin d'être parfaite, mais dû-t-on exciter toutes les indignations et heurter tous les préjugés, il faut le dire parce que c'est la vérité, il n'y a pas d'alternative à court terme au pouvoir d'Assimi. La preuve :

1) nous avons vu le dysfonctionnement des institutions du pays, cause de 3 coups d'État en 9 ans ;
2) la faiblesse des forces patriotiques ayant conduit à l'alliance contre nature avec un imam et un héritier de Moussa Traoré. En 2020, aucune des composantes du M5-RFP ne pouvait seule renverser le pouvoir en place. Les militaires aussi ne pouvaient franchir le rubicond sans les conditions créées par la contestation populaire du M5-RFP ;
3) chacune des 3 composantes initiales du M5-RFP avait son agenda, situation anachronique que nous avons signalée dès le 11 juin 2020 ;
4) le CNSP avait lui aussi son propre agenda, dévoyé par la France et les trahisons internes du M5-RFP ;
5) les trahisons internes du M5-RFP qui expliquent en grande partie le patinage de la gouvernance avec un PM pourtant issu de ce M5-RFP.

Maintenant, le pays est confronté à la guerre d'usure que nous avons signalée en janvier 2022 dans notre document intitulé « RÉSISTANCE DU PEUPLE INSOUMIS DU MALI ».

Devant les menaces d'atteinte à la survie de notre pays à travers les risques de partition et du retour sous tutelle de la France, nous patriotes du Mali ne pouvons rester les bras croisés. Nos pères disaient que « le jour de la chute de la patrie est le jour de mort du patriote ». Nous nous appuyons sur les deux premiers acquis de la transition (refus de la soumission politique et militaire à la France, et l'organisation et l'équipement du pays pour faire face à la guerre qui nous est imposée), pour apporter notre valeur ajoutée en mettant en œuvre nos capacités de création. Ce n'est qu'une relance quand on sait qu'EMK a toujours été à la pointe du combat avant et après le 18 août 2020. Notre soutien constant à la transition ne nous a jamais empêchés de dénoncer les lacunes de la gouvernance du pays.

1.2. Voici nos propositions face aux 7 étapes de la guerre d'usure des forces impérialistes et affidés

1.2.1. MANIPULATION DE L'OPINION PUBLIQUE

Maintenir la suspension des médias de l'empire du mensonge (RFI et France 24), mais aussi et surtout améliorer la communication publique du pouvoir. En dehors des déclarations et communiqués officiels, la communication gouvernementale laisse à désirer.

1.2.2. ISOLEMENT MULTIFORME

2-1 Renforcement des alliances stratégiques globales avec les pays du BRICS.

2-2 Œuvrer à la réalisation des États-Unis du sahel, afin d'unir nos forces face à la chasse en meute des puissances impérialistes.

1.2.3. ORGANISATION ET DÉVELOPPEMENT DE L'INSÉCURITÉ

Mobilisation générale de toutes les forces matérielles et immatérielles pour gagner la guerre et apporter la prospérité au peuple.

1.2.4. DÉSORGANISATION ÉCONOMIQUE ET FINANCIÈRE DU PAYS

1.2.4.1. Économie de guerre

Dans « Résistance du peuple insoumis du Mali », le Comité de pilotage d'EMK a écrit : « Dans le cadre d'une économie de guerre, reprendre en main l'économie nationale. Sous le terme d'économie de guerre, on décrit non pas l'ensemble des rapports économiques en temps de guerre, mais leur adaptation aux exigences d'une guerre : un très large interventionnisme qui doit assurer l'approvisionnement de la population, de l'économie et de l'armée. Selon la nature de la guerre, une partie de la production est transférée du secteur civil au secteur militaire.

L'économie de guerre s'impose donc graduellement et en fonction des nécessités de l'armée ; elle représente également le passage d'une stratégie de guerre courte vers une stratégie adaptée » à la guerre d'usure multiforme de longue durée que l'impérialisme continuera à nous imposer durant et après la transition.

« Il n'y a pas de puissance sans économie forte. Non seulement celle-ci assure une place mondiale aux pays qui affichent de bonnes dispositions économiques, mais la vitalité économique permet de financer les attributs de la puissance, notamment l'armée. »

La reprise en main des leviers essentiels de notre économie est indispensable « dans la mesure où presque tous les autres facteurs de puissance globale (militaire, culturel, scientifique…) profitent du progrès économique ou souffrent des conséquences de son déclin. La Chine d'aujourd'hui ne serait sans doute pas grand-chose sans sa prodigieuse croissance des quarante dernières années. »

1.2.4.2. Préparer sans précipitation notre sortie de la zone CFA, et de préférence du cadre fédéral Mali–Guinée–Burkina Faso.

1.2.4.3. Préparer l'organisation et le développement géoéconomique interne (développement inter régional et en fonction des 7 frontières du Pays) :

1) Prise en charge à moyen et long termes des inégalités régionales pour concrétiser la participation positive des régions au développement global du pays. Combler les lacunes en matière de désenclavement et d'activités économiques locales, c'est booster les échanges et l'intégration nationale de toutes les régions. Le désenclavement, par exemple, permet de vaincre les distances dans un pays vaste comme le Mali. Le désenclavement n'est pas seulement des routes, des chemins de fer, des aéroports et autres, mais aussi et surtout les TIC, vecteurs de communication et de prestations de services.
2) La gestion des biens publics en faveur :

   2-1. des services publics chargés de la mise en œuvre du programme gouvernemental.

   2-2. de la sécurité sans laquelle les populations ne peuvent vaguer à leurs activités.

   2-3. des services sociaux de base (eau, électricité, santé, éducation, etc.).

   2-4. du cadre et des conditions de relance des investissements de créations d'emplois et de richesses.

2-5. d'un pays ayant 7 240 km de frontières avec 7 pays, les régions doivent se développer en cohérence avec leurs positionnements géographiques. Il n'est pas possible de concevoir la stratégie (politique, économique et sécuritaire) en faisant abstraction de la géographie et des ressources.

2-6. Savoir et pouvoir concilier les intérêts parfois divergents des parties prenantes, entre autres, les syndicats, les employeurs, les communautés avec les possibilités actuelles et futures des employeurs et des pouvoirs publics.

2-7.. Enfin les mécanismes de collectes et de répartitions des revenus, facteurs d'atténuement des frustrations, donc des conflits.

2-8.. Évaluation des revendications corporatistes et catégorielles d'une part, et des ressources nationales (existants économiques et les potentialités exploitables à court, moyen et long termes) d'autre part.

2-9.. Un mécanisme de suivi et de veille citoyenne au niveau communal, préfectoral, régional et national. Cela pose directement la double redevabilité des gouvernés et des gouvernants.

1.2.5. TROUBLES SOCIAUX : Savoir et pouvoir satisfaire les besoins basiques du peuple.

1.2.6. DÉSTABILISATION POLITIQUE : Approche démocratique de la conception et de la réalisation des programmes et projets de sortie de crise, c'est-à-dire aller au peuple pour concevoir et réaliser programmes et projets adéquats de sortie de crise. Au-delà du volet militaire et sécuritaire, les volets politique, économique et social ne peuvent être maîtrisés qu'en mobilisant les forces vives. Cette tâche est hautement politique.

1.2.7. DÉFAITES ÉCONOMIQUE, POLITIQUE ET MILITAIRE : consacrant le retour du pays dans le giron français. Là se pose toute la problématique de la défense nationale dans sa triple dimension :

- Géopolitique ;
- Géoéconomique ;
- Géostratégique ;

Se déclinant en :

1) Divin écheveau (ou capacité de renseignement sur laquelle nous ne nous étendrons pas).

2) Capacité d'analyse et de compréhension de l'évolution de l'environnement et du rapport des forces qui est du ressort des états-majors militaire, économique, politique, etc.
3) Capacité de défense et de sécurité (qui ne cesse de monter en puissance).
4) Adaptation continue de nos stratégies et tactiques à la mouvance des champs prioritaires, politique, économique et militaire. À la guerre comme en économie et en politique, c'est le meilleur traducteur qui gagne.
5) Capacité de recherche et de développement dans un contexte de confrontations impitoyables.
6) Savoir et pouvoir faire la formation continue de capital économique, politique et militaire.
7) Condition de réussite des six points ci-dessus : leadership à hauteur des défis et enjeux. Là il faut être clair : quand on parle de leadership, on a souvent tendance à mettre tout sur le dos des tenants du pouvoir. S'il est vrai que les gouvernants doivent donner le bon exemple, la défense de la patrie est un devoir sacré pour tout citoyen. Il faut que chacun de nous accomplisse son devoir de citoyen d'abord, et ensuite exiger des comptes aux tenants du pouvoir. C'est ce que nous appelons la double redevabilité, et cela n'est pas possible tant que les acteurs politiques et ceux de la société civile ne sortiront pas de leur inconsistance patriotique, face aux menaces qui pèsent sur la patrie. Face aux menaces de partition du pays et aux enjeux et défis d'avènement de Mali Koura, tenants du pouvoir, élites politiques, citoyen lambda, que chacun de nous interroge en toute intimité sa conscience !

Bamako, le 02/03/2023

XIII. CHEMIN CRITIQUE D'UNE TRANSITION DE RUPTURE

1. Contexte et justification

Pour qualifier une régression sociale qui dépasse l'entendement, les paysans maliens disent : « du haut d'un rônier, tombé dans un puits ». C'est cette formule que j'ai qualifiée de « tombé plus bas que terre ».
Dans une telle conjoncture, tout futur régime malien sera un pouvoir de transition, au moins au cours des trois premières années d'exercice du pouvoir.

1.1. Préactivité

Vu la gravité de la situation actuelle du Mali, il faut avoir une approche cohérente et féconde qui découle :

- D'une vision à court, moyen et long termes des réalités et perspectives de son environnement africain sans lequel il n'a pas d'écosystème d'épanouissement (CEDEAO-UA) d'une part, et des réalités de la crise multidimensionnelle que vit le pays depuis 2012 d'autre part.
- Donc avoir une vision d'émergence de l'Afrique se déclinant localement en vision de Mali Koura en tant que maillon fort de la marche de l'Afrique vers la sortie des ténèbres de pratiques rétrogrades qui étouffent les peuples africains.
- Mobiliser toutes les forces patriotiques pour arracher le pouvoir aux forces rétrogrades. Ceux qui, sans état d'âme, ont pillé le pays n'ont d'autres préoccupations que de sauver leurs têtes et leurs biens. Nous nous abusons si nous pensons qu'ils vont lâcher prise.

1.2. Proactivité

Il y a des plaines où il ne pleut jamais, la terre est dure et aride comme une pierre, tel est le cœur des forces rétrogrades nationales et de leurs alliés impérialistes extérieurs. Il revient aux forces patriotiques de savoir et pouvoir arracher le pouvoir d'État à ces monstres, pour changer le cours de l'histoire à travers l'avènement de Mali Koura. Voilà notre défi générationnel à relever. Pour réussir cette mission historique, nous devons mettre entre parenthèses nos égos, les clivages idéologiques afin de réaliser l'union sacrée pour sauver le Mali, notre bien commun.

Pour la suite des événements, seuls le degré et la capacité de compréhension et de création des patriotes sauveront le processus d'avènement de Mali Koura de la renaissance des égos, des clivages idéologiques et des intérêts de classe des différents acteurs ; d'où l'éternelle question : qui dirige le processus révolutionnaire ? Savoir et pouvoir rassembler toutes les forces patriotiques d'une part, et pouvoir gérer le pays avec eux dans une convergence politique nationale, voilà la tâche qui nous incombe d'autre part. C'est l'incapacité à assumer cette double mission qui fait que les révolutions finissent par manger leurs enfants. Cela nous conduit directement au problème

organisationnel dans ses dimensions idéologique, politique, structurelle, stratégique et tactique à chaque étape de la longue marche de sortie des ténèbres vers la lumière. Aujourd'hui, les progressistes sont confrontés aux difficultés de la gestion des forces arc-en-ciel.
Le mouvement EMK est constitué de 4 partis et 52 associations.

Le M5-RFP est constitué de 10 courants et plus de 400 associations.
En face d'eux, d'innombrables partis et associations soutenus par la centaine de milliardaires issus de trente ans de pillage du pays. Pour vaincre un tel monstre, il faut une capacité exceptionnelle de décryptage de l'évolution des rapports de force à chaque étape, mais aussi et surtout une capacité de création à hauteur des enjeux et défis de la confrontation, des objectifs. Arrêtons de penser et d'agir en fonction du passé. Dans des efforts de soi sur soi, sachons forger l'outil organisationnel à hauteur de nos objectifs. Sachons réunir les moyens suffisants à la conduite victorieuse de la lutte. En 2017, nous avions abordé ces questions dans « Problématique du parti de type nouveau ». Le problème reste entier face à l'extrême émiettement des forces patriotiques.

Si nous parvenons à acquérir le pouvoir, nous devons être prêts à faire face d'abord aux quatre points suivants :

- accueil du nouveau pouvoir ;
- consolidation du nouveau pouvoir populaire du peuple (PPP) ;
- satisfaire, autant que possible, les besoins basiques du peuple ;
- réaliser l'union sacrée pour éviter le chaos et la partition du pays.

❖ **MESURES CONSERVATOIRES :**

- éviter l'isolement interne et extérieur, afin d'augmenter nos marges de manœuvre dans la reprise en main du pays ;
- rassembler les forces vives ;
- auto-ajustement en mobilisant tous les moyens et les concentrer sur les domaines prioritaires ;
- ajuster les dépenses en fonction de la conjoncture et des moyens ;
- renforcement à chaud de nos forces armées et de sécurité (FDS), face aux exigences de la lutte contre les forces centrifuges ;
- reprise en main ferme, mais équitable de l'administration publique chargée d'appliquer la politique gouvernementale.

- ❖ **SORTIR DE LA CRISE MULTIDIMENSIONNELLE :**
  - rétablir la paix et la sécurité ;
  - équité dans la gouvernance, à savoir sanctionner la faute et récompenser le mérite afin de rétablir la confiance entre gouvernés et gouvernants, et renforcer l'autorité de l'État.
- ❖ **FAIRE INTELLIGEMMENT ET RIGOUREUSEMENT DES RÉFORMES FONDAMENTALES :**
  - renforcer l'indépendance et les moyens de la justice, mais aussi avec des procédures, sans équivoque, de sanctions des magistrats en cas de non-respect de la déontologie. Il ne peut y avoir de stabilité sociale et politique sans une bonne justice ;
  - équité dans la gouvernance afin de rétablir l'égalité entre les citoyens (sanctionner le fautif et récompenser le méritant), et mettre fin à l'impunité qui est le terreau de toutes les délinquances ;
  - concevoir de façon transparente et consensuelle, une nouvelle constitution donnant naissance à la IVe République ;
  - concevoir une loi électorale mettant fin aux pratiques mafieuses des trente dernières années ;
  - adopter une nouvelle charte régissant les partis politiques ;
  - réunir les moyens et conditions d'élections crédibles mettant fin à la transition ;
  - par une gouvernance vertueuse et rigoureuse, préparer la transformation des comportements en faveur des valeurs fondamentales de la démocratie.

Il est évitant que la réalisation des sept points ci-dessus nécessite 18 à 36 mois, pour éviter un travail bâclé dans la précipitation. La souveraineté de notre peuple ne peut admettre que l'extérieur nous impose un délai. Nos partenaires peuvent nous conseiller l'entente et un délai raisonnable, pas plus. Si nous sommes unis sur la défense des intérêts supérieurs de notre pays, personne ne peut nous imposer son agenda. Malheureusement, les relais locaux des puissances impérialistes pensent que nous ne pouvons pas vivre sans les argentiers extérieurs. Si nous acceptons de faire le sacrifice nécessaire à travers un auto-ajustement en fonction des enjeux et défis d'un devenir collectivement désiré, même ceux qui vont nous boycotter reviendront au bout de quelques mois : ils n'ont pas d'amis, mais des intérêts. La position géostratégique et les ressources naturelles du Mali en font un pays incontournable. Tout ce qui se passe au Mali peut se répercuter sur sept pays voisins.

Le Mali a des atouts, mais faible par l'inconscience et l'inconsistance patriotiques de ses élites. Les pères fondateurs, par indignation, se retournent dans leurs tombes.

1.3. Les axes prioritaires

1.3.1. BASE DOCTRINALE : Déconnexion comme doctrine politique, c'est-à-dire la soumission des rapports du pays avec son environnement (interne et externe) aux exigences de notre développement. Sans cela c'est une imposture de parler de souveraineté.

1.3.2. LE CADRE ET L'OUTIL ADÉQUATS pour appliquer une telle doctrine sont l'union sacrée des forces vives aux fins :

- de sauver la patrie du chaos et de la partition ;
- rétablir l'intégrité du territoire national ;
- rétablir la paix et la sécurité ;
- satisfaire les besoins basiques du peuple ;
- faire les réformes fondamentales permettant de résister aux puissances impérialistes d'une part, et à la résurgence des pratiques toxiques qui ont sombré le pays dans une régression au carré d'autre part ;
- organiser des élections générales crédibles mettant fin à la transition.

1.3.3. LE RÉARMEMENT ÉCONOMIQUE EN 7 VOLETS

1.3.3.1. Gestion efficiente des existants économiques, financiers, humains, etc.

1.3.3.2. Réaliser les Infrastructures et équipements nécessaires et suffisants à l'émergence économique, sociale et culturelle de Mali Koura.

1.3.3.3. Transition énergétique avec les énergies renouvelables. L'énergie est le vecteur du développement économique, scientifique et technologique, mais aussi et surtout du bien-être social.

1.3.3.4. Réaliser une transition industrielle en fonction de nos besoins actuels et surtout des exigences du monde nouveau d'économie du savoir. Concevoir et réaliser en fonction des enjeux et défis à venir dans ce monde nouveau de science et de technologie.

1.3.3.5. L'économie rurale : nous préférons économie rurale à agriculture dans un pays où c'est le monde rural qui doit faire un grand bond en avant en passant de la traction humaine et animale au tracteur ; de sciences et technologies hybrides faites de savoirs traditionnels et modernes, à une transition économique agrosylvopastorale intensive tirée par l'agro-industrie et l'agrobusiness. Si l'industrie est notre avenir, l'agriculture est notre éternité, raison pour laquelle nous devons l'aborder en tant qu'ensemble géoéconomique et géostratégique.

1.3.3.6. Services et prestations de services de l'ère numérique. Les services sont à la production ce que le fonds de roulement est au capital immobilisé. Le fonds de roulement n'est pas le capital immobilisé, mais c'est lui qui le fait tourner. Sans les services (banques, transports, la distribution, l'administration, etc.), la production de biens ne peut fonctionner.

1.3.3.7. Transition scientifique et technologique comme vecteur de croissance et de développement, ce qui implique une réforme radicale de l'enseignement et de la recherche à hauteur des besoins d'une nouvelle économie du savoir. Nous avons les ressources nécessaires au niveau local et dans la diaspora : ce sont la vision et la volonté politique qui manquent. Le comment faire revient aux techniciens. Idem pour la mise en valeur des ressources naturelles.

1.4. Finalités recherchées

- Développement humain durable.
- Nouvelle économie de connaissance.
- Réunir moyens et conditions de défense et de pérennisation du processus d'émergence de Mali Koura qui sera guetté à l'intérieur par le risque de retour des pratiques néfastes du passé, et à l'extérieur par les menaces de domination impérialiste.

Tendre vers une nouvelle société universaliste (idéale).

« Qui est l'avenir de l'Humanité, c'est-à-dire une société fondée sur la libération, l'émancipation des êtres humains, l'utilisation de leurs richesses matérielles, pas pour le gaspillage, mais pour assurer leur aisance matérielle et leur temps libre, pour le développement de leurs facultés créatrices sur une base égalitaire pour tous les êtres humains ». L'approche préalable d'une telle société est l'abolition politique, juridique et culturelle de l'esclavage d'une part, et la promotion de la femme d'autre part. Sans la liberté, l'égalité entre les humains, et la promotion de la femme, toute théorie ou pratique universaliste est une imposture au service d'intérêts particuliers des possédants.

XIV. NOTRE OPTION ÉCONOMIQUE

En ce XXIe siècle, au Mali, il y a deux forces possédantes :
La première est constituée par les opérateurs économiques nationaux (entendez par là les nationaux et les étrangers qui créent des sociétés de droit malien et qui produisent de la richesse). Dans un contexte où les États se disputent les investisseurs étrangers, nous devons savoir créer et protéger un cadre juridique et économique qui garantit les intérêts des partis.

1. Nous devons savoir promouvoir et protéger nos investisseurs
Notre option est l'économie de marché, mais nous refusons les diktats impérialistes néolibéraux. Pour se développer dans cette jungle qu'est l'économie libérale nous devons :

❖ CRÉER LES CONDITIONS DE COMPÉTITIVITÉ ÉCONOMIQUE :
- environnement macroéconomique assaini ;
- institutions publiques à hauteur de souhait (lutte contre la corruption, justice, équité, etc.) ;
- capacité du pays à assimiler les progrès technologiques ;
- dans le contexte actuel de l'Afrique, la paix et la sécurité sont des préalables à l'assainissement de l'environnement des affaires.

❖ Doter le pays d'Infrastructures et d'équipements à hauteur des besoins de croissance économique et de développement humain durables, bases sans lesquelles on ne peut vivifier une économie. C'est là qu'il faut d'abord enraciner la société et l'économie maliennes (désenclavement, électrification, TIC, écoles, centre de santé, etc.) Le développement sans des infrastructures à hauteur des besoins restera un vœu pieux.

❖ Concevoir et réaliser de façon efficiente notre transition industrielle à l'ère de la révolution numérique. Pour cela, procéder, sans état d'âme à une division du travail comme suit :
- Pouvoirs publics et Investisseurs : Conception, suivi et régulation des programmes et projets.

- Infrastructures et équipements en PPP. Ne pas hésiter à privatiser la réalisation et la gestion des grandes infrastructures et les industries lourdes.

2. Dans les années 1960, nous avons assisté à 2 cas d'école en France

1) La France et l'Espagne avaient 25 ans de retard sur la Suède en matière de télécommunication. L'État français a massivement investi dans les télécommunications, ce qui a donné naissance au mastodonte France Télécom dont la filiale mobile est Orange que les Maliens connaissent bien. Quand Orange prenait le contrôle d'Ikatel-Mali :
   - la puce coûtait officiellement 30 000 F CFA, mais se vendait au marché noir entre 100 000F et 130 000 F CFA ;
   - la communication coûtait 110 F CFA /mn. Aujourd'hui, avec les différentes formes de promo, on peut appeler à moins de 10 F CFA/mn ;
   - avec l'arrivée d'Orange, pour sauver Malitel avant sa privatisation, c'est le président ATT qui a favorisé le rééquipement partiel de Malitel. La privatisation de Malitel a entraîné des politiques fortes de promotions en faveur de la clientèle. L'État du Mali seul n'aurait jamais pu rattraper notre retard en matière de télécommunication.
2) Toujours au cours des années 1960, en matière d'autoroutes, la France avait dix ans de retard sur l'Allemagne. L'État français s'est mis à investir dans la construction d'autoroutes. Voyant qu'il n'arrive pas à rattraper son retard, il fit appel aux investisseurs privés, ce qui amena l'apparition d'autoroutes payantes sur les grands axes de vacances.
3) 3e cas d'école : En 2000, la Chine était le pays qui investissait le plus dans les TIC. En 2020, elle est la première puissance mondiale en TIC (La 5G et la capacité de calcul des gros ordinateurs produits en Chine).

3. Les industries lourdes ou industries industrialisantes

Là il s'agit encore de secteurs qui nécessitent de gros investissements et beaucoup de savoir-faire. Une fois encore, il faut agir en PPP, en laissant la majorité des actions aux privés.

Seulement, il y a une réserve à faire pour les industries non manufacturières telles que les industries pétrolières et gazières dans lesquelles l'État doit chercher à avoir 40 à 51 %. En aucun cas pas question de participation de 20 % pour les hydrocarbures, les pierres et métaux précieux.

4. Les investissements publics au début de l'accumulation primitive de capital

Ils doivent aller vers des secteurs à impacts multiplicateurs comme :

- l'amélioration de la gouvernance ;
- la formation ;
- la santé ;
- les infrastructures socioculturelles ;
- l'amélioration du cadre et des conditions de vie et de travail.

En ce XXIe siècle, exister c'est produire et vendre (biens et services). L'Afrique produit et vend des matières premières sans grande valeur ajoutée. Le patinage continu de l'Afrique sur le chemin du développement n'est que l'effet débilitant de la dépendance culturelle et politique de ses dirigeants. Quand nous serons capables, et soyons capables de prendre notre part dans la division internationale du travail :

✓ En préparant nos ressources humaines à cette ouverture au monde à travers l'éducation et la formation ;

✓ En soutenant sans réserve les nationaux dans les domaines économiques suivants :

- Petites et moyennes entreprises industrielles de transformation des produits locaux,
- Distribution,
- Transports,
- Banques et assurances,
- TIC,
- Évolution de l'agriculture familiale traditionnelle extensive à traction humaine et animale, vers une agriculture moderne et intensive,
- Toute autre production de biens et services à portée des nationaux.
-

Sans ce soutien, toute autre rhétorique est imposture face à la concurrence internationale impitoyable dite libre. Tout investissement n'impliquant pas directement ou indirectement les opérateurs économiques nationaux aura peu d'impact sur le développement global du pays.

Bamako, ce 17 août 2020
Diatrou DIAKITÉ

À

Cheick Oumar SISSOKO

Mon cher ami,

Suite à notre entretien du lundi 03 août 2020, je me proposais de te faire un projet de lettre sur la Solidarité entre les peuples en général, et entre le peuple français et celui du Mali en particulier.

Après réflexion, et face aux urgences de la transition inévitable qui s'annonce, j'ai jugé plus urgent de mettre à ta disposition des éléments pouvant t'aider dans tes réflexions sur la recherche de voies et moyens de renaissance de notre Maliba. Ton intervention du 11 août annonce les couleurs. Faute de temps, j'ai préféré faire une compilation d'extraits de textes que j'ai rédigés au cours de ces dernières années.

Tu trouveras aussi ci-joint des Annexes sur différents thèmes traités dans le présent document.

ESQUISSE DE POLITIQUE D'UTILISATION DES RESSOURCES NATURELLES POUR LE DÉVELOPPEMENT DU MALI

PREMIÈRE PARTIE :

INTRODUCTION

Le sous-développement n'est pas un manque de ressources, mais l'incapacité à tirer profit de ses ressources, ce qui suppose des préalables à savoir :

- ✓ une prise de conscience de ses forces et faiblesses ;
- ✓ une vision d'un devenir collectif avec :

– ses valeurs,
– ses missions intergénérationnelles,
– ses exigences de courage et de volonté politiques,
– un projet d'émergence de Mali Koura.

Le développement n'est pas un phénomène naturel. Il découle de projets conçus et réalisés en toute souveraineté. Il est évident que le projet Mali Koura ne peut découler que d'un grand projet de Renaissance de l'Afrique au XXIe siècle. Mali Koura sera un maillon fort de la chaîne africaine.

LA PRÉACTIVITÉ DU PROJET MALIBA ÉMERGENT :

1. Refuser d'être objet, pour être un acteur agissant sur le cours de son histoire par ses apports au progrès de l'humanité. L'Afrique est le continent le plus doté en potentialités de développement. Alors qu'elle est en agonie sous le poids du sous-développement et du changement climatique, l'Afrique n'arrive pas à changer son logiciel de développement, faute de souveraineté culturelle, politique et économique : mourir de misère sur un montage d'or et de diamants, avec sa sébile tendue au reste du monde ; voilà le paradoxe africain, quand on sait que le continent africain possède :
   - 97 % des réserves mondiales de cuivre ;
   - 80 % de celles de coltan ;
   - 50 % de celles de cobalt ;
   - 57 % de celle d'or ;
   - 20 % de celles de fer ;
   - 23 % de celles d'uranium et phosphates ;
   - 32 % de celles de manganèse ;

- 41 % de celles de vanadium ;
- 49 % de celles de platine ;
- 60 % de celles de diamants ;
- 14 % de celles de pétrole.

Ce continent possède une grande richesse en ressources énergétiques.

2. Il s'agit de savoir et pouvoir transformer ses potentialités en richesses porteuses de développement. Le défi est énorme, mais son relèvement sonnera le retour du Mali et de l'Afrique sur le sentier du progrès.

À travers l'apparition de l'homme, la civilisation égyptienne, l'Afrique fut avant que le reste du monde ne soit :

- C'est en Afrique que naquit le monothéisme ;
- C'est en Égypte que Platon, le père de la philosophie occidentale, fit huit ans d'études avant de retourner en Grèce ;
- 4 000 ans avant J.-C., les savants égyptiens établissaient des calendriers solaires sur 100 ans.

I. PROBLÉMATIQUE DU DÉVELOPPEMENT

1.1 Le « Développement » est une transformation profonde des structures économiques, sociales, politiques et culturelles.

1.2 Son objectif, sa concrétisation, c'est vivre mieux, avoir plus, savoir plus et valoir plus.

a. La méthodologie : Provoquer le vouloir faire et le vouloir être.
b. Les moyens : organisation : sans organisation, pas possible de canaliser les équipes et d'utiliser le peu de moyens disponibles pour atteindre les objectifs visés, d'où la nécessité de la recherche constante d'une meilleure organisation des efforts. Une action avec une communauté d'hommes et de femmes divisés et méfiants les uns à l'égard des autres, c'est courir un échec certain.
c. Motivation : Soutenir les aspirations à vivre mieux, à avoir plus, à savoir plus, à valoir plus et à être plus.
d. Rôle des pouvoirs publics : Promouvoir, encourager et orienter une communauté donnée par des actions choisies pour leurs impacts réels. Distribuer de la farine de maïs aux

nécessiteux, c'est bien, mais les aider à cultiver du maïs, à se dépasser et à se prendre en charge, c'est encore mieux !

II. RÔLE DES RESSOURCES NATURELLES DANS LE DÉVELOPPEMENT

Les ressources naturelles étant considérées comme le « seul actif des pauvres sur lequel on peut construire une stratégie de sortie de la pauvreté ». Le sous-développement n'est pas un manque de ressources, mais l'incapacité (managériale, scientifique et technologique) à tirer profit de ses ressources. C'est ce qui explique le fait que les ressources naturelles ne sont que des potentialités qu'il faut transformer pour en faire des richesses. C'est l'utilisation de ces richesses qui permet d'en faire des outils de développement : passage de la pauvreté à la prospérité pour la majorité du peuple.

Pour transformer les richesses en moyens de développement, il faut :

- répartir localement et équitablement la production de valeur au lieu de l'emporter ;
- favoriser l'installation de filières au lieu d'importer ce qu'elles fabriquent ailleurs ;
- mettre l'homme au centre du développement = Éducation – Formation – Santé – Justice – Démocratie – Emplois et Revenus – Cadres et conditions de vie et de travail.

III. CROISSANCE SANS DÉVELOPPEMENT À KÉNIÉBA

Aujourd'hui la première région du Mali, en général, le cercle de Kéniéba en particulier, est le principal centre de production minière du pays, mais aussi et surtout, le symbole d'une politique minière conçue et appliquée pour assurer l'accumulation du profit de l'entreprise (compagnie minière) avant la satisfaction des besoins fondamentaux et le bien-être des populations locales. Pour preuves, je ne citerai que quelques exemples qui persistent depuis plus de 20 ans :

- route Kayes – Kéniéba : impraticable ;
- ville de Kéniéba, chef-lieu de Cercle : sans électricité, ni même un centre d'accueil digne de ce nom se morfondant dans l'obscurité chaque nuit. Les habitants de Kéniéba ne

peuvent que contempler en face la lumière aveuglante du camp et base d'opérations d'une société minière, installée en face ;

- le territoire de la commune rurale de Faléa (estimée à 1 914 km^2), attribuée à 66 % aux miniers n'existe que pour les géologues ;
- les politiques, les planificateurs du développement n'ont pas d'œil pour les populations locales ;
- à cause de son enclavement, Faléa est malienne durant seulement 5 mois de l'année et guinéenne pendant les 7 autres mois ;
- l'exploration de l'uranium et ses perspectives d'exploitation se font sans prise en charge des hommes, de la faune et de la flore, bref de la vie tout court ;
- cette politique, qui dépasse l'entendement, n'est qu'un aspect de la malédiction de la rente minière découlant d'une mauvaise gouvernance.

En 2011–2012, une seule mine de Kéniéba a fait 74,5 milliards de F CFA de bénéfices qui ont été affectés comme suit :

1. Remboursement du prêt ayant servi à l'équipement de la mine : 42 milliards.
2. Solde : 74,5 – 42 = 32,5 milliards de F CFA. Comment peut-on se permettre de rembourser sur un seul exercice l'ensemble des investissements lourds d'une mine dans un État responsable ?
3. Dividendes payés aux actionnaires privées : 26 milliards de F CFA, soit 80 %.
4. Dividendes versés à l'État du Mali : 6,5 milliards de F CFA, soit 20 % des dividendes et 8,72 % des bénéfices.

   Si l'État malien a eu droit à des miettes, le cercle de Kéniéba n'a même pas eu droit à l'aumône en terme de développement (écoles, centres de santé, routes, électricité, eau potable, etc.). Telle est la malédiction de la Rente minière : des mendiants assis sur des mines d'or !

Nos projets de développement sont soumis à deux pôles d'intérêts :

- les intérêts des décideurs nationaux ;
- les exigences des partenaires extérieurs.

Tant que nos rapports avec l'extérieur ne seront pas soumis aux exigences de notre développement interne, la corruption et l'inconsistance patriotique alimenteront la malédiction de la rente minière.

IV. QUE FAIRE FACE À LA CROISSANCE SANS DÉVELOPPEMENT ?

Que faire face :

- Au formatage culturel et politique de l'ajustement structurel néolibéral ?
- À la croissance économique sans développement humain ?
- Aux attentes d'un peuple désarmé culturellement, politiquement et économiquement ?

V. UNE PREMIÈRE RÉACTION : LE SURSAUT PATRIOTIQUE DES ASSOCIATIONS

- Le sursaut patriotique des enfants du terroir à travers la mobilisation et l'organisation d'associations de femmes, de jeunes, d'hommes adultes, apolitiques et à but non lucratif mais dédiées à la défense des intérêts fondamentaux de Faléa, d'organisations professionnelles, de syndicats (producteurs, travailleurs des mines), d'autorités traditionnelles, de leaders coutumiers, d'élus locaux et nationaux, des professionnels de la presse (communautaire ou privée démocratique).
- L'élaboration en commun par elles (suite à la concertation, à un dialogue participatif et à la réflexion collective) d'une nouvelle perspective ; et leur pression citoyenne et politique (notamment par le truchement des élus nationaux) sur les politiques publiques et stratégies étatiques, les législateurs et les décideurs.
- Faléa – Kéniéba – Kayes ne sont que des maillons de la chaîne nationale Mali.

Toute stratégie ayant un champ d'action uniquement local est vouée à l'échec. Pour réussir, il faut une large mobilisation à la base (villages, communes, cercles et régions) et une pression politique et juridique au sommet des institutions d'État et au niveau international afin de desserrer l'étau des puissances d'argent à travers des contrats d'exploitation équitables.

Kéniéba, le 14-09-2014 – Diatrou DIAKITÉ

POTENTIELS MALIENS

« Les matières premières constituent pour l'Afrique un atout majeur. Les ressources minières africaines représentent plus du tiers des réserves mondiales. »

Mais les ressources naturelles ne sont que des potentialités qu'il faut transformer pour en faire des richesses. C'est l'utilisation de ces richesses qui permet d'en faire des outils de développent, passage de la pauvreté à la prospérité pour la majorité.

Transformation des richesses en moyens de développement :

Pour changer les richesses en développement, il faut :

- irriguer au lieu de configurer ;
- répartir localement la production de valeurs au lieu de l'emporter ;
- favoriser l'installation de filières au lieu d'importer ce qu'elles fabriquent ailleurs.

L'exemple chinois est éloquent : « quand on vend des avions à la Chine, les Chinois demandent que les futures usines d'avions soient installées en Chine. Pourquoi quand nous vendons à la Chine des matières premières dont elle a tant besoin, n'imposons-nous pas l'installation en Afrique même des usines de transformation ».

En Afrique, depuis 60 ans, la politique de développement nous a fait passer, très souvent, de la misère à la pauvreté. Faut-il rappeler aux hommes politiques « qu'on fait carrière en politique, mais c'est en économie qu'on se fait un nom ».

Un monde de ressources rares. Par sa position géographique d'une part, les potentialités énormes de son sous-sol d'autre part, le Mali fait objet de convoitises géostratégiques et économiques qui expliquent, en grande partie, le jeu d'acteurs masqués de la scène régionale et internationale auprès des rebelles.

La position géostratégique du Mali (pays central) entouré de 7 pays et 7,420 km de frontières se passe de commentaire.

POTENTIALITÉS DU SOUS-SOL MALIEN

1) HYDROCARBURES
Le Mali compte 6 basins pétroliers qui couvrent plus de 80 % du territoire. Cinq (5) régions sur huit (8) sont censées contenir des hydrocarbures (8e, 7e, 6e,2e et 1re régions) :

- ✓ Taoudéni ;
- ✓ Lullumaden ;
- ✓ Tamesna ;
- ✓ Fossé de Gao
- ✓ Fossé de Nara ;
- ✓ Triangle : Diéma–Bafoulabé–Yélimané.

2) PIERRES ET MÉTAUX PRÉCIEUX :

Or	: 1re, 2e, 3e, 6e, 8e régions
Diamants	: 1re et 3e régions
Uranium	: 1re, 7e et 8e régions
Terres rares	: 8e région (qui contiennent 17 métaux spéciaux utilisés dans les nouvelles technologies. La Chine détient 97 % des exportations mondiales de terres rares d'où l'intérêt stratégique de ces métaux).

3) MÉTAUX LOURDS :
– fer ;
– bauxite ;
– manganèse.

4) MATÉRIAUX DE CONSTRUCTION :

I. Gisements du Nord :
1- Goundam (calcaire) : gisement de Bad-El Héri = 9,37 millions de tonnes, gisement de Macorè = 8,24 millions de tonnes ;
2- Hombori (calcaire) : gisement de Dimamou = plus de 40 millions de tonnes ;
3- Gypse = 35 millions de tonnes à Tessalit.

II. Gisements de l'Ouest :

- gisement de Gangontéri : 8 millions de tonnes ;
- gisement Astro : 34 millions de tonnes ;
- gisement de Sélékégny : 10,6 millions de tonnes de marbre (blanc, jaune, noir).

III. Gisement au sud de Sélékégny :
Madibaya et Gangantan.

IV. Gisement à l'est et au sud-est :
Nioro du sahel (Siracoro, Trougoumbé, Béma).
Cette présentation des potentialités du sous-sol malien n'est qu'approximative quand on sait qu'au mois de septembre 2007 le Mali compte 133 feuilles topographiques au 1/200 000 sur lesquelles seules 25 (18,8 %) ont fait l'objet d'une cartographie géologique.
C'est dire que le sous-sol malien est à peine connu.
Le sous-développement n'est pas un manque de ressources, mais l'incapacité à tirer profit de ses ressources. Le Mali rien qu'avec ses terres arables peut se développer, c'est-à-dire produire suffisamment de biens et services pour satisfaire les besoins de la majorité de sa population.
L'économie du XXIe siècle est basée essentiellement sur le savoir. L'Afrique est le premier réservoir des matières premières du monde, mais aussi le continent le plus sous-développé de la planète. Les Africains ne savent pas (capacité d'organisation, d'application de la science et de la technologie à la production des biens et services) tirer profit de leurs ressources.
Les ressources naturelles (terre, eau, forêts, soleil, vent, hydrocarbures, mines, etc.) ne sont que des potentialités tant qu'elles ne sont pas transformées en richesses par le travail de l'homme.
Que les pays industrialisés aient des problèmes d'emploi peut se comprendre, mais qu'il manque du travail sur la terre vierge d'Afrique, cela ne peut se comprendre si on ne connaît pas le processus d'aliénation dans lequel vit l'Afrique depuis quatre (4) siècles. C'est ce processus consistant à produire ce que nous ne consommons pas, et à consommer ce que nous ne

produisons pas. Même cela aurait pu être positif si nos productions étaient à haute valeur ajoutée. Nous ne produisons que de la matière première seulement d'où notre cantonnement dans notre capacité de compréhension et de production.

LES POTENTIALITÉS AGRICOLES DU MALI

43 millions d'hectares de terres utilisables pour l'agriculture et l'élevage, dont 2 millions d'hectares de terres irrigables.
CAS TYPIQUE DE L'OFFICE DU NIGER :
En 1960, le colonisateur a laissé 45 000 ha de terres aménagées. En 2020, 60 ans après les indépendances, les terres aménagées à l'office sont de 125 000 ha, soit 4,5 % de terres aménagées par le colonisateur avant l'indépendance ; 8 % de terres aménagées en 60 ans par le Mali. Ce qui fait 125 000 ha sur 1 000 000 ha, soit 12,5 % du potentiel de l'office du Niger.

En 1960, le Mali comptait 4 000 000 de bovins. Le slogan du régime était que chaque Malien à sa vache. En 2020, 60 ans après, les bovins maliens sont exportés sur pieds dans les pays voisins. Même la MINUSMA n'accepte pas les bétails abattus dans les abattoirs maliens. Seuls 2 % du coton malien sont transformés localement, pendant ce temps, des pays non producteurs de coton comme la Tunisie et le Maroc abritent de grandes unités textiles employant 300 à 600 000 travailleurs pour la confection dans le cadre de la délocalisation des industries européennes à haute intensité de main-d'œuvre. Dans le cas du Mali, l'écart de salaires avec l'Europe étant de 1 à 30, notre pays peut concurrencer le Bangladesh et les pays arabes.

Le développement n'est pas un phénomène naturel. Il découle d'un projet, d'une volonté, d'actions concentrées dans une direction déterminée. Le développement nécessite des moyens, mais aussi et surtout des conditions. Se focaliser sur les moyens, en ignorant les conditions, équivaut à une marche d'unijambiste, ce qui est un handicap dans la course aux progrès.

PROBLÉMATIQUE DE LA RÉVOLUTION AGRICOLE

Le fait que les jeunes décident de retourner à la terre est une révolution culturelle et économique dans un pays où les travaux agricoles sont considérés indignes d'un intellectuel. Mais s'il s'agit d'un retour à la terre avec les outils culturels et technologiques de nos pères, la démarche est vouée à l'échec. Il faudra que les jeunes et les responsables du développement national conçoivent la révolution agricole avec un agriculteur armé scientifiquement et techniquement. Si nous ne sommes pas capables de faire cela, l'Afrique ne sera pas libre encore moins développée. On ne peut prétendre à la liberté, à la dignité en vivant d'aide alimentaire. Mais l'autosuffisance alimentaire seule n'est pas suffisante : ventre plein vous met dans les conditions physiques d'agir, mais n'incite pas à agir à se surpasser. Pour cela, il faut des facteurs de motivation : être plus, savoir plus, avoir plus et valoir plus, d'où la nécessité de reconstruction de l'homme africain.

Pour cela, nous avons choisi de commencer d'attaquer par le bout le plus rebutant et le plus difficile, à savoir : transcender en une génération (25 ans) trois cycles de développement de l'outil agricole :

- traction humaine et animale (daba, charrue) ;
- traction mécanique (tracteur) ;
- le post-industriel (le tracteur téléguidé) ;
- des semences améliorées ;
- maîtrise et application de la science et des nouvelles techniques culturales.

Cela n'est pas possible avec nos pratiques actuelles quand on sait que seuls 2 % des étudiants africains étudient l'agriculture. Ils sont 18 000 à 20 000 étudiants en droit dans les universités maliennes. Cela est une aberration dans un pays sous-développé quand on sait que, contrairement aux ingénieurs qui travaillent à l'accroissement du gâteau, les juristes œuvrent à sa réglementation et à sa bonne répartition.

Cette ambition nécessite une marche forcée dans l'appropriation, la maîtrise et l'application de la science et de la technologie à la production de biens et de services suffisants à la satisfaction des besoins des Africains dans le village planétaire qu'est le monde à l'ère des TIC. Pour cela, les efforts d'industrialisation doivent aller de pair avec la révolution agricole. « Si l'industrie est notre avenir, l'agriculture est notre éternité ».

L'agriculture traditionnelle à traction humaine et animale est obsolète et de très faible productivité. Elle est considérée à juste titre indigne des enjeux économiques du monde moderne. Si nous ne pouvons pas revaloriser scientifiquement, technologiquement et culturellement l'agriculture, nous ne pouvons pas orienter et fixer les forces vives (jeunes) dans ce secteur qui doit être l'un des piliers de la stratégie de sortie de la pauvreté par la majorité de nos populations.

En 25 ans, passer d'une agriculture traditionnelle à une agriculture moderne peut paraître utopique, mais « Misérable et vaincu d'avance est le chef qui nourrit de médiocres projets », a dit Machiavel, le fondateur de la science politique moderne.

De la machine à vapeur à l'ordinateur, les Anglais ont mis 250 ans. Les Chinois, les Coréens et les Indonésiens y ont mis 40 ans. Les Chinois ont même fait mieux : en 15 ans (1949–1964), ils ont réalisé la prouesse technologique qu'est la fabrication de la bombe atomique. Soixante ans après les indépendances, moins de 1 % de paysans africains dispose d'un tracteur alors que le continent africain dispose de 60 % des terres arables du monde. Stagner quand les autres avancent est une régression au carré.

5) RESSOURCES EN EAUX :

L'aménagement des bassins des fleuves Niger et Sénégal permettra la régulation de ces cours d'eau et de leurs affluents dans le cadre de la préservation et de l'exploitation judicieuse :

- des eaux ;
- des terres ;
- des forêts ;
- de la faune.

Ces ressources sont les moyens de base de subsistance d'une population à 80 % rurale. Pour plus de synergie dans la préservation des moyens de subsistance des populations et de la biodiversité du pays, il faut envisager la jonction des infrastructures des bassins des deux grands fleuves qui arrosent le Mali (Niger et Sénégal) et contribuer aux besoins d'eau du grand bouclier que sera la Grande Muraille verte de trois millions d'hectares d'agroforesterie en territoire malien.

Le Mali a le potentiel hydrologique nécessaire pour inverser le changement climatique avec ses effets pervers. À titre indicatif, voici ce potentiel : D'après Aqua stat, « la hauteur d'eau annuelle moyenne des précipitations est de 282 mm, soit pour une superficie de 1 240 019 km^2, un volume de précipitations annuelles de 349,734 km^3 que l'on peut arrondir à 350 (France métropolitaine 477,99 km^3) ».

De ce volume précipité, l'évapotranspiration et les infiltrations consomment quelque 300 km^3. Restent 50 km^3 de ressources d'eau superficielle produites sur le territoire du pays (en interne). De plus, une quantité renouvelable de 10 km^3 d'eau souterraine est produite chaque année, en interne également.

À ces ressources de 60 km^3 produites en interne, il faut ajouter 40 km^3 d'eau produits à l'étranger et qui font partie des ressources utilisables du pays, une fois la frontière franchie. Il s'agit d'une part des débits apportés de la Guinée par le cours supérieur du fleuve Niger et ses affluents ainsi que par plusieurs cours d'eau du bassin du fleuve Sénégal, et ce à raison de 33 km^3 environ. D'autre part, quelque 7 km^3 en provenance de la Côte d'Ivoire constituent l'apport d'autres affluents du fleuve Niger. Compte tenu de ces apports, les ressources totales en eau du pays se montent annuellement à quelque 100 km^3 (100 milliards de mètres cubes), soit, pour une population estimée à 12,7 millions d'habitants en 2008, près de 8 000 m^3 d'eau par habitant, ce qui – contrairement à bien des idées toutes faites – est très satisfaisant, voire élevé, en comparaison de la moyenne des pays d'Afrique, voire d'Europe. À titre de comparaison, l'Allemagne ne dispose que d'un peu plus de 1 850 m^3 d'eau par habitant, et la France métropolitaine de plus ou moins 3 300 m^3 annuellement.

Quant à l'Afrique du Sud, en 2007 sa population de 47,9 millions d'habitants n'avait droit annuellement qu'à 1 044 m^3 d'eau par personne. Le problème de l'eau au Mali n'est pas sa pénurie, mais sa répartition spatiale et temporelle, donc son stockage et son adduction. Il faut ajouter qu'une quantité importante d'eau quitte annuellement le territoire : 30 km^3 vers la République du Niger (il s'agit du débit du fleuve Niger à sa sortie du Mali) et 22 km^3 vers l'ensemble Mauritanie–Sénégal (débit du fleuve Sénégal), soit un total de 52 km^3.

Les cours d'eau sont menacés par l'ensablement, notamment dans le septentrion malien, la dégradation des berges et la pollution. Des plaines d'inondations s'étendent le long du fleuve Niger. Le delta intérieur du Niger, situé dans la zone de confluence du Niger et de son affluent le Bani, entre Diafarabé, Djenné et Tombouctou, couvre une surface maximale de 41 000 km^2 (4,100 millions d'hectares), regroupant de nombreux lacs, mares et marécages. En raison de sa richesse écologique, le delta a été classé site Ramsar. Dix-sept grands lacs sont répartis dans le septentrion, essentiellement sur la rive gauche du Niger. Les principaux sont les lacs Faguibine, Télé, Gouber, Kamango, Daoukiré, Daouna, Fati, Horo, Kabara et Débo. Plus de 200 mares sont également recensées, dont moins d'un tiers sont pérennes, principalement dans le Gourma, dans les régions de Gao et de Tombouctou.

Mais comme toute ressource naturelle, ces ressources hydrologiques resteront à l'état de potentiel tant que les hommes ne les transformeront pas en richesses. Cette exigence s'applique à toutes nos ressources naturelles (eaux, terres, forêts, mines, hydrocarbures, etc.). Hernando de Soto l'explique dans son génial livre Le Mystère du capital (pages 33 et 34) : « L'énergie potentielle contenue dans les biens ? Qu'est-ce qui fixe le potentiel d'un bien de telle manière qu'il pourra mettre en mouvement une production supplémentaire ? Qu'est-ce qui détache la valeur d'une simple maison et la fixe d'une manière qui permette d'en faire du capital ?

Pour trouver un début de réponse, reprenons notre comparaison avec l'énergie. Songeons à un lac de montagne. On peut le considérer dans son contexte physique immédiat et lui trouver des utilisations primaires comme le canotage et la pêche. Mais si on l'observe avec l'œil d'un ingénieur, en

s'intéressant à sa capacité à générer l'électricité, valeur supplémentaire, au-delà de son état naturel de masse d'eau, on voit soudain le potentiel qui découle de sa situation élevée. Le problème pour l'ingénieur est de trouver un processus qui lui permette de transformer et de fixer ce potentiel sous une forme susceptible d'être utilisée pour accomplir un travail supplémentaire.
En l'occurrence, ce processus prendra la forme d'une usine hydroélectrique qui transformera le potentiel énergétique de ce lac tranquille en énergie cinétique produite par la chute de l'eau sous l'effet de la force de gravité. Cette nouvelle énergie cinétique fera tourner des turbines, créant ainsi une énergie mécanique utilisable par des électroaimants qui à leur tour la transformeront en énergie électrique. Ainsi, un lac apparemment tranquille peut servir à éclairer des logements et à faire tourner des machines. Il faut pour cela qu'un processus externe d'origine humaine détermine le potentiel de travail supplémentaire que représente le poids de l'eau, puis convertisse cette énergie potentielle en électricité utilisable pour créer un surplus. La valeur supplémentaire obtenue du lac ne vient pas du lac lui-même (pas plus que celle d'un minerai précieux n'est intrinsèque à la terre) mais plutôt du processus d'origine humaine extrinsèque au lac. C'est ce processus qui permet de faire d'un lac voué au canotage et à la pêche un lieu de production d'énergie.
Le capital, comme l'énergie, est aussi une valeur dormante. Pour lui donner vie, il ne suffit pas de regarder ses biens tels qu'ils sont, il faut réfléchir activement à ce qu'ils pourraient être. »

6) LES FORÊTS :

i. Agroforesterie, en commençant par la restauration des forêts classées. Au Mali, il y a 112 forêts classées totalisant plus de trois millions d'hectares, tous dans un état de dégradation avancée. Pourtant, le service des eaux et forêts dispose de bons cadres, mais en nombre insuffisant (moins de 1 000 pour l'ensemble du pays). Si on se réfère aux résultats d'un chercheur indépendant malien, la mise en valeur agroforestière du potentiel malien rapportera plus que n'importe quelle exploitation minière. Le développement est un concept politique, découlant de la vision, des objectifs et de la volonté des acteurs du progrès économique et social.

ii. Savoir et pouvoir utiliser les recettes provenant de l'exploitation des ressources naturelles (renouvelables et non renouvelables) à booster croissance économique et développement humain durables. Pour cela il faut :
   - savoir capter le maximum de ressources de l'exploitation des ressources naturelles ;
   - affecter les ressources à des investissements à impact multiplicateur sur la croissance et le développement durables ;
   - l'exemple du Botswana doit nous inspirer fortement ;
   - la maîtrise des eaux (de surface et souterraines) pour les besoins agroécologiques de résilience du pays au changement climatique qui menace la survie des pays sahéliens.

7) SOLEIL

Le potentiel solaire d'un pays ensoleillé toute l'année comme le Mali est inépuisable. Le soleil est une ressource importante et inépuisable. Le projet en cours entre le Maroc et l'Allemagne doit nous inspirer fortement. Il est destiné à alimenter l'Allemagne en énergie électrique solaire à partir du Maroc. C'est l'un des plus gros investissements privés de l'histoire moderne du continent africain. Quand on sait que la superficie du Maroc représente 35,5 % du territoire malien et moins de 60 % du Nord Mali, on peut s'engager sur l'approvisionnement à long terme de l'Europe avec l'énergie solaire produite au Mali.

La sécurisation définitive, qui va conclure la libération des régions nord du Mali, donne l'opportunité d'engager des négociations sur l'exploitation du potentiel solaire du Mali d'ici 25 à 30 ans. Là, nous devons faire preuve d'anticipation et d'intelligence parce que l'Algérie et la Mauritanie ont les mêmes potentiels d'une part, et ont accès à la mer d'autre part. Quant au Maroc, il est à 25 km de l'Europe à partir du détroit de Gibraltar. Les fils électriques n'ont qu'à traverser le détroit de Gibraltar, alors que les fils maliens doivent passer par la

Mauritanie ou l'Algérie pour rejoindre la côte méditerranéenne au Maroc.

POTENTIEL D'ÉNERGIE SOLAIRE AU MALI, SELON LES ZONES :

1 800 – 2 000 kWh/m^2/an ;
2 000 – 2 200 kWh/m^2/an ;
2 200 – 2 400 kWh/m^2/an.

XV. MINES & INDUSTRIES VECTEURS DE DÉVELOPPEMENT

Intervention du 20 janvier 2023 de Diatrou Diakité

1. Analyse de l'environnement

1.1. Le monde en ce XXIe siècle

- ✓ Un monde unipolaire de domination de l'impérialisme américain néolibéral avec ses cinq monopoles de domination.
- ✓ L'Europe occidentale alliée des États-Unis d'Amérique a conçu sa propre doctrine de domination des peuples africains, appelée « IMPÉRIALISME LIBÉRAL ».
- ✓ Dans la division inter-impérialiste du travail, c'est l'Europe qui est chargée de la gestion de l'Afrique.
- ✓ L'impérialisme est un système de prédation. Nous Africains sommes divisés, fragilisés et soumis à l'exploitation du système impérialiste dont la prospérité a été bâtie sur le malheur de l'Afrique :
- – esclavage, comme outils de production ;
- – colonisation directe pour piller nos ressources nécessaires à l'industrialisation de l'Europe ;
- – le néocolonialisme aujourd'hui, pour maintenir le système de pillage de nos ressources.

1.2. Un monde multipolaire en gestation sous l'impulsion des BRICS

Processus dans lequel l'Afrique doit jouer sa partition, d'où toute la problématique du Mali Koura dans la dynamique d'une Afrique renaissante à elle-même et au reste du monde.

1.3. Situation de l'Afrique

- – Indépendance de pacotille avec le maintien de la soumission culturelle, politique et économique à l'Occident.

- 54 États, donc absence de bouquet synergique face à la chasse en meute des puissances impérialistes. Pour se développer, il faut être d'abord soi-même (souveraineté culturelle, politique et économique).

1.3.1. Cas spécifique du Mali

- ✓ Vaste pays continental doté d'immenses ressources naturelles, causes de ses malheurs actuels par la convoitise prédatrice des puissances industrielles.
- ✓ Dépourvu des deux bases de tout développement à savoir les bases :
- Infrastructurelles ;
- super structurelles.
- ✓ Donc un peuple aux pieds liés auquel on intime l'ordre de sauter le fossé.

Un peuple aux mains attachées auquel on demande de produire plus.

1.3.2. Les atouts du Mali

- Un peuple résilient, bâtisseur d'empires grandioses ;
- ses immenses ressources naturelles qui dépassent l'entendement ;
- vaste pays continental, objet de convoitises géoéconomiques et géostratégiques sahélo-sahariennes ;
- le Mali dispose d'énormes potentialités qu'il faut savoir et pouvoir transformer en richesses pour réarmer culturellement, politiquement et économiquement le pays, comme préalable à la bataille de sortie de la pauvreté.

1.4. Que faire pour l'avènement du Mali Koura ? Approche stratégique prospective

1.4.1. Préalables

- ✓ Sursaut patriotique des cadres ;
- ✓ conception d'un projet cohérent d'avènement du Mali Koura ;
- ✓ leadership incarnant :
- la résistance à l'impérialisme libéral,
- la capacité de mobiliser le peuple dans les missions d'avènement de Mali Koura,
- enfin et surtout la capacité de compréhension et de création de voies et moyens de rupture des liens tributaires qui bloquent le développement du Mali et de l'Afrique.

1.4.2. Proactivité

- Mettre l'avènement du Mali Koura au centre de tout ;
- penser et agir en fonction du Mali Koura ;
- dans un pays où tout est à faire/à refaire, concevoir et bâtir en démocrate et en 4 M ;
- Formation continue de capital culturel, politique et économique du Mali Koura.

2. Chemin critique d'utilisation des ressources naturelles pour le développement du Mali

Tout est urgent dans le Mali d'aujourd'hui. Pourtant quel que soit le rythme, on ne peut aller plus que sa monture. Comme les infrastructures et équipements sont les bases matérielles de production de biens et services, c'est à la création de ces bases qu'il faut s'attaquer d'abord. Dans un pays vaste et sans accès à la mer, seule l'exploitation industrielle de nos minerais lourds (fer-bauxite-manganèse, etc.) peut permettre de réunir simultanément moyens et conditions du réarmement économique, à savoir :

1) Métaux lourds dont la transformation industrielle et l'acheminement vers les ports maritimes exigent :
   - désenclavement ;
   - énergies renouvelables ;
   - industries métallurgiques.
2) Après les métaux lourds viennent les pierres et métaux précieux vecteurs de la transition énergétique et climatique de la nouvelle économie.
3) Industries en amont et en aval de l'agriculture, pour propulser notre agriculture.
4) Productions agrosylvopastorales. Un peuple affamé ne peut être souverain. Si l'industrie est notre avenir, l'agriculture est notre éternité.
5) Industries non manufacturières avec l'exploitation des hydrocarbures. Avec l'hydrogène sur 37 000 km^2, nous avons de quoi électrifier la CEDEAO à un coût imbattable par aucune source d'énergie. Avec 6 bassins d'hydrocarbures, nous avons de quoi bâtir les capacités de puissance économique, mais aussi la puissance de projection du Mali Koura en 25 ans. Tout dépend de notre volonté politique à sortir de la malédiction des ressources naturelles à travers le modèle « 1 pays 5 systèmes » qu'EMK propose au peuple malien pour approfondissement et application.

3. Sortons de la malédiction des ressources naturelles

Diatrou Diakité, Économiste des Mines – Comité de pilotage – EMK Espoir Mali Koura – Magnambougou 202 rue 372-CVI, Bamako : 1er août 2022.

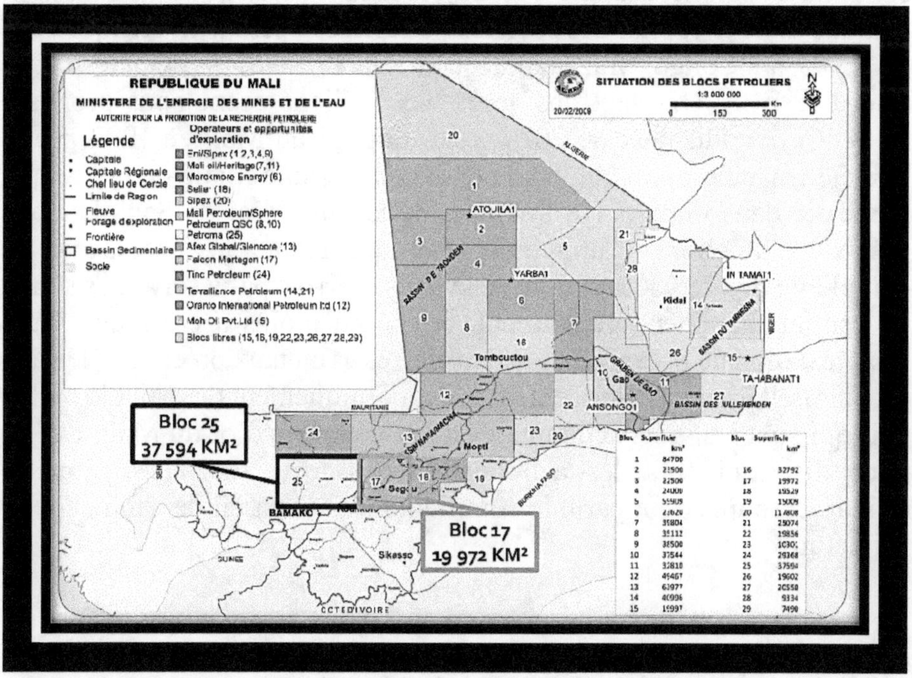

Selon le communiqué du conseil de cabinet de la Primature du 14 juillet 2022, trois (3) projets de contrats de partage de production d'hydrocarbures ont été étudiés.

4. Ce communiqué nous apprend

1) l'État du Mali aura à titre gracieux, 20 % du capital des sociétés bénéficiaires ;
2) l'État malien aura 15 % de la production d'hydrocarbures (pétrole, gaz, hydrogène) ;
3) en troisième point, on nous dit que la part de l'État sera de 20 à 40 % de la production.

Cette 3e partie est un amalgame servant à cacher l'arnaque des points 1 et 2 ci-dessus. D'abord 20 à 40 % est vague comme terme juridique d'un contrat. S'il s'agit d'une moyenne entre les 20 % du capital et les 15 % de la production, cela ne change rien dans le flou artistique de l'opération. Nous y reviendrons avec les précisions des cas ivoirien et mauritanien. Au moment de l'étude du réarmement économique du Mali en 2005, au niveau du Centre d'études stratégiques (sous la conduite du colonel Lamine Diabira), le taux le plus bas de participation étatique dans le capital des sociétés pétrolières opérant en Afrique était de 25 % au Congo Brazzaville et au Gabon avec la société d'État française ELF. Dix-sept ans après des Maliens osent nous proposer 20 %. Ce maudit taux de 20 % a été imposé au Mali en 1992 par la Société financière internationale (SFI) qui est une filiale de la Banque mondiale dans le montage financier de la mine d'or de Sadiola, sous prétexte d'améliorer l'attractivité du Mali. Trente ans après, avec la complicité des décideurs maliens, le pays n'arrive pas à sortir des serres du capital financier international, et encore moins à créer une seule société nationale d'exploitation des pierres et métaux précieux. Le pays est culturellement, politiquement et économiquement désarticulé. Allez voir qui sont les vrais actionnaires dans les mines d'or du Mali. Qu'on nous dise qui sont les actionnaires des trois sociétés nationales d'hydrocarbures dont parle le communiqué du conseil de cabinet de la Primature.

La première règle de bonne gouvernance est la transparence :
Avant d'aborder notre approche stratégique d'utilisation des ressources naturelles comme actif principal de la stratégie de sortie de la pauvreté, voyons les cas ivoirien et mauritanien en matière d'hydrocarbures.
Selon Thomas Camara, ministre ivoirien des Mines, du Pétrole et de l'Énergie, « à terme, l'État ivoirien via sa holding Petroci détiendra 17 % du gisement. Une fois les coûts amortis par ENI, le major et l'État ivoirien partageront les bénéfices nets à hauteur de 52 % pour la Côte d'Ivoire et 48 % pour ENI », déclare-t-il. La Côte d'Ivoire bénéficiera aussi du gaz naturel associé pour alimenter ses centrales électriques. Face à ce déferlement annoncé de gaz à effet de serre, ENI s'est engagée à compenser le carbone produit notamment en investissant dans la préservation des forêts ivoiriennes moribondes.

Code minier mauritanien :
Article 10 : Recouvrement des coûts pétroliers et partage de la production

- ✓ Dès le commencement d'une production régulière de pétrole brut dans le cadre d'une autorisation exclusive d'exploitation, le contractant s'engage à commercialiser toute la production de pétrole brut obtenue et mesurée suivant les règles de l'art en usage dans l'industrie pétrolière internationale, conformément aux dispositions ci-dessous.
- ✓ Pour le recouvrement des coûts pétroliers, le contractant pourra retenir librement chaque année civile une portion de la production totale de pétrole brut en aucun cas supérieure à cinquante-trois pour cent (53 %) de la quantité globale de pétrole brut ou de gaz, qui n'est ni utilisée dans les opérations pétrolières, ni perdue, ou seulement tel pourcentage inférieur qui serait nécessaire et suffisant. La valeur de la portion de production totale de pétrole brut allouée au recouvrement par le contractant des coûts pétroliers, définie à l'alinéa précédent, sera calculée conformément aux dispositions de l'article 14. Si au cours d'une quelconque année civile, les coûts pétroliers non encore recouvrés par le contractant, en application des dispositions du présent article 10.2, dépassent l'équivalant en valeur de cinquante-trois pour cent (53 %) de la production totale de pétrole brut ou de gaz calculée comme indiqué ci-dessus, le surplus ne pouvant être ainsi recouvré dans l'année civile considérée sera reporté sur la ou les année(s)civile(s) suivante(s) jusqu'au recouvrement total des coûts pétroliers ou la fin du présent contrat.
- ✓ La quantité de pétrole brut restant au cours de chaque année civile après que le contractant ait prélevé sur la production totale de pétrole brut la portion nécessaire au recouvrement des coûts pétroliers suivant les dispositions de l'article 10.2 sera partagée après les taxes entre le Gouvernement et le contractant de la façon suivante : CPP 25 bassin côtier, 23 production totale journalière de pétrole brut ou de gaz équivalent (en barils par jour) inférieure ou égale à 25 000,de 25 001 à 75 000. Au-delà de 75 000 part du Gouvernement part du contractant du profit oil (45 %–55 %) 50 % 50 % (55 % 45 %). Pour l'application du présent article, le terme production totale journalière signifie le rythme moyen de production totale journalière dans l'ensemble des périmètres d'exploitation du présent contrat, pendant une période de trente (30) jours consécutifs. La part de production revenant au contractant sera soumise aux dispositions fiscales visées à l'article 11.

- ✓ Le Gouvernement pourra recevoir sa part de production définie à l'article 10.3, soit en nature, soit en espèces.
- ✓ Si le Gouvernement désire recevoir en nature tout ou partie de sa part de production définie à l'article 10.3, le ministre devra en aviser le contractant par écrit au moins quatre-vingt-dix (90) jours avant le début du trimestre concerné, en précisant la quantité exacte qu'il désire recevoir en nature durant ledit trimestre et les modalités de livraison. Dans ce but, il est agréé par les parties que le contractant ne souscrira à aucun engagement de vente de la part de production du Gouvernement dont la durée serait supérieure à un (1) an sans que le ministre n'y consente par écrit.
- ✓ Si le Gouvernement désire recevoir en espèces tout ou partie de sa part de production définie à l'article 10.3 ou si le ministre n'a pas avisé le contractant de sa décision de recevoir sa part de production en nature conformément à l'article 10.5, le contractant est tenu de commercialiser la part de production du Gouvernement à prendre en espèces pour le trimestre concerné, de procéder aux enlèvements de cette part au cours de ce trimestre et de verser au Gouvernement, dans les trente (30) jours suivant chaque enlèvement, un montant égal au produit de la quantité correspondant à la part de production du Gouvernement par le prix de vente défini à l'article 14. Le ministre aura le droit de demander le règlement des ventes de la quote-part de production revenant au Gouvernement assurées par le contractant en dollars ou en toute autre monnaie convertible dans laquelle la transaction a eu lieu. CPP 25 bassin côtier.

5. Approche stratégique du cas malien

Cas spécifique de nos rapports avec l'Algérie

Dans enjeux et défis de la transition, nous avons décrit les avantages d'une forte collaboration avec l'Algérie. Voyons l'ampleur des enjeux sécuritaire, économique, financier et politique d'un partenariat stratégique global avec notre voisin du Nord :

5.1. Volet sécuritaire

C'est sous le poids de l'armée algérienne que le GSPC (devenu AQMI) s'est replié en territoire malien à la fin des années 1990. C'est AQMI qui est le parrain du duo Iyad–Kouffa, mais aussi des groupes narcotrafiquants. Tant qu'AQMI vit en territoire malien, l'Algérie ne sera pas en sécurité.

Une intervention militaire conjointe algéro-malienne de nettoyage de tout le Nord du Mali est une nécessité vitale pour les deux États :

- l'armée malienne s'occupe du nettoyage de Kayes à Mopti ;
- l'armée populaire algérienne et FAMA nettoient le Nord pour une paix durable, mais aussi pour la sécurisation de l'exploitation des ressources pétrolières ;
- le Nord Mali est la profondeur stratégique du Sud pétrolifère d'Algérie. Pour sécuriser ses frontières, le bloc 20 pétrolier du Mali, attribué à l'Algérie, est passé de 40 000 km^2 à 117 808 km^2 le 7 novembre 2016, par arrêté n° 4049 du ministre des Mines du Mali ;
- cette mission sera soutenue par la Russie qui est le partenaire stratégique militaire commun aux deux pays.

5.2. Volet économique

- l'Algérie, depuis 2006, est associée à la multinationale pétrolière italienne ENI sur les blocs 1, 2, 3 et 4 du bassin de Taoudéni, soit 150 701 km^2.

  Pour des raisons de sécurité, les Italiens ne viennent pas sur le terrain, c'est la SIPEX (filiale de la SONATRACH) qui a effectué toutes les explorations et autres ;
- le bloc 9 de 43 384 km^2 est attribué à la SIPEX.

  Si aux blocs 1, 2, 3, 4 et 9 nous ajoutons le grand bloc 20 cité ci-dessus dans le volet sécuritaire, nous obtenons 311 843 km^2 soit :
  - 25 % du territoire national,
  - 34,6 % des 900 000 km^2 du territoire censé contenir des hydrocarbures selon la communication du ministre des Mines au Conseil des ministres du 13 octobre 2021.

Les Algériens se sont retirés en 2012, mais à la reprise des négociations de paix entre Maliens en 2014, ils ont manifesté leur volonté de revenir en cas de retour de la paix. Le bloc 20 qui longe toute la frontière entre les deux pays, donc distant de quelques centaines de kilomètres des infrastructures pétrolières et gazières du Sud algérien ; contrairement à tout autre corridor d'accès à la mer qui fera 2 000 km (traversée Mali–Mauritanie, Mali–Sénégal, Mali–Guinée).

5.3. Volet financier

Au vu des conséquences politiques, économiques et sociales de plus de 10 ans de conflit armé d'une part, et de l'insuffisance criarde d'infrastructures de développement d'autre part, une période transitoire de 3 à 10 ans de mise à niveau du pays est nécessaire pour que le pays soit apte à consommer efficacement ses recettes pétrolières. Nous l'avons décrite comme suit :

5.3.1. Pétrole outil de développement

Le sous-développement n'est pas le manque de ressources, mais l'incapacité à tirer profit de ses ressources.

La lutte contre le sous-développement est perdue d'avance, quels que soient les sacrifices consentis si, au lieu d'adopter et de maîtriser les armes des adversaires, nous restons sur des sentiers battus et avec nos armes (outils de production) conventionnelles.

En matière d'investissement dans la création d'outils de production, d'infrastructures, et dans le développement humain (en ce début du XXIe siècle), les besoins du Mali sont si énormes qu'ils sont au-dessus de toute aide (bilatérale et multilatérale). La production et l'accumulation suffisante de capital pour sortir du cercle vicieux du sous-développement ne peuvent provenir que de nos ressources propres. Nous avons besoin de prêts beaucoup plus que d'aide. Le commerce pas l'aide comme disait un président américain. Mais quel commerce, quel échange ? Là est la question. Nous avons besoin de créer les bases économiques, financières et humaines de production et d'accumulation de capital, et non d'argent utilisé à acheter des produits alimentaires et manufacturiers d'Occident à travers l'échange inégal.

Produire et accumuler du capital : voilà les ailes qui nous permettront de sauter le mur du sous-développement et de nous pousser durant le grand bond quantitatif et qualitatif. Tout cela demande beaucoup d'argent diront certains. Oui c'est vrai mais l'argent seul ne suffit pas. Aucun pays ne s'est développé en se gavant d'argent. Ce qu'il faut c'est un processus de création de capital. Sinon combien d'argent a été dépensé sans succès dans de nombreux pays ?

Le Mali est un pays qui manque cruellement d'infrastructures, d'outils performants de production, et dont plus de la moitié de la population vit en dessous du seuil de pauvreté. C'est un pays sevré de capital dans lequel se pose avec acuité la question : où trouver l'argent pour financer le développement ?

Dans une précédente étude (décembre 2004–mars 2005) intitulée : « Étude du réarmement économique du Mali, sous la conduite du colonel Lamine Diabira, directeur du Centre d'études stratégiques », nous avons tracé un programme d'équipement du pays en :

- infrastructures ferroviaires, routières et portuaires ;
- usines sidérurgiques et métallurgiques avec des débouchés garantis de 25 à 50 ans sur la Chine ;
- centrales hydroélectriques alimentant les usines métallurgiques et le reste du pays.

Et tout cela en contrepartie des minerais de fer, de bauxite et de manganèse, actuellement non exploitables et inutiles au pays, faute d'infrastructures et de capitaux susceptibles de transformer ces énormes potentialités minières en capital de production.

Maintenant nous proposons un programme de transformation du potentiel d'hydrocarbures en moyens de production et d'accumulation de capital suffisant pour la croissance et le développement du Mali. Nous frémissons quand nous pensons au taux de pauvreté de la population chez le premier producteur africain de pétrole (Nigeria), et de la RDC qui en plus de son scandale géologique, dispose de potentialité hydroélectrique pour toute l'Afrique subsaharienne. Ces pays sont mal partis il y a 60 ans sur l'utilisation de leurs ressources naturelles.
Du début de la révolution industrielle à l'ordinateur, la Grande-Bretagne a mis 250 ans. L'Indonésie y a mis 40 ans. La Corée et le Taïwan ont fait autant. La Chine fit mieux en réduisant ce temps de 84 % en produisant la bombe atomique en 15 ans (prouesse technologique). Kroutchev aurait dit à Mao que les Chinois n'auront même pas à manger si la Chine doit fabriquer la bombe. Mao passa outre en fabriquant la bombe tout en assurant le bol de riz quotidien à chaque Chinois, ce qui ne s'était plus produit depuis 4 000 ans. Volonté et courage politiques jumelés à l'intelligence stratégique et au savoir-faire dans les affaires : voilà le secret de la réussite. L'économie est une création politique et juridique en dernière instance.
Si l'économie est le partage, on ne peut partager que ce qui existe, d'où la nécessité de produire toujours plus en quantité et en qualité. Mais pour produire il faut investir, c'est-à-dire une combinaison de facteurs

de production. C'est là qu'intervient l'argent qui permet d'agglomérer les facteurs de production pour en faire une force productive. Mais où trouver l'argent nécessaire et suffisant au grand bond en avant ? À la banque. Mais en contrepartie de quoi ?

Des gisements pétroliers mis en évidence par les prospections, et propriétés du Mali à travers les contrats de prospection et de production signés avec les compagnies pétrolières.

Pour produire et évacuer jusqu'au port le plus proche, les compagnies pétrolières vont dépenser 3 à 15 milliards de dollars. Où trouvent-elles tant de sous ?

a) Sur fonds propres.

b) Des emprunts auprès des banques. Prêts garantis par des avoirs antérieurs où par le potentiel financier (résultat prévisionnel) du gisement à exploiter. Si les compagnies pétrolières devaient tout autofinancer, leurs projets seraient compromis faute de moyens.

Comme gouverner c'est prévoir, il n'est pas trop tôt de se pencher sur l'usage des ressources exceptionnelles qui proviendront de l'exploitation pétrolière.

Pour remédier à la malédiction de la rente pétrolière en Afrique, nous pensons que le Mali peut et doit éviter les erreurs des autres, en utilisant exceptionnellement ses ressources naturelles pour sortir du cercle vicieux du sous-développement.

Le pétrole ne peut parvenir aux consommateurs, au marché, sans au préalable des outils de production, de transformation et de transport.

Le Mali ne pourra percevoir et employer positivement, efficacement les énormes recettes pétrolières s'il n'est pas, au préalable, préparé à cela.

Soixante-dix pour cent des populations du premier producteur africain de pétrole au Sud du Sahara vivent en dessous du seuil de pauvreté. Pour éviter une telle situation, le Mali doit préparer et utiliser ses ressources naturelles comme outils de croissance et de développement en s'y prenant comme suit :

Entre la découverte d'un gisement et son exploitation, il se passe 3 à 10 ansavant que les premières recettes tombent dans la caisse de l'État.

On doit mettre à profit cette période pour préparer avec les partenaires un plan décennal : une année de préparation, et 3 × 3 ans de plans triennaux de mise à niveau du pays dans tous les domaines. Pour cela, il faut progressivement contracter un emprunt équivalent par exemple à 5 ans de recettes pétrolières pour financer 10 ans de développement accéléré. Il sera contracté auprès des partenaires intéressés à l'exploitation des hydrocarbures du Mali. Par contre, je ne peux m'empêcher de signaler un fait qui assombrit l'exploitation pétrolière future au Mali, à savoir le faible taux de participation de l'État (20 %) dans les contrats signés jusqu'en juillet 2022. En 2005, seuls le Congo Brazza et le Gabon avaient 25 % de participation dans leurs sociétés pétrolières. Tous les autres pays étaient entre 25 et 51 %. À l'indépendance, l'Algérie avait 15 % dans le capital des sociétés pétrolières. Huit ans après, le 24 février 1971, l'Algérie imposa à la France la réduction de sa part de 85 à 49 % ; la part de l'État algérien passa de 15 à 51 %. Les Français n'ont toujours pas digéré cette décision algérienne.

La transparence, le contrôle permanent et les mesures correctives durant 10 ans seront une bonne école de gestion économique et financière de la rente pétrolière à venir, et une école de discipline et de changement de mentalité pour les Maliens.

La rente pétrolière mal gérée est un facteur d'instabilité, d'insécurité, bref de recul pour le pays. Le plan décennal de mise à niveau du pays élaboré par le Gouvernement sera soumis à un forum national regroupant toutes les forces vives du pays, ensuite à l'Assemblée nationale. Il fera l'objet d'audit annuel, mais aussi de réexamen chaque trois ans.

5.3.2. Le pétrole comme outil d'intégration

Par sa position géographique centrale, le Mali est un point de croisement stratégique sur le plan des communications dans l'UEMOA (plus la Guinée, la Mauritanie et l'Algérie) en matière de circulation des personnes et des biens. L'investissement et l'amélioration des infrastructures en général, et du désenclavement intérieur et extérieur en particulier, donneront un coup d'accélérateur à ce flux de circulation des personnes et des biens.

Quand ça va dans un pays africain, les masses africaines ne se gênent pas à franchir les frontières. Les Maliens sont champions en la matière. Les grands aménagements de terres agricoles seront partagés, en grande partie, avec les populations de la région.

Mais l'intégration dans le cadre de l'UEMOA ne doit pas nous faire perdre de vue la coopération avec l'Algérie, pays avec lequel le Mali partage 1 376 km de frontière. Ce pays voisin, premier producteur africain d'hydrocarbures, mérite toute l'attention nécessaire afin :

- de profiter de son expérience de plus de 50 ans avec les multinationales du monde entier (françaises, japonaises, américaines, etc.) ;
- de profiter de son énorme potentiel d'hommes, de capitaux, de marchandises afin de parvenir à une complémentarité qui réduira les lacunes actuelles de nos échanges ;
- de garantir la sécurité dans l'acceptation la plus large du terme : militaire, alimentaire et des technologies pétrolières ;
- d'accélérer le développement à l'échelle régionale ;
- de réaliser des infrastructures à hauteur de l'immensité du Mali, et de l'intégration africaine.

Tout cela dépend de notre capacité à défendre nos intérêts nationaux. Quant à l'Algérie, elle sait défendre, sans état d'âme, ses intérêts nationaux.

5.4. Volet politique

Une coopération sahélo-saharienne politique, sécuritaire, économique (Mali-Algérie), à laquelle viendront se joindre (si ça marche) la Mauritanie, le Niger et le Burkina. Cette nouvelle dynamique sera la force de jonction entre l'Afrique du Nord et l'Afrique subsaharienne sur des bases souverainistes dégagées de toute influence impérialiste, comme cadre et outil de la renaissance de l'Afrique à elle-même et au reste du monde en ce XXIe siècle. Processus d'élaboration, d'adoption et d'application de politique et stratégie de sortie de la malédiction des ressources naturelles. « L'histoire enseigne aux hommes la difficulté des grandes tâches et la lenteur de leurs accomplissements, mais elle justifie l'invincible espoir. » Procédure de conception, d'adoption et d'application d'une politique d'utilisation des ressources naturelles pour le développement du Mali.

5.5. Vision du développement du pays

Transformation profonde des structures économiques, sociales, politiques et culturelles à travers la maîtrise et l'application de la science et de la technologie à la production des biens et services.

- ➢ OBJECTIFS GÉNÉRAUX DE GOUVERNANCE :
- paix et sécurité ;
- justice et démocratie ;
- croissance économique et développement humain durables.
- ➢ OBJECTIFS SPÉCIFIQUES D'EXPLOITATION DES RESSOURCES NATURELLES :
- créer un cadre de gouvernance de passage de la pauvreté à la prospérité pour la majorité de la population ;
- offrir des ressources nécessaires et suffisantes au développement du pays ;
- assurer le développement humain durable.
- ➢ STRATÉGIE DE RUPTURE DU CERCLE VICIEUX DE LA MALÉDICTION MINIÈRE :
- on ne sort pas d'un cercle vicieux, on le rompt ;
- le sous-développement n'est pas le manque de ressources, mais l'incapacité à tirer profit de ses ressources.

Dans le cas du pays affaibli par des décennies de corruption généralisée, pour rompre le cercle vicieux de la malédiction de la rente minière et d'hydrocarbure, il faudra attaquer à la fois sur trois (3) fronts :

- ❖ Gérer l'existant en y mettant de l'ordre sans attaque frontale, dans un premier temps, des exploitations aurifères en cours. Si on commence par remettre en cause ces sociétés, il y a deux (2) risques :
  - **a.** Nombreux sont les cadres et décideurs qui ont mangé dans leurs mains au cours des trente dernières années.
  - **b.** Ces puissantes sociétés vont attaquer à l'intérieur et à l'extérieur pour torpiller le projet de réforme. N'oublions pas qu'il y a bonne gouvernance tant qu'on ne touche pas aux intérêts des puissances. Les régimes corrompus et soumis étant considérés comme sûrs par les puissances impérialistes.
  - **c.** Il faudra donc commencer par concevoir, pour les opérations à venir, les Bases fondamentales d'exploitation des ressources naturelles pour le développement du pays (vision, objectifs, champs prioritaires d'action qui relèvent du politique), et le comment faire : Stratégie – les structures et les tactiques dont la conception relève des techniciens.

Aux politiques d'accepter ou pas avant légalisation, affectations de ressources et application.

- Recherche minière et pétrolière

  Algérie : Hydrocarbures

  Au moment de l'indépendance, la France a voulu détacher le Sahara du reste de l'Algérie, ce que le FLN a naturellement refusé. Finalement, l'Algérie a obtenu son indépendance sans remise en cause de son intégrité territoriale. Seulement, de 1962 à 1971, l'Algérie détenait 15 % du capital des sociétés pétrolières. La France en détenait 85 %.

  En 1971, sur conseil de son ministre des Affaires étrangères (Bouteflika), le président Boumédiène a pris, le 24 février 1971, un décret inversant les rôles : Algérie 51 %, France 49 %. Il l'a fait sans négocier.

  Ensuite, ce fut la Libye de Kadhafi ; et après, Saddam Hussein a nationalisé le pétrole d'Irak dans lequel l'État irakien détenait seulement 5 %. Nous devons impérativement négocier avec l'Algérie, un partenariat stratégique d'exploitation des hydrocarbures d'une part ; de désenclavement et de développement des régions du Nord du Mali d'autre part. La dernière concession d'exploitation des hydrocarbures (juillet 2013) signée par le Mali fixait la part du Mali à 20 % seulement. Une société commune dans laquelle le Mali aura 40 à 51 % du capital sera une révolution politique, économique et financière. Nous pouvons nous inspirer des cas ivoiriens, mauritanien, algérien pour faire mieux.

  Il est évident que la coopération avec l'Algérie ne peut exclure la Russie et la Chine qui sont aussi des partenaires stratégiques politiques, militaires et économiques de l'Algérie.

- Conception de la politique d'utilisation des ressources naturelles pour le développement du pays. Pour cela, il faudra :

  a. Réunir les compétences nationales et extérieures pour la conception du comment faire pour l'atteinte des objectifs fixés par le pouvoir politique.

  b. Soumettre les résultats des travaux de l'équipe technique à un forum national regroupant les forces vives du pays.

  c. Soumettre le texte final, sous forme de loi, à l'Assemblée nationale afin que la politique et la stratégie définies soient soustraites des aléas de l'alternance au pouvoir. C'est là l'intérêt d'un consensus national sur programmes et projets globaux de développement à court, moyen et long termes : Unité et convergence des efforts dans une direction déterminée de commun accord. Toute modification devrait subir la même procédure et en toute transparence.

C'est à la fin de cette troisième étape qu'on devra avec rigueur mettre en œuvre la nouvelle politique. La clé de la réussite de cette politique de soumission de l'exploitation des ressources naturelles aux exigences de notre développement interne est de constituer une chaîne de gouvernance sans maillon faible.

Pour vaincre les résistances intérieures et extérieures à la rupture du cercle vicieux de la malédiction minière et pétrolière, il faudra :

- que les ministres chargés des ressources naturelles soient en symbiose avec le Premier ministre. Toute tentative solitaire est vouée à l'échec ;
- que le Premier ministre ait une pratique partagée à tout moment avec le président de la République ;
- que le pouvoir associe et mobilise les forces vives à la défense de ce projet politique exceptionnelle ;
- une gestion transparente, évaluée et corrigée en fonction des résultats.

Diatrou Diakité, Commission scientifique d'Espoir Mali Koura – EMK
Bamako, le 1er août 2022, Magnambougou 202 rue 372, CVI

XVI. COMMENT FINANCER LA GUERRE ET LE DÉVELOPPEMENT ?

Introduction

On dit parfois à quelque chose malheur est bon. C'est pendant les périodes de guerre et de grandes crises que se réalisent les grandes transformations politiques, économiques et sociales.

Dans l'introduction de son livre L'Économie des crises, l'Américain Eliot Janeway écrit : « Historiquement les guerres ont été pour l'Amérique la cause directe et immédiate de cycles d'expansion… Toute opération politique a des sources et des effets économiques, même si ceux-ci se trouvent hors du champ de vision des politiciens. Réciproquement, toute hypothèse économique suscite des opérations politiques correspondantes, même si l'économie ne s'en soucie pas.

Dans le contexte américain, les guerres étaient les seules crises qui obligeaient les autorités politiques à assumer la responsabilité pour la marche de l'économie. Ces crises surmontées, l'impact des guerres suffisait au progrès de l'économie. En temps de paix, l'économie n'a été une charge pour le gouvernement qu'à l'époque de la grande dépression.
Cette tendance ne s'est pas démentie. De la déclaration d'indépendance au 25 juin 1950, l'Amérique s'est trouvée mêlée à huit guerres. À chaque fois celles-ci étaient en relation avec des problèmes qui ne pouvaient être résolus par les méthodes politiques ou économiques habituelles. À chaque fois le Gouvernement s'est trouvé obligé d'appliquer des techniques nouvelles et de résoudre des problèmes qui, dans le passé, ne semblaient du ressort de l'autorité politique. Ces techniques nouvelles ont permis la victoire, en même temps que la solution des problèmes. »
Face à la guerre qui nous est imposée depuis dix (10) ans, il nous revient de sortir des paradigmes idéologiques, politiques et économiques de l'impérialisme, en faisant preuve d'imagination, de créativité pour sortir des ténèbres de la domination néocoloniale. Le malheur de notre peuple est que ses politiciens et cadres n'arrivent pas à se soustraire de la culture d'esclave soumis et dépendant. Pour eux nous ne pouvons pas vivre sans l'aide extérieure, ce qui dénote leur incapacité à sortir de l'ornière : sachons tirer profit de nos ressources et le reste du monde se conformera aux exigences de notre développement. Le Rwanda, le Botswana, l'Éthiopie, la Chine, l'Algérie avec son pétrole depuis 1970 sont des exemples éloquents qui doivent nous inspirer.
Vision du Mali Kura en tant que transformations profondes des structures politiques, économiques et sociales à travers le triple réarmement culturel, politique et économique d'une part, et la réalisation des 3 binômes en tant que colonne vertébrale de toute bonne gouvernance d'autre part, comme conditions préalables à la conduite efficiente, la bataille de rupture des liens tributaires internes et externes qui bloquent le relèvement de la patrie.

1. Méthodologie de la stratégie d'atteinte des objectifs de Mali Kura

- ❖ Savoir et pouvoir réunir les moyens et conditions d'une paix durable à proposer aux camps adverses (séparatistes et djihadistes maliens) :

- ✓ supériorité militaire et diplomatique de l'État malien ;
- ✓ offre de paix durable préservant, dans les faits, l'intégrité territoriale, la laïcité de l'État et la devise du Mali comme cadre du vivre-ensemble et du développement. L'accord d'Alger de mai 2015 en général et les compléments de juin 2015 en particulier sont une insulte à l'intelligence et à la dignité de notre peuple. Là réside la faiblesse de notre vainqueur (la France), à savoir son incapacité à proposer un processus de paix acceptable par le peuple malien.

2. Spéciale économie de guerre

- ✓ Déclaration de l'État de guerre pour mobiliser toutes les forces matérielles et immatérielles du pays pour la guerre ;
- ✓ reprise en main de l'économie nationale avec l'implication des forces vives du pays :
- – les opérateurs économiques,
- – les syndicats,
- – la société civile.

Mais aussi et surtout de tous les démembrements de l'État en double DPO :

- ✓ Direction participative par objectif (DPO) pour la conception des programmes et projets de développement.
- ✓ Direction par objectif (de type militaire) dans l'application de ce qui a été convenu de commun accord. Un État qui fonctionne au gré des intérêts mafieux ou de clans n'en est pas un. Il faut sortir de la situation de l'Empire ottoman qui, après avoir ponctionné à outrance les sujets de l'empire, finit par « cannibaliser » ses propres fonctionnaires. Nous mettons également en garde contre l'intolérance de l'échec. Une société qui n'admet pas l'échec ne peut être créative. Par contre nous devons sanctionner, sans état d'âme, la banqueroute qui découle du non-respect de la morale, de l'éthique et de la déontologie de bonne gouvernance.
- ✓ Marche sur plan, motivation, conscience et consistance patriotiques sont les conditions de réussite de la sortie du puits et d'avènement de Mali Koura par le relèvement de notre patrie tombée plus bas que terre. Pour cela, nous considérons que, depuis le 24 mai 2021, les acteurs du putsch du 18 août 2020 et tous les patriotes ont en main les pouvoirs d'agir sur le cours de

l'histoire de notre pays. Serons-nous à hauteur des enjeux et défis d'avènement de Mali Koura ? C'est une question de vie ou de mort pour le Mali, mais aussi et surtout pour ceux qui ont le courage de défier l'impérialisme libéral et ses valets locaux, qui mettront tout en œuvre pour sauver leurs têtes et leurs biens.

3. Comment financer la rupture des liens tributaires avec l'impérialisme et ses valets locaux ?

Le particulier engendre le particulier. Au Mali de 1960 à 1980, les Maliens pensaient et agissaient en toute souveraineté culturelle. À partir de 1980, avec l'application de la politique d'ajustement structurel néolibéral sous des contraintes multiformes, les Maliens ont cessé de penser par eux-mêmes. C'est pourquoi les perroquets de la politique croient que le Mali ne peut survivre aux pressions de l'impérialisme. C'est pourquoi tout est à refaire sur le plan du triple réarmement culturel, politique et économique, comme préalable à l'avènement de Mali Koura.

Nous sommes dans un monde sous dominations des cinq monopoles de l'impérialisme libéral, à savoir le contrôle :

- des technologies de pointe ;
- de l'accès aux ressources naturelles de la planète ;
- du système monétaire et financier intégré à l'échelle mondiale ;
- des systèmes de communication et d'information ;
- des armements de destruction massive.

Sur ces cinq monopoles, le Mali ne peut agir que sur une seule, à savoir l'accès aux matières premières. Sur ce plan, notre pays est doté au-delà de toute espérance ; et c'est cette richesse immense en ressources naturelles qui explique le complot international pour dépecer le Mali en plusieurs micro-États taillables et corvéables entre les mains des multinationales occidentales.

4. Comment mettre en valeur de façon efficiente nos ressources naturelles ?

Économiquement comme militairement, il n'est pas possible de concevoir une stratégie en faisant abstraction de la géographie, mais aussi de ses forces et faiblesses face à l'adversaire.

Le Mali, vaste pays sans accès à la mer d'une part, et sans infrastructures porteuses de développement d'autre part, doit faire face de façon exceptionnelle à la situation particulière que vit le pays. Pour cela, nous proposons la voie la plus difficile à savoir l'approche 4 M. Face à l'ampleur titanesque de la nécessité de gagner la guerre et d'apporter la prospérité au peuple, les acteurs maliens doivent être guidés par « les quatre vertus qui, rattachées à la force, donnent de la grandeur aux personnes comme aux nations :

1) « La MAGNIFICENCE qui fait voir grand malgré les difficultés de l'entreprise ;
2) La MANUFICENCE qui fait voir grand malgré le coût des opérations à engager ;
3) La MAGNANIMITÉ qui fait voir grand sans souci d'en tirer égoïstement du profit » ;
4) Enfin et surtout La MUTATION de Maliba à travers des transformations profondes structurelles, politiques, économiques et sociales qui seront des apports nouveaux de Mali Koura et de l'Afrique à la socialisation et au progrès de l'humanité au XXIe siècle. Pour paraphraser Machiavel, je dirai que misérable et vaincu d'avance est le peuple qui nourrit de médiocres projets.

La clé de ce grand basculement réside « dans la capacité à mobiliser les populations autour d'un projet collectif, autour d'une vision, et dans le fait d'être suffisamment crédible et légitime pour que la population accepte des sacrifices afin que demain soit meilleur qu'aujourd'hui ». Pour cela il y a des préalables :

- la soumission des rapports de gouvernance avec son environnement interne et externe aux exigences de notre développement ;
- obtenir l'implication effective du peuple dans la conception et la réalisation des programmes et projets de développement. C'est ce soutien populaire qui rend un régime fort et non la force ;
- faire des offres de bouquets synergiques de mise en valeur efficiente de nos ressources naturelles :
  - ✓ les hydrocarbures :

  Le dossier introduit en Conseil des ministres, le mercredi 20 octobre 2021, évalue à 900 000 km^2 la superficie du territoire censé contenir des hydrocarbures, soit plus de 72 % du territoire national. Pourtant, cette présentation des potentialités ne prend pas en compte le triangle Diéma–Bafoulabe–Yélimane, mis en exergue en 2007 ;
  - ✓ les métaux lourds :
  - le fer,

- la bauxite,
- le manganèse ;
- ✓ les pierres et métaux précieux ;
- ✓ les terres arables ;
- ✓ les potentiels d'énergies renouvelables ;
- ✓ autres ressources naturelles.

Les offres porteront, en contrepartie, sur des moyens et conditions de financer la guerre, mais aussi et surtout la croissance économique et le développement humain durables :

- recherches et développement des voies et moyens d'avènement de Mali Koura ;
- transformations industrielles locales des ressources objets des offres ;
- créations d'infrastructures et d'équipements manquants aux pays (désenclavement, énergies renouvelables à hauteur des besoins d'industrialisation et de bien-être des populations) ;
- formation des Maliens afin d'acquérir des infrastructures et équipements clés en tête et non clés en main ;
- cadre et conditions d'un développement humain durable (santé, éducation, formation, emploi et revenus, cadre et conditions de vie et de travail, etc.).

5. Croissance économique et développement humain durables

La croissance économique et le développement humain durables sont réalisables comme suit :

1) les bases matérielles que sont les infrastructures et équipements de production de biens et services, axés sur les transitions :
- infrastructurelle,
- énergétique,
- industrielle,
- agricole,
- services et prestations de l'ère numérique ;

2) les bases immatérielles : Le réarmement culturel dans ses quatre dimensions :

Le réarmement culturel s'effectue comme suit :

a. la souveraineté culturelle qui consiste à penser par nous-mêmes (Maliens et Africains) et pour nous-mêmes sans aucune contrainte extérieure,

b. la révolution culturelle qui est, à la lumière des contraintes et exigences des gabs à combler sur les plans de la gouvernance, de la science, de la technologie pour le développement du Mali et de l'Afrique, de remettre en cause, sans se renier, notre manière de penser, de sentir et d'agir dans la production de biens et services afin de satisfaire la majorité des Maliens,
c. Le développement culturel qui est le développement de notre capacité de compréhension et de création dans un monde où la science et la technologie sont les vecteurs du développement,
d. organiser et développer nos aptitudes et compétences à la recherche stratégique et à la formation continue de « capital » culturel, politique, économique, scientifique, technologie, etc.

Les volets 3 et 4 renvoient à la définition de la recherche stratégique selon Guy Rochet, à savoir :

- « imagination ;
- innovation ;
- créativité ;
- efficacité (atteinte des objectifs) ;
- toujours plus d'organisations et de synthèse. »

Elle a retenu mon attention parce que dans le cadre du réarmement culturel, c'est un moyen de sortir de la routine, de l'ordinaire.

Le réarmement culturel est l'enracinement profond qu'il nous faut pour assurer la renaissance et la mutation de Maliba dans la turbulence d'un monde en évolution rapide.

6. Le réarmement politique

Concevoir un projet africain de renaissance et de mutation de l'Afrique se déclinant localement en projet Mali Koura ; et être capable de réaliser ce renversement du cours de l'histoire du Mali et du continent à travers :

✓ une vision claire de la renaissance et de la mutation se déclinant en programmes et projets de :

- paix et sécurité,
- justice et démocratie,
- croissance économique et développement humain durables.

Mais les armes ne suffisent pas, il faut les conditions, à savoir :

- ✓ Théorie et pratique de l'intégration africaine.
  Face à la chasse en meute de l'impérialisme libéral, dans une ère de changement d'époque sous l'impulsion des progrès scientifiques, technologiques et économiques, il est illusoire de vouloir soustraire un pays africain de la nécessité de l'intégration africaine. Par contre aussi longtemps que les dirigeants africains continueront à penser et à agir en larbin, sous des influences impérialistes, la CEDEAO, l'Union africaine et les autres institutions africaines resteront de magnifiques inutilités.
- ✓ Doctrine de « déconnexion », à savoir soumission de nos rapports avec l'extérieur aux exigences de notre développement interne, ce qui implique la fin des politiques de recolonisation multiforme de l'Afrique. Cette nouvelle vague de reconquête est plus dangereuse que la colonisation parce que pernicieuse et basée sur le formatage culturel et politique des élites.

7. Les bases du réarmement politique

- ✓ Renaissance africaine, se déclinant localement en Mali Koura ;
- ✓ reprise en main par l'Afrique de son présent et de son devenir à travers :
- – un triple réarmement culturel, politique, économique et,
- – une évolution sociale rapide mais maîtrisée,
- – la production suffisante de biens et services nécessaires à la satisfaction des besoins de la majorité des Africains ;
- ✓ développer théorie et pratique du Bouquet synergique africain (théorie bambara des 100 bâtonnets) ;
- ✓ développer théorie et pratique de la doctrine de « déconnexion » consistant à soumettre nos rapports avec l'extérieur aux exigences de notre développement interne ;
- ✓ se soustraire des contraintes et exigences des puissances extérieures n'est qu'un aspect de la problématique de la « déconnexion ».L'environnement de la dynamique du développement de l'Afrique est constitué de toutes les parties prenantes (externes et internes) pouvant influencer le développement de l'Afrique. Or, les Africains ont tendance à rejeter sur l'Occident la responsabilité de tous les maux dont souffre notre continent, ce qui est faux. Par rapport à la culture

du développement (recherche, accumulation et formation de capital, etc.), notre passé culturel et nos pratiques sociales sont à revoir à la lumière d'un monde dominé par la science et la technologie. Si nous n'avons pas le courage de nous remettre en cause, nous ne pourrons pas changer la direction du train de développement de l'Afrique, encore moins soutenir la charge du triple réarmement culturel, politique et économique qui est la condition du développement du continent africain en ce XXIe siècle.

8. Comment financer le triple réarmement d'un pays en guerre et sans bases matérielles de production de biens et services (infrastructures et équipements) ?

Aucune aide extérieure, quelle que soit son importance, ne peut développer un pays s'il ne réunit pas les moyens et conditions du développement, à savoir :

- LES CONDITIONS :
  - ✓ la démocratie, c'est-à-dire aller au peuple pour concevoir et réaliser avec lui, sans aucune contrainte extérieure, le contrat social devant régir un devenir collectivement désiré. Les élections ne sont que la méthode de choix des mandataires chargés de l'application du comment faire de ce qui a été décidé de commun accord avec le peuple. Ce que vit aujourd'hui le Mali avec la CEDEAO et la communauté internationale est une manipulation antidémocratique et une tentative inacceptable de piétinement de la souveraineté nationale du Mali ;
  - ✓ mettre au centre de la gouvernance le projet du devenir collectivement souhaité ;
  - ✓ s'auto-ajuster en fonction du projet conçu et adopté de commun accord, en mobilisant toutes les ressources nationales :
  - – les existants (ressources humaines, économiques, financières, etc.),
  - – la mise en valeur des ressources naturelles,
  - – les apports extérieurs (scientifiques, technologiques, financiers, etc.),
  - – la formation continue de capital économique, social, culturel.

9. Pétrole outil de développement

9.1. Introduction

Pour un économiste, la richesse d'un pays est son Produit intérieur brut (PIB), c'est-à-dire la somme des valeurs ajoutées chaque année par ses citoyens. La richesse d'un individu isolé est aussi sa valeur ajoutée : son salaire, plus ce qu'il a capté du travail d'autrui, c'est-à-dire, les loyers de ses appartements, de ses actions, les rentes de ses obligations, bref ses profits.

Qu'est-ce que la richesse renvoie au PIB, et le PIB renvoie à la croissance.

Les facteurs de la croissance : qui fait la croissance ? Réponse des économistes : « Le travail, le capital et le progrès technique, le temps de labeur, les machines et l'organisation du labeur et des machines. Cette dernière fait appel à des inventions humaines extraordinaires qui vont de la comptabilité et de la monnaie scripturale connue des Babyloniens au logiciel de traduction en passant par internet et les accélérateurs de particules.

Les économistes sont très mal à l'aise avec le progrès technique. D'où vient- il ? Récemment, on a tenté de l'imputer à la croissance elle-même, par un phénomène de "bouclage" : la croissance produit le progrès qui produit la croissance. Avant d'aborder cette intéressante "croissance endogène" autogénérée en quelque sorte, il faut revenir et insister sur les prémisses de l'économie et de la théorie de la valeur : il n'y a d'économie que par ce qu'il y a des raretés, donc des prix. Et la croissance est d'abord une lutte contre la rareté par la mobilisation de facteurs de production qui sont le travail, le capital, la Terre (la nature), la technologie »[3].

Si la croissance est l'augmentation de la richesse, le développement est-il synonyme de croissance ? Non. S'il n'y a pas de développement sans croissance, il peut y avoir croissance sans développement. Un pays qui connaît une croissance très élevée peut ne pas se développer. Prenons l'exemple d'un pays sous-développé dans le sous-sol duquel on découvre du pétrole. Grâce à l'exploitation pétrolière, ce pays se retrouve avec un PIB en très forte augmentation soutenue par l'accroissement de la production d'une part, et la hausse du prix du pétrole d'autre part. Nous ne répéterons pas ici les mauvaises utilisations des énormes nouvelles ressources. Nous nous

---

[3] Bernard Maris, *Antimanuel d'économie*, p. 301.

contenterons de dire ce qui est facteur de développement à travers la bonne utilisation des ressources pétrolières :

1°) Bonne gouvernance.

2°) Capitaliser la rente pétrolière en :

- infrastructures ;
- équipements de production de biens et services ;
- l'organisation de la production.

3°) Réaliser le développement humain (parce qu'il ne suffit pas de changer les structures économiques pour changer la vie) :

- éducation et formation ;
- santé ;
- cadre et conditions de vie et de travail ;
- augmentation de revenus, etc.

4°) Réaliser et combiner les facteurs ci-dessus dans un cadre de développement durable, c'est-à-dire « un processus de changement par lequel l'exploitation des ressources, l'orientation des investissements, les changements techniques et institutionnels se trouvent en harmonie et renforcent le potentiel actuel et futur de satisfaction des besoins des hommes. Il s'agit de satisfaire les besoins présents sans compromettre l'aptitude des générations futures à satisfaire leurs propres besoins. Le développement durable est supposé ne pas remettre en question le bien-être des générations futures. Pour cela, la rente doit être investie dans la création de capital productif et dans le capital de substitution comme la recherche d'énergies nouvelles »[4].

Pas de développement sans croissance, pas de croissance sans investissement, pas d'investissement sans capital (richesse destinée à produire un revenu ou de nouveaux biens).

9.2. Pétrole outil de développement

Le sous-développement n'est pas le manque de ressources, mais l'incapacité à tirer profit de ses ressources.

La lutte contre le sous-développement est perdue d'avance, quels que soient les sacrifices consentis si au lieu d'adopter et de

---

[4] Bernard Maris, *Antimanuel d'économie*, p. 297.
Maris cite ici *le concept de développement durable* défini par le rapport Brundtland en 1987 et reprit par la conférence de Rio en 1992…

maîtriser les armes des adversaires, nous restons sur des sentiers battus et avec nos armes (outils de production) conventionnelles.

En matière d'investissement dans la création d'outils de production, d'infrastructures et dans le développement humain (en ce début du XXIe siècle), les besoins du Mali sont si énormes qu'ils sont au-dessus de toute aide (bilatérale et multilatérale). La production et l'accumulation suffisante de capital pour sortir du cercle vicieux du sous-développement ne peuvent provenir que de nos ressources propres. Nous avons besoin de prêts beaucoup plus que d'aide. Le commerce pas l'aide comme disait un président américain. Mais quel commerce, quel échange ? Là est la question. Nous avons besoin de créer les bases économiques, financières et humaines de production et d'accumulation de capital, et non d'argent utilisé à acheter des produits alimentaires et manufacturiers d'Occident à travers l'échange inégal.

Produire et accumuler du capital : voilà les ailes qui nous permettront de sauter le mur du sous-développement et de nous pousser durant le grand bond quantitatif et qualitatif. Tout cela demande beaucoup d'argent diront certains. Oui c'est vrai mais l'argent seul ne suffit pas. Aucun pays ne s'est développé en se gavant d'argent. Ce qu'il faut c'est un processus de création de capital. Sinon combien d'argent a été dépensé sans succès dans de nombreux pays ?
Le Mali est un pays qui manque cruellement d'infrastructures, d'outils performants de production, et dont plus de la moitié de la population vit en dessous du seuil de pauvreté. C'est un pays sevré de capital dans lequel se pose avec acuité la question où trouver l'argent pour financer le développement ?
Dans une précédente étude (décembre 2004–mars 2005) intitulée : « Étude du réarmement économique du Mali, sous la conduite du colonel Lamine Diabira, directeur du Centre d'études stratégiques », nous avons tracé un programme d'équipement du pays en :

- infrastructures ferroviaires, routières et portuaires ;
- usines sidérurgiques et métallurgiques avec des débouchés garantis de 25 à 50 ans sur la Chine ;
- centrales hydroélectriques alimentant les usines métallurgiques et le reste du pays.

Et tout cela en contre partie des minerais de fer, de bauxite et de manganèse, actuellement non exploitables et inutiles au pays, faute d'infrastructures et de capitaux susceptibles de transformer ces énormes potentialités minières en capital de production.
Maintenant nous proposons un programme de transformation du potentiel d'hydrocarbures en moyens de production et d'accumulation de capital suffisant pour la croissance et le développement du Mali. Nous frémissons quand nous pensons au taux de pauvreté de la population chez le premier producteur africain de pétrole (Nigeria), et de la RDC qui, en plus de son scandale géologique, dispose de potentialité hydroélectrique pour toute l'Afrique subsaharienne. Ces pays sont mal partis il y a 60 ans sur l'utilisation de leurs ressources naturelles.

Du début de la révolution industrielle à l'ordinateur, la Grande-Bretagne a mis 250 ans. L'Indonésie y a mis 40 ans. La Corée et le Taïwan ont fait autant. La Chine fit mieux en réduisant ce temps de 84 % en produisant la bombe atomique en 15 ans (prouesse technologique). Kroutchev aurait dit à Mao que les Chinois n'auront même pas à manger si la Chine doit fabriquer la bombe. Mao passa outre en fabriquant la bombe tout en assurant le bol de riz quotidien à chaque Chinois, ce qui ne s'était plus produit depuis 4 000 ans. Volonté et courage politiques jumelés à l'intelligence stratégique et au savoir-faire dans les affaires : voilà le secret de la réussite. L'économie est une création politique et juridique en dernière instance.
Si l'économie est le partage, on ne peut partager que ce qui existe, d'où la nécessité de produire toujours plus en quantité et en qualité. Mais pour produire il faut investir, c'est-à-dire une combinaison de facteurs de production. C'est là qu'intervient l'argent qui permet d'agglomérer les facteurs de production pour en faire une force productive. Mais où trouver l'argent nécessaire et suffisant au grand bond en avant ? À la banque. Mais en contrepartie de quoi ? Des gisements pétroliers mis en évidence par les prospections et propriétés du Mali à travers les contrats de prospection et de production signés avec les compagnies pétrolières.

Pour produire et évacuer jusqu'au port le plus proche, les compagnies pétrolières vont dépenser 5 à 10 milliards de dollars. Où trouvent-elles tant de sous ?

1- Sur fonds propres.
2- Des emprunts auprès des banques. Prêts garantis par des avoirs antérieurs où par le potentiel financier (résultat prévisionnel) du gisement à exploiter. Si les compagnies pétrolières devaient tout autofinancer, leurs projets seraient compromis faute de moyens.

Comme gouverner c'est prévoir, il n'est pas trop tôt de se pencher sur l'usage des ressources exceptionnelles qui proviendront de l'exploitation pétrolière.
Pour remédier à la malédiction de la rente pétrolière en Afrique, nous pensons que le Mali peut et doit éviter les erreurs des autres, en utilisant exceptionnellement ses ressources naturelles pour sortir du cercle vicieux du sous-développement.
Le pétrole ne peut parvenir aux consommateurs, au marché, sans au préalable des outils de production, de transformation et de transport.
Le Mali ne pourra percevoir et employer positivement, efficacement les énormes recettes pétrolières s'il n'est pas, au préalable, préparé à cela.
Soixante-dix pour cent des populations du premier producteur africain de pétrole au Sud du Sahara vivent en dessous du seuil de pauvreté. Pour éviter une telle situation, le Mali doit préparer et utiliser ses ressources naturelles comme outils de croissance et de développement en s'y prenant comme suit :
Entre la découverte d'un gisement et son exploitation, ils se passe 3 à 10 ans avant que les premières recettes tombent dans la caisse de l'État.
On doit mettre à profit cette période pour préparer avec les partenaires, un plan décennal de mise à niveau du pays en matière d'infrastructures, d'équipements, de formation des ressources humaines, de gouvernance, bref rendre le pays apte à recevoir et à consommer les immenses ressources provenant des exploitation des ressources naturelles.
La transparence, le contrôle permanent et les mesures correctives durant 10 ans seront une bonne école de gestion économique et

financière de la rente pétrolière à venir, et une école de discipline et de changement de mentalité pour les Maliens.
La rente pétrolière mal gérée est un facteur d'instabilité, d'insécurité, bref de recul pour le pays.
Le plan décennal de mise à niveau du pays élaboré par le gouvernement sera soumis à un forum national regroupant toutes les forces vives du pays, ensuite à l'Assemblée nationale. Il fera l'objet d'audit annuel, mais aussi de réexamens chaque trois ans.

9.3. Le pétrole comme outil d'intégration

Par sa position géographique centrale, le Mali est un point de croisement stratégique sur le plan des communications dans l'UEMOA (plus que la Guinée et la Mauritanie) en matière de circulation des personnes et des biens. L'investissement et l'amélioration des infrastructures en général, du désenclavement intérieur et extérieur en particulier, donneront un coup d'accélérateur à ce flux de circulation des personnes et des biens.
Quand ça va dans un pays africain, les masses africaines ne se gênent pas à franchir les frontières. Les Maliens sont champions en la matière.
Les grands aménagements de terres agricoles seront partagés, en grande partie, avec les pays de la région.
Mais l'intégration dans le cadre de l'UEMOA ne doit pas nous faire perdre de vue la coopération avec l'Algérie, pays avec lequel le Mali partage 1 376 km de frontière. Ce pays voisin, premier producteur africain d'hydrocarbures, mérite toute l'attention nécessaire afin :

- de profiter de son expérience de plus de 50 ans avec les multinationales du monde entier (françaises, japonaises, etc.) ;
- de profiter de son énorme potentiel d'hommes, de capitaux, de marchandises afin de parvenir à une complémentarité qui réduira les lacunes actuelles de nos échanges ;
- de garantir la sécurité dans l'acceptation la plus large du terme : militaire, alimentaire et des technologies pétrolières ;
- d'accélérer le développement à l'échelle régionale ;

- de réaliser des infrastructures à hauteur de l'immensité du Mali et de l'intégration africaine.

9.4. Évaluation des recettes prévisionnelles

Production journalière (minimum d'ici 10 ans) 300 000 barils/jour.
Prix du baril 50 $ (au lieu de 70 à 80 $ actuellement).
Production de gaz : à ne pas prendre en compte parce que devant permettre :

- de corriger toute variation grave et brutale du prix du pétrole ;
- d'accélérer le remboursement de la dette garantie par les recettes pétrolières (si telle est la volonté du pays) ;
- d'augmenter la capacité d'investissement du pays ;
- le pétrole jouera ce rôle régulateur si les découvertes de gaz se révèlent plus importantes que le pétrole ;
- valeur production journalière :
  50 $ × 300 000 = 15 000 000 $.

Part du Mali (partage de production : hypothèse défavorable de 25 %) : 15 000 000 $/4 = 3 750 000 $/j.
Recettes prévisionnelles annuelles :
3 750 000 $ × 365 = 1 368 750 000 $.
Montant emprunt finançant 10 ans d'investissements :
1 368 750 000 $ × 5 = 6 843 750 000 $. Dans un pays qui flotte sur des hydrocarbures.

Dans un pays qui a officiellement 900 000 km^2 censés contenir des hydrocarbures, l'hypothèse des 300 000 barils par jour n'est rien devant des potentialités qui dépassent l'entendement. Si aux hydrocarbures nous ajoutons les pierres et métaux précieux dont regorge notre sous-sol, on peut affirmer sans risque de se faire démentir que le Mali n'a pas de problème de ressources pour son développement, mais souffre affreusement de son incapacité à tirer profit de ses ressources.
Comme signaler plus haut, les grands projets miniers et industriels sont généralement financés par des emprunts adossés à la rentabilité

et à la grandeur desdits projets ; sans oublier que très souvent la bonne gestion consiste à travailler avec l'argent des autres.
Les hydrocarbures (excepté l'hydrogène de Bourakébougou qui est renouvelable par la terre) et les métaux précieux étant des ressources non renouvelables, les ressources financières y provenant doivent être affectées prioritairement à des investissements à impacts multiplicateurs élevés dans le cadre du développement économique et humain durables.
Certains se demanderont si l'économie malienne peut absorber de tels investissements. Pourtant la réalité des recettes sera supérieure à ces montants, d'où la nécessité de concevoir et d'appliquer un plan de mise à niveau du pays dans les domaines économique, social et de la gouvernance, afin que le pays soit apte à recevoir et consommer les immenses recettes pétrolières.
Les sceptiques diront que tout ça c'est de la spéculation. Non, c'est de l'anticipation qui est le contraire de la paresse intellectuelle, de l'immobilisme, de l'absence d'initiative.
Notre obsession est comment transformer en capitaux vifs les immenses capitaux morts qui dorment sur notre sol et dans notre sous-sol :

- nos terres de culture (non aménagées) ;
- nos bâtiments (sans titre foncier) ;
- nos entreprises informelles (qui pullulent en marge du circuit économique officiel) ;
- nos ressources en eau non maîtrisées pour l'agriculture, l'alimentation et la production d'électricité ;
- nos ressources minières non inventoriées (malgré les efforts en cours) et non mises en valeur ;
- les hydrocarbures (pétrole et gaz) dont tout le monde attend l'évaluation correcte pour se déterminer.

Pour un pays sous-développé comme le Mali, le capital c'est-à-dire le propulseur de la croissance et du développement, c'est le travail et les ressources naturelles. C'est pourquoi, dans l'étude du « Réarmement économique du Mali » (mars 2005), nous avons conclu avec un Projet d'infrastructures et d'industries de base pour le développement du Mali

(PlD-MALI) basé sur l'exploitation industrielle du fer, de la bauxite et du manganèse.
Maintenant, nous proposons un second volet avec ce programme de préparation du pays à recevoir et à utiliser rationnellement, efficacement et de façon transparente les ressources pétrolières.
Une troisième étape devra élargir la réflexion aux autres ressources du sol et du sous-sol, en tirant les leçons du passé récent dans notre pays et dans le monde. Chacune de ces trois études ci-dessus implique un travail d'équipes pluridisciplinaires au-dessus des compétences d'un consultant indépendant. Notre mérite est d'oser écrire ce que nous croyons, de poser les pierres angulaires de recherches incontournables pour notre pays.

XVII. VERS UNE ÉCONOMIE DU SAVOIR

Selon Michael Clément du Centre d'économie Paris Nord (CEPN) « L'économie de la connaissance est aujourd'hui envisagée comme voie de sortie du sous-développement pour les pays qui ne sont pas encore entrés dans un processus d'émergence. Il apparaît toutefois que de nombreuses conditions doivent être réunies pour atteindre cet objectif. Elles sont relatives notamment au degré de développement institutionnel, à la qualité de l'environnement technique et éducatif, alors même qu'elles dépendent largement du niveau de développement économique. Par conséquent, souhaiter voir émerger une économie fondée sur la connaissance dans les PVD revient à faire abstraction des conditions matérielles de la production de celle-ci. Le concept d'économie de la connaissance apparaît en effet très incertain, qui semble procéder d'une réduction du travail et de la production à la seule dimension cognitive, oubliant, là encore, sa dimension matérielle. Apparue comme relais et prolongement de la notion de société de l'information, cette approche s'inscrit historiquement dans le souci d'un « dépassement » des idéologies marqué par l'extension du capitalisme des pays développés et se réduit à un déterminisme technologique oubliant l'importance de l'Histoire. »
Une fois encore, nous Africains devons éviter de singer, en faisant preuve d'innovation et de créativité, de plus d'organisation afin de faire passer notre continent de lanterne rouge à phare du progrès économique et social. M. Clément met l'accent, entre autres, sur deux aspects à savoir :

1. ne pas faire abstraction des nombreuses conditions de production de l'économie du savoir ;
2. les bases matérielles infrastructurelles, et les bases immatérielles superstructurelles qui doivent engendrer l'économie du savoir : le savoir ne tombe pas du ciel, il résulte de la pratique scientifique et technologique. Cela nous renvoi aux moyens infrastructurels et d'équipements de production de biens et services, desquels découleront les superstructures qui régissent les rapports sociaux.

Dans le cas de l'Afrique du XXIe siècle où tout est à faire, voilà résumées les conditions préalables à la construction d'une économie du savoir :

- des infrastructures et équipements à hauteur de souhait, sans lesquels nous ne pouvons que semer du vent ;
- partant de la constatation que certaines industries sont à l'origine de la transformation du système productif et du développement économique dans les pays industrialisés et s'inspirant des travaux de F. Perroux et de Feld'man auxquels il fait référence, G. D. de Debernis élabore un modèle de développement qu'il articule autour de deux axes principaux :
  - l'industrialisation est le seul vecteur porteur de développement économique,
  - celle-ci passe par la constitution de pôles de développement ayant un effet d'entraînement en aval et en amont sur l'économie.

Mais toute construction d'industries ne signifie pas nécessairement industrialisation telle que définie par l'auteur lui-même comme « l'articulation de systèmes complexes et cohérents de machines, dans l'immense mouvement historique de création collective et de transformation de la nature par l'homme » (G. D. Debernis, 1971, p. 547).

Ces industries devant avoir un « effet d'industrialisation » sont définies comme « celles dont la fonction économique fondamentale est d'entraîner dans leur environnement localisé et daté un noircissement systématique de la matrice interindustrielle et des fonctions de production, grâce à la mise à la disposition de l'entière économie d'ensembles nouveaux de machines qui accroissent la productivité du travail et entraînent la restructuration économique et sociale de l'ensemble considéré en même temps qu'une transformation des

fonctions de comportement au sein de cet ensemble » (G. D. de Debernis, 1971, p. 547).
Il ressort de cette définition qu'il s'agit avant tout d'opérer une sélection des industries à créer et à promouvoir pour générer des effets d'entraînement en amont et en aval. Ces industries doivent être de grande dimension, hautement capitalistiques, susceptibles d'engendrer des économies d'échelle et de fortes valeurs ajoutées. Les industries industrialisantes regroupent :

- le bloc des quatre secteurs qui fournit des biens de capital aux autres secteurs : les industries de la sidérurgie, de la métallurgie, de la mécanique, de l'électrique (les ISMME) ;
- le secteur des industries chimiques : chimie minérale et chimie organique ;
- le secteur de l'énergie, par ses effets industrialisants en amont et en aval (réduction des coûts de production des activités grosses consommatrices d'énergie : aluminium, ciment…).

Le choix est donc porté sur des industries lourdes ayant un effet d'entraînement sur les industries de transformation en assurant leur approvisionnement en biens d'équipement et un effet de modernisation sur le secteur agricole.
Par ailleurs, les objectifs à caractère social, donc macroéconomiques (intégration, introversion, plein emploi…) assignés à la politique d'industrialisation, dépassent les simples capacités du secteur privé d'une part et ne répond pas à leurs priorités (recherche de profits immédiats) d'autre part. La nécessité de recourir à une forte intervention de l'État s'est donc imposée, comme se sont également imposées de nouvelles formes d'organisation, de gestion et de régulation de l'économie.
À notre avis si nous tenons compte des forces et faiblesses internes à notre économie préindustrielle, nous devons faire des choix politiques et économiques durs et sans équivoques. Pour cela, l'État devra procéder comme suit :

- pour les industries lourdes qui nécessitent des investissements énormes hors de portée du pays (État et privés) ;
- l'État et le secteur privé national laissent ce secteur aux professionnels étrangers qui disposent du savoir-faire et des

moyens financiers nécessaires ;

- ➢ dans le cadre de ses missions régaliennes de régulation, d'impulsion et de contrôle, l'État se limitera à une participation de 5 à 20 % (gratuits) au capital social des sociétés en contrepartie des recherches effectuées et du fait que le pays est propriétaire de ses ressources naturelles (il est évident qu'une telle politique ne s'appliquera pas aux pierres, aux métaux précieux et aux hydrocarbures) ;
- ➢ refuser l'exportation brute des produits pouvant subir localement une transformation industrielle. Il s'agit en fait de miser sur la taxe sur la valeur ajoutée d'une part, et des impacts des industries lourdes sur l'environnement économique d'autre part. Pour cela nous retenons deux exemples :

- quand en 2004–2005, nous faisions l'étude du réarmement économique du Mali, la tonne brute de bauxite coûtait 126 dollars. Cette tonne transformée en alumine, ensuite en aluminium, coûtait 1 500 dollars soit 12 fois plus (cas industrie lourde),
- un diamant sorti de terre valant 1 dollar, une fois qu'il subit le processus de taillage, polissage et joaillerie, vaut 300 dollars (cas industrie extractive de pierres précieuses),

Dans ses deux cas, une taxation de 10 % sur l'aluminium rapporte plus que le prix de la tonne brute. Quant au diamant, une taxe de 5 % sur le produit fini rapporte15 fois plus que le diamant brut. L'industrie crée la valeur ajoutée qui est l'honneur du manager.

Les produits des industries lourdes en général, et ceux de la sidérurgie-métallurgie en particulier étant destinés au marché mondial où s'affrontent les multinationales, il vaut mieux mettre en compétition ces mastodontes.

« Dans un contexte où la tendance dominante est la multinationalisation de l'actionnariat. En même temps, les groupes industriels se sont convertis en groupes financiers qui décident et arbitrent en permanence l'usage des capitaux engagés dans les diverses activités de leurs filiales.

Plus de 90 % des 37 000 firmes transnationales, et de leurs 206 000 filiales à l'étranger, qui dominent l'économie mondiale sont contrôlées à partir des pays développés. Les 100 plus importantes firmes pèsent d'un poids prépondérant sur tous les plans (influence de toute sorte dans leur pays d'origine comme à l'extérieur, capacité d'investir, maîtrise technologique, propriété de brevets, etc.), et dans tous les secteurs de pointe elles établissent actuellement leur pouvoir et organisent les monopoles de demain » ;

- veiller à jumeler les implantations industrielles avec la construction d'infrastructures et l'acquisition d'équipements de production. C'est ce qui a manqué dans les projets extractifs en première région. Inimaginable que Kayes ne soit pas reliée à Kéniéba. Les projets de Sadiola et Loulo-Gounkoto auraient pu contenir des clauses demandant la construction d'infrastructures remboursables sur les impôts et taxes. Les clauses actuelles permettent à ces sociétés de récupérer en une seule année l'ensemble des investissements miniers ayant permis le démarrage de l'exploitation minière, ce qui est contraire à toute logique. C'est ainsi qu'en 2012 Randgold a amorti, pour la première année d'exploitation de Gounkoto, la somme faramineuse de 42 milliards de F. CFA d'investissements pour le démarrage de l'exploitation. Kéniéba manque d'eau, d'électricité et d'infrastructures sociales. Ce n'est pas la faute des miniers, mais de l'État malien quand on sait que la région de Kayes est la première contributrice au budget de l'État. C'est la culture et la volonté de développement qui manquent le plus aux Maliens. En 2016, devant un ministre de la République, un maire d'une commune rurale n'a pu présenter que la construction de clôtures de centre de santé, de cimetière, etc. pour justifier plus d'un milliard de francs CFA de patente perçue des sociétés minières. Avec de telles pratiques, l'exploitation des ressources naturelles devient toxique économiquement et socialement. Cela relève du fait que l'État ne s'assume pas. Les patentes perçues par les communes sont des ressources publiques transférées aux collectivités. L'État lui-même ne peut pas justifier une affectation efficiente au développement durable les 350 à 400 milliards de francs CFA perçus sur les mines chaque année. Les ressources minières ne sont pas renouvelables ; pour cela, les richesses tirées d'elles doivent prioritairement être affectées au développement durable. Les exemples norvégiens et botswanais doivent fortement inspirer le Mali ;

- réaliser une transition énergétique sans laquelle nous ne pouvons accéder massivement à la science et à la technologie. L'énergie est l'âme du développement économique et du bien-être social.

Les industries lourdes dites industries industrialisantes sont grosses consommatrices d'énergie, c'est pourquoi les contrats d'implantation de ces industries doivent être conditionnés à la création d'équipements de production d'énergies renouvelables avec des conditions particulières (voir conclusion de l'Étude du réarmement économique du Mali, mars 2005) ;

- avec les opérateurs économiques nationaux et autres partenaires : Créer un tissu industriel visant la transformation des produits locaux :
  - compléter les industries industrialisantes manufacturières et non manufacturières par un tissu de PMI, en amont et en aval de l'agriculture, couvrant l'essentiel des besoins locaux des populations,
  - soutenir les nationaux dans les activités de services (distribution, transports, banques, assurances, formation, etc.) Ici la notion de PMI-PME est à relativiser. En Europe, une entreprise qui emploie 400 travailleurs est une entreprise moyenne, au Mali c'est une grande entreprise.

Les services sont à l'économie ce qu'est le fonds de roulement au capital investi. Le fonds de roulement n'est pas le capital investi mais le fait tourner. Sans les services, la production de biens ne peut fonctionner.

CONCLUSION DE L'ÉTUDE DU RÉARMEMENT DU MALI EN TANT QUE CONDITION DE LA RÉUSSITE DE L'INDUSTRIALISATION

1. Projet pilote d'infrastructures et d'industries de base pour le développement du mali (PID – Mali)

« L'industrialisation apparaît comme un phénomène, moderne car, si nous prenons arbitrairement comme point de départ l'invention de la machine à vapeur et le début de la révolution industrielle anglaise, elle ne remonte qu'à deux cents ans. Au cours de cette période, des investissements importants ont été consacrés à l'invention, au dessin et à la construction de machines plus compliquées et toujours plus efficaces. Des procédés de fabrication et des produits nouveaux ont été mis au point que pour être sans cesse remplacés par d'autres toujours meilleurs. Des techniques de plus en plus efficaces ont été élaborées en matière de gestion des affaires industrielles, de formation du personnel, de comptabilité et de distribution. L'évolution qui a mené l'industrie de ses premiers balbutiements à sa complexité présente n'a pas exigé seulement des investissements matériels incalculables, mais aussi des générations successives d'ingénieurs, de savants, d'administrateurs et d'ouvriers plus instruits et mieux qualifiés que leurs prédécesseurs.

C'est en s'appuyant sur l'acquis hérité de cette longue marche du monde vers l'industrialisation que les pays sous-développés peuvent aujourd'hui procéder à leur développement industriel. Il importe de se rappeler un principe essentiel, à savoir que l'industrialisation est un processus de transfert. C'est un transfert de connaissances, d'expériences et d'équipements industriels des endroits du monde où ces éléments existent à ceux où ils n'existent pas.
L'Europe et l'Amérique se sont industrialisées par leurs propres moyens parce qu'elles ne pouvaient pas faire autrement, et cela leur a pris plus de cent ans, l'URSS s'est industrialisée sans emprunter beaucoup à l'extérieur en un laps de temps plus court, mais qui a tout de même duré plusieurs décennies. En outre, le degré de contrainte utilisé pour affecter les ressources humaines et matérielles aux objectifs industriels prioritaires ne serait pas toléré dans un pays démocratique.

Le recours à l'étranger en matière de développement industriel implique l'importation de matériels et de techniciens étrangers sur une grande échelle et pendant une période assez longue (20 ans ou plus). Le but visé étant une croissance industrielle rapide, il est nécessaire que cette importation soit aussi massive que possible.

Pour qu'une industrialisation par importation soit possible, il faut qu'elle bénéficie aux deux parties en cause. En l'absence de conditions qui le rendent mutuellement attrayant, le transfert n'aura pas lieu. Des accords conclus sur des bases saines, en vue de l'importation de compétences industrielles et de capitaux pour la mise en œuvre de projets réalisables, représentent la manière la plus rapide et la moins coûteuse de s'acheminer vers une société industrielle » (M. D. Bryce,

« Développement industriel Méthodes et politiques », p. 47, 49, 50, 51).
Voilà brièvement le contexte stratégique du développement industriel d'un pays en voie de développement.
Tout développement économique harmonieux résulte nécessairement du développement simultané de l'industrie et de l'agriculture. Le développement agricole est inconcevable sans industries en amont (engrais, chimie, matériel agricole et électricité) et en aval (agro-industries qui prolongent l'agriculture). Mais sans agriculture autosuffisante et performante, l'industrialisation se ramène à la recherche de ressources pour procurer le pain et le beurre au peuple. Donc le développement de l'industrie est lié au développement parallèle de l'agriculture. Le Mali est engagé, sans possibilité de recul, dans la bataille du développement économique et social. Il doit simultanément réaliser la révolution agricole et le développement industriel. Pour cela, il faut des ressources nécessaires et suffisantes pour relever ce double défi. Pour mettre progressivement en branle tous les secteurs économiques en générale, l'agriculture et l'industrie en particulier, nous proposons le **Projet d'infrastructures et d'industries de base pour le développement du Mali (PID – Mali)** basé sur la mise en valeur des minerais lourds du pays (bauxite, fer et manganèse). Ces gisements et tant d'autres sont aujourd'hui des potentialités non exploitées faute d'infrastructure suffisante (chemins de fer, centrales hydroélectriques). Pour le Mali, pays enclavé, le développement est fonction du désenclavement et de la disponibilité d'énergie électrique en quantité et à bon prix.
Le projet PID – Mali s'enchaîne comme suit :

1°) mise en valeur « anticipée » de capitaux « morts » (bauxite, fer et manganèse). En réunissant les conditions de leur exploitation, le pays réalise une sorte d'escompte de leur valeur sur cent ans ;

2°) transformation industrielle et évacuation des produits métallurgiques impliquent au préalable la construction des infrastructures dont l'absence handicape aujourd'hui le Mali (routes, chemins de fer, centrales hydroélectriques). Du coup avec ces infrastructures la continentalité du Mali passera d'handicap en avantage comparatif ;

3°) construction d'un tissu économique national étoffe : industries lourdes, usines sidérurgiques et métallurgiques (industries industrialisantes).

Dans le cas de la métallurgie par exemple, une première usine transforme en acier le minerai de fer ; l'acier sera ensuite dirigé vers une autre usine qui s'en servira pour fabriquer soit un produit fini, soit des pièces détachées qui seront acheminées vers une troisième usine pour être assemblées ou pour entrer dans la composition d'un produit fini. De la même façon pour la bauxite, une première usine transformera le minerai en alumine, puis une deuxième transformera l'alumine en aluminium, et l'aluminium ira dans d'autres usines pour la fabrication de produits semi-finis ou finis.

Le processus de transformation de la bauxite en alumine, ensuite en aluminium, consomme beaucoup d'énergie électrique. Faute d'électricité en quantité et à bon prix, la bauxite ouest-africaine ne peut être transformée actuellement en aluminium.

Une aciérie non seulement consomme d'autres minerais que le fer (manganèse) mais aussi beaucoup d'énergie (charbon ou gaz). Les produits des industries lourdes sont des produits internationaux, aux normes bien définies et qui ont le monde entier comme marché. L'augmentation de leur exportation n'est pas liée aux capacités du marché national ou régional. Les industries lourdes ont besoin d'usines auxiliaires qui assurent pour elles certains traitements intermédiaires ou fabrications complémentaires. Elles ont besoin aussi de diverses sociétés de prestations de services. Dans le cas précis du PID – Mali, toutes les productions industrielles pourront être absorbées par le marché chinois.

2. Industries d'accompagnement du développement rural

2.1. Industries en amont de l'agriculture :

- matériel agricole ;
- engrais ;
- chimie ;
- électricité ;
- ciment.

2.2. Industries en aval de l'agriculture :

- Industries alimentaires ;
- Industries textiles.

2.3. Industries manufacturières.

Sont à réaliser en fonction des besoins nationaux et régionaux d'une part, de marchés extérieurs ciblés d'autre part. On peut citer à titre indicatif :

- textiles ;
- appareils ménagers ;
- appareils électriques ;
- engins agricoles et de transport ;
- sous-traitance (confection de pièces détachées, montage, etc.).

Pour les industries régionales et étrangères, le désenclavement permet la compétitivité des produits industriels maliens chaque fois que qualité et coût riment ensemble. Pour cela, on peut envisager la création de zones franches industrielles et commerciales dans les villes frontières pour réduire davantage les distances par rapport aux ports (Kayes, Sikasso, ou créer ces zones aux frontières).

2.4. Au-delà des industries

L'existence d'infrastructure d'une part, d'un tissu industriel dense et performant d'autre part :

- attirera les investisseurs dans tous les domaines économiques ;
- transformera la continentalité en avantage comparatif ;
- permettra l'exportation massive d'électricité dans la sous-région ;
- sera un facteur de croissance économique accélérée et durable ;
- tirera vers le haut l'économie malienne durant plusieurs décennies grâce à l'accroissement des échanges avec l'extérieur en général, et l'atelier du monde (Chine) en particulier.

2.5. Mettre fin à la malédiction de la rente minière

Aucun pays africain qualifié de « scandale géologique » n'a connu ni stabilité ni croissance prolongée encore moins un développement industriel. La même remarque est valable pour les pays africains producteurs de pétrole.

L'approche envisagée dans le cadre du PID–Mali, avant même de savoir qu'elle sera l'apport financier découlant de l'exploitation des minerais, est une démarche qui résout a priori le problème d'affectation de la rente minière en optant pour des infrastructures et des usines contre des minerais. Les bénéfices d'exploitation viendront en seconde position. La transformation industrielle locale des minerais permet d'espérer sur de meilleurs résultats que l'exportation à l'état brut. Les résultats des études de faisabilité édifieront et orienteront les négociations entre les gouvernements malien et chinois. Il est entendu que :

a) les infrastructures seront réalisées en concession pour une durée de vingt à cinquante ans. Elles seront rétrocédées (à terme) au Mali ;
b) les usines seront propriétés permanentes des investisseurs publics ou privés chinois.

Si l'État malien peut bénéficier d'actions gratuites dans les industries sidérurgiques et métallurgiques. En aucun cas, il ne doit s'endetter dans le cadre des investissements lourds en question. Ces ressources propres doivent aller à d'autres priorités.

Les unités de production, d'aluminium, d'acier, de barrages hydroélectriques ou les chemins de fer reliant le Mali à la Guinée et au Sénégal coûteront des milliards de dollars d'investissement. Avec de telles réalisations qui peut dire que la rente minière n'a pas été investie pour doter le pays en outils de production à hauteur des défis ? En plus des investissements colossaux qui auront des impacts très importants sur le Mali et la sous-région, la transformation industrielle des minerais créera de fortes valeurs ajoutées qui accéléreront l'enrichissement du pays.

Le PID–Mali sera l'occasion idéale d'un partenariat stratégique entre le Mali et la Chine en matière de recherche minière, d'exploration pétrolière, compte tenu des besoins énormes de la croissance chinoise durant les cinquante ans à venir.

L'élaboration d'une carte géologique complète du Mali à 1/200 000 prendra des années et coûtera des milliards de dollars.

Si les espoirs en matière d'hydrocarbures se confirment, on peut envisager la construction d'usines pétrochimiques dont les produits seront destinés au marché chinois.

2.6. Impacts sur la sous-région

Tout désenclavement extérieur du Mali améliore le désenclavement intérieur des pays côtiers traversés par les chemins de fer, routes ou autoroutes.

Tout désenclavement intérieur du Mali améliore le désenclavement extérieur des pays voisins dans leurs transactions commerciales sous-régionales. Un Mali désenclavé devient le passage obligé des échanges inter-États sous-régionaux. Toute croissance forte du Mali profite aux ports de transit des produits d'importation et d'exportation de notre pays.

Les grandes implantations industrielles du PID–Mali serviront de base à l'industrialisation régionale. On trouve partout du fer en Afrique de l'Ouest, mais aucun pays ne dispose d'aciérie ni d'usine de production d'aluminium.

Toute augmentation de la production d'électricité au Mali sera la bienvenue au Sénégal, en Mauritanie, en Guinée, en Gambie et au Burkina Faso.

Toute production agricole ou industrielle compétitive malienne approvisionnera à moindre coût six des sept pays faisant frontière avec le nôtre.

Bien entendu, les dizaines de milliers de travailleurs de PID–Mali ne seront pas exclusivement des Maliens.

Nous avons tenu à signaler quelques-uns des impacts du PID sur la sous-région parce que sa mise en œuvre nécessitera une certaine coopération régionale. Le Mali sera obligé de « Vendre » ce projet à ses voisins côtiers. Il y aura entre autres :

- l'obtention par le Mali de zones portuaires minières et pétrolières en dehors de toute zone urbaine au Sénégal et en Guinée ;
- le tracé des chemins de fer traversant ces pays. Même la construction des routes et chemins de fer commencera à partir du port pour réduire les difficultés d'approvisionnement des chantiers. Des dépôts de stockage seront construits au fur et à mesure que les travaux avanceront à l'intérieur du Mali.

NB : Le volet négociation du « contrat équitable » de réalisation du PID–Mali est la phase pratique pour ne pas dire historique, qui relève de l'intervention au plus haut niveau de l'État, d'acteurs politiques expérimentés, suffisamment habiles pour faire ressortir et accorder les intérêts mutuels des deux pays.

3. Après les moyens, voici les conditions immatérielles d'avènement d'une économie du savoir

L'économie en générale, et l'économie du savoir en particulier, demande des femmes et des hommes capables de faire face aux exigences d'une économie numérique d'une part, et aux pratiques de bonne gouvernance d'autre part.

Mais le concept d'économie de la connaissance est synonyme d'économie numérique. Mais que recouvre en fait le concept de numérique ? « À la base, le numérique est un langage. Constitué d'une suite de 0 et de 1. Ce code binaire permet aux différentes machines de communiquer entre elles et d'échanger des informations.

Mais aujourd'hui, le numérique a pris une tout autre dimension avec l'omniprésence des ordinateurs et du partage de données. Le numérique représente dorénavant un ensemble d'usages, de domaines et de technologies permettant de créer de nombreuses applications destinées à répondre aux besoins spécifiques d'un client.

Il réunit ainsi l'informatique, le design, le marketing, le commerce, la cybersécurité et plus encore…

Sans informatique, pas de numérique

Si l'informatique peut représenter différentes ressources matérielles et logicielles, le numérique correspond à leur utilisation pour créer des applications. Bien qu'il ne soit pas considéré lui-même comme une technologie, le numérique englobe un large panel de domaines dans lesquels il va puiser par le biais de l'informatique.

Comparable à un pont entre les diverses ressources numériques, l'informatique est devenue un atout au service de tous. Il a donné naissance à internet, aux bases de données, aux réseaux, au partage des informations et à bien d'autres choses qui composent le numérique. Tout cela a changé notre manière de travailler et de penser. C'est ainsi que chacun a, actuellement, accès à des données scientifiques et techniques, ainsi que divers outils pour aborder plus efficacement une problématique.

Tout comme le numérique, on retrouve de l'informatique dans tous les secteurs d'activité. Cette présence accrue aussi bien dans la vie professionnelle que personnelle donne naissance à de nombreux métiers. »

Réunir moyens et conditions préalables à l'avènement d'une économie de la connaissance est une exigence incontournable. La grosse niaiserie est de continuer à avaler, comme des poules, les concepts et « ordonnances » des organisations multilatérales. Politiciens, cadres civiles et militaires, arrêtons d'êtres seulement de bons récepteurs, en nous imposant comme de bons émetteurs de solutions aux enjeux et défis du monde nouveau du savoir. Depuis l'avènement de l'industrie, le monde évolue à un rythme exponentiel. Cette évolution fulgurante est poussée par la logique capitaliste impitoyable de conquête des marchés du monde. Dans cette jungle, malheur à ceux qui ne sauront s'organiser, s'armer pour se battre à la fois intelligemment et intensément. « Aides toi, le ciel t'aidera » qui est merveilleusement reformulé en : « Hélas, Allah ne change les conditions de vie d'un peuple que si ce peuple change son tréfonds », ce qui nous conduit directement au processus du triple réarmement préalable (culturel, politique et économique) et des trois binômes (paix–sécurité, justice–démocratie, croissance économique et développement humain durables).

Certains experts internationaux qui pensent que « les pays en voie de développement pourraient sauter l'étape de l'industrialisation pour entrer directement dans l'ère post-industrielle » ne sont que des vendeurs d'illusions. L'économie du savoir c'est comme la superstructure sociale qui découle des infrastructures à un stade déterminé de l'évolution des forces productives, et de l'évolution des sciences et techniques dans sa capacité stratégique de compréhension et de création. Ni Alexandre ni Napoléon ne connaissait l'arme aérienne, leurs adversaires non plus. L'économie du savoir c'est comme le toit d'un bâtiment. Il ne flotte pas mais repose sur une infrastructure. Si dans le chemin critique des travaux de construction d'un bâtiment, on peut commander ou produire indépendamment des matériaux de construction, jamais au grand jamais on ne peut commencer le montage du toit avant la fin de la construction des murs qui seront ses supports. L'industrialisation et la maîtrise des sciences et technologies engendrent l'économie du savoir.

4. Chemin critique de construction d'une économie du savoir :

1) Naviguer sur le plan : vision – objectifs – stratégie – structures et tactique. « Il n'y a pas de bon vent pour celui qui ne sait où il va. »

2) Réarmement culturel à travers ses quatre étapes.

La souveraineté culturelle consiste à penser par nous-mêmes. L'Afrique doit s'approprier, maîtriser et appliquer à sa praxis (production de biens et services), la science et la technologie, les TIC en particulier. Cela lui permettra de combler son gap scientifique et technologique en un temps record.

1) Réarmement politique

Concevoir un projet africain de renaissance et de mutation de l'Afrique, et être capable de réaliser ce renversement du cours de l'histoire du continent à travers :

✓ une vision claire de la renaissance et de la mutation se déclinant en programmes et projets de :

- paix et sécurité ;
- justice et démocratie ;
- croissance économique et développement humain durable.

Mais les armes ne suffisent pas, il faut les conditions, à savoir :

✓ théorie et pratique de l'intégration africaine (théorie des 100 bâtonnets ou bouquet synergique) ;

✓ doctrine de « déconnexion » à savoir soumission de nos rapports avec l'extérieur aux exigences de notre développement interne, ce qui implique la fin des politiques de recolonisation multiforme de l'Afrique. Cette nouvelle vague de reconquête est plus dangereuse que la colonisation, parce que pernicieuse et basée sur le formatage culturel et politique des élites.

2) Les bases du réarmement politique de l'Afrique

➢ Renaissance africaine :

✓ reprise en main par l'Afrique de son présent et de son devenir à travers :

- un triple réarmement culturel, politique, économique,
- une évolution sociale rapide mais maîtrisée,
- la production suffisante de biens et services nécessaires à la satisfaction des besoins de la majorité des Africains ;

- ✓ développer théorie et pratique de l'intégration africaine (théorie bambara des 100 bâtonnets) ;
- ✓ développer théorie et pratique de la doctrine de « déconnexion » consistant à soumettre nos rapports avec l'extérieur aux exigences de notre développement interne ;
- ✓ se soustraire des contraintes et exigences des puissances extérieures n'est qu'un aspect de la problématique de la « déconnexion ». L'environnement de la dynamique du développement de l'Afrique est constitué de toutes les parties prenantes (externes et internes) pouvant influencer sur le développement de l'Afrique. Or, les Africains ont tendance à rejeter sur l'Occident la responsabilité de tous les maux dont souffre notre continent, ce qui est faux. Par rapport à la culture du développement (recherche, accumulation et formation de capital, etc.), notre passé culturel et nos pratiques sociales sont à revoir à la lumière d'un monde dominé par la science et la technologie. Si nous n'avons pas le courage de nous remettre en cause, nous ne pourrons pas changer la direction du train de développement de l'Afrique, encore moins soutenir la charge du triple réarmement culturel, politique et économique qui est la condition du développement du continent africain en ce XXIe siècle.

3) RÉARMEMENT ÉCONOMIQUE

La problématique du développement économique

L'Afrique est le continent le plus doté en ressources, mais c'est le continent le plus pauvre de la planète.

L'Asie en général (le Japon en particulier) n'est pas dotée comme l'Afrique, mais transforme tout pour créer la richesse.

Les États-Unis d'Amérique ne se sont pas développés avec le Saint-Esprit mais avec :

- le travail des esclaves ;
- la force mécanique ;
- la force électromécanique ;
- mais aussi et surtout par la synergie du mode de production capitaliste à savoir la jonction de la science, de la technologie

avec le capital financier. Cette jonction à effet synergétique n'est pas possible sans un stade élevé de recherche stratégique, d'organisation et de travail assidu.

Si l'infrastructure engendre la superstructure, les deux constituent la base synergique de la force de créativité dans la praxis. Si Dieu a créé tout, il a doté l'humain d'intelligence et de raison pour transformer tout pour sa survie et son bien-être.

Pour vivre et survivre, l'homme est passé successivement de la cueillette, de la chasse, de l'agriculture, de l'industrie. Chaque mode de production avec ses rapports de production : communautaire, esclavage, servage, salariat capitaliste. « Dieu ne change les conditions d'un peuple que lorsque ce peuple change son tréfonds. » Le développement n'est pas un phénomène naturel, il découle de la capacité et de la volonté d'aller de l'avant par plus d'organisation, d'innovation et de créativité.

Aucun pays ne manque de ressources pour son développement. Ce qui peut manquer c'est la capacité à tirer profit de ses ressources. Quant aux ressources naturelles, elles ne sont que des potentialités que le travail de l'homme transforme en richesses, ce qui explique que le développement est la maîtrise scientifique, technologique et sociale de l'environnement pour le bonheur de l'humain. C'est pourquoi le développement ne peut être qu'endogène et auto-ajustement ; c'est pourquoi l'Afrique doit, au préalable, sortir des politiques imposées par l'impérialisme néolibéral. L'Afrique est le continent qui a le plus subi les politiques d'ajustement structurel néolibéral de prédation et de désarticulation socioculturelle.

Valorisation des ressources naturelles au profit de l'industrie et de l'agriculture :

1) transformation industrielle des ressources ;
2) industries en amont et en aval de l'agriculture ;
3) rentes minières et d'hydrocarbures pour le financement des productions agrosylvopastorales à l'échelle industrielle ;
4) transformation socio-économique (développement durable) du monde rural.

Avant c'est l'agriculture qui était ponctionnée au profit de l'industrialisation. En ces temps de démocratie, cette politique autoritariste n'est pas applicable d'une part, et le retard de l'Afrique en matière d'industrialisation est tel que seules les rentes minières et d'hydrocarbures sont assez importantes pour financer le gap industriel d'autre part. Comme la politique d'aide publique au développement consiste à nous tirer de la misère à la pauvreté, juste pour ne pas mourir, nous devons prendre les ressources naturelles comme l'actif principal de notre stratégie de sortie de la pauvreté. Les ressources naturelles africaines ont l'avantage d'être des sources rentières importantes dans le cadre des besoins industriels et de consommation du capitalisme à son apogée. Nous pouvons citer les hydrocarbures et les métaux de la transition énergétique et climatique. Avec 60 % des terres arables du monde, l'Afrique continue d'importer 45 % de ses besoins alimentaires. Face à ce contraste, les rentes minières et d'hydrocarbures peuvent financer des mégaprojets de productions agrosylvopastorales.

5. Chemin critique du développement simultané de l'industrie et de l'agriculture

5.1. Préalables

- les infrastructures et équipements ;
- les énergies renouvelables ;
- la formation des ressources humaines ;
- réunir moyens et conditions du plein investissement et du plein emploi ;
- savoir et pouvoir pratiquer une bonne gouvernance.

5.2. Proactivité du grand bond en avant

1) développement de l'industrie (notre avenir) ;
2) développement de l'agriculture (notre éternité) ;
3) appropriation, maîtrise et application de la science et de la technologie comme vecteurs du développement ;
4) bâtir une nouvelle économie du savoir. Le vieux monde a foutu le camp.

Construire une nouvelle société universaliste se déclinant comme suit : tendre vers une nouvelle société universaliste.« Qui est l'avenir de l'humanité, c'est-à-dire une société fondée sur la libération, l'émancipation des êtres humains, l'utilisation de leurs richesses matérielles, pas pour le gaspillage, mais pour assurer leur aisance matérielle et leur temps libre, pour le développement de leurs facultés créatrices sur une base égalitaire pour tous les êtres humains » (Samir Amin).

L'approche préalable d'une telle société est l'abolition politique, juridique et culturelle de l'esclavage d'une part, et la promotion de la femme d'autre part. Sans la liberté, l'égalité entre les humains et la promotion de la femme, toute théorie ou pratique universaliste est une imposture au service d'intérêts particuliers des possédants.

6. Chemin critique du développement économique :

- ✓ transition infrastructurelle ;
- ✓ transition énergétique ;
- ✓ maîtrise et application de la science et de la technologie à la praxis :
  - transition industrielle,
  - agricole,
  - transition services et prestations de services numériques,
  - formation continue de capital.

La recherche et le développement comme vecteurs de socialisation et de progrès.

Voilà le chemin critique de la marche vers une économie du savoir en tant que processus continu de création.

L'économie du savoir, c'est plus de capacité cognitive en matière d'organisation, d'innovation et de créativité.

CONCLUSION GÉNÉRALE DE DEBOUT MALI !!!

1. Bases d'un dialogue d'élaboration d'un contrat social de sortie de la crise multidimentielle malienne

1.1. État des lieux

Une répétition perpétuelle de crise

Selon Ousmane Sy, « De l'indépendance du Mali à nos jours, tous les dix ans, nous sommes tombés dans une crise. Ce genre de schéma ne favorise pas le développement. Car chaque crise nous ramène à la case de départ. Elle ne provoque pas de véritable changement. »

Quel est le fond de cette crise malienne ?

Toujours selon Ousmane Sy qui a dirigé le processus de décentralisation et ancien ministre de l'Administration territoriale, « Notre crise est le résultat du mauvais fonctionnement de notre État. Le fond de cette crise, c'est l'incapacité de notre État à mobiliser les communautés.

Ces communautés ont subi l'État depuis les indépendances. Aujourd'hui, l'évolution a fait de telle sorte que nous sommes dans des États de droit où on ne peut réprimer qu'auparavant. Ce qui fait que les communautés sont moins soumises. Or, nos États ne sont préparés qu'à gérer des communautés soumises. C'est cela le fond de cette crise.

À cette gouvernance héritée de la colonisation, la décentralisation a trois grands objectifs : approfondir la démocratie, installer les services publics de base à proximité des populations et le développement des territoires.

Puisqu'il s'agit d'une réforme qui se fait dans la durée, il faut la faire dans la progression.

Quand on construit un édifice, on commence par le soubassement qu'on teste avant de passer à la construction en étage. Un véritable débat a eu lieu en 1993 sur la création des communes sur toute l'étendue du territoire national. Un débat qui a conduit à la loi de création des communes. Cette communalisation était le soubassement de la décentralisation ».

Cette décentralisation qui a été bien conçue a été (dans son application) la grande pagaille due au laxisme et à l'impunité des élus avec la complicité des gouvernements successifs. La décentralisation a transformé la IIIe République en kleptocratie.

Et quelle a été la suite ?
Toujours selon Ousmane Sy, « La prochaine phase est celle du développement territorial qui est la régionalisation. Parce que nous nous sommes rendu compte que chaque région du Mali renferme des potentialités. Pour tirer profit de celles-ci, il fallait responsabiliser des acteurs qui sont de ces territoires et créer de la richesse et de l'emploi. »
Malheureusement, cela ne peut être une réalité tant que le pouvoir central qui délègue une partie de ses prérogatives (aux collectivités) n'est pas bien gouverné. Pour les ressources naturelles, par exemple, l'État continue à les gérer au détriment des populations locales. Nous voyons la misère de la région de Kayes, première pourvoyeuse au budget national : pas de route, pas de chemin de fer, pas d'électricité ni d'eau, pas de développement de la santé, de l'éducation et encore moins de la gouvernance locale.
Cette gouvernance prédatrice explique l'explosion des revendications corporatistes récurrentes à tous les niveaux socioprofessionnels. La confiance est rompue entre les acteurs. La démarche démocratique écartant toute contrainte (externe au processus de décision), le dialogue social se fera entre acteurs maliens des communautés de base au pouvoir central en passant par les syndicats, le patronat et toutes les composantes de la société civile.
La crise multidimensionnelle que vit le Mali depuis 10 ans n'est pas tombée du ciel. Elle résulte des 5 premiers chapitres de la présente étude. Les chapitres 6 à 10 décrivent les procédures et les propositions de voies et moyens d'élaboration d'un nouveau contrat social à même de circonscrire les multiples revendications corporatistes qui paralysent, depuis des années, le développement socio-économique du pays.

1.1.1. Les causes de la crise multidimentionnelle

1.1.1.1. Les causes internes

- Une gouvernance n'ayant pas intégré les aspects géopolitique, géoéconomique et géostratégique du Sahel en général, et de la partie septentrionale du Mali en particulier ;
- une gestion sécuritaire défaillante ayant laissé cette partie du pays aux narcotrafiquants qui ainsi, des années durant, ont tissé de solides réseaux au sein des populations locales, qui a permis le développement d'une économie criminelle ;

- unemauvaise gestion économique, financière et sociale des zones arides et semi-arides, poussant à l'exode les populations de Kidal à Kayes ;
- le bas niveau des revenus des travailleurs ;
- la mauvaise gouvernance de nos ressources minières et agrosylvopastorales.

1.1.1.2. Les causes externes

- Les convoitises sur les ressources naturelles du pays ;
- la destruction de l'État libyen en 2011 ;
- l'intervention militaire française de 2013 à 2022 avec des intentions inavouables de partition du Mali. L'intervention française qui a été un succès en 2013 a tourné au fiasco de 2014 à 2022 avec l'extension de l'insécurité à l'ensemble du territoire national ;
- abstraction des causes et conséquences de la crise, en ramenant la solution à des élections entre des candidats qui sont en majorité les acteurs de la mauvaise gouvernance ayant entraîné la dégénérescence de l'État malien. Faut-il rappeler aux donneurs occidentaux de leçons démocratiques que les élections ne sont que le volet final du processus, c'est-à-dire le choix de ceux qui seront chargés d'appliquer le projet de société élaboré de commun accord ;
- l'incapacité de la communauté internationale à proposer un accord de paix acceptable par le peuple malien.

L'accord du 15 mai 2015 en général et son avenant du 15 juin 2015 en particulier ne sont ni applicables ni acceptables, raison pour laquelle nous assistons depuis exactement 7 ans à la situation absurde du développement de l'insécurité « dans la paix » entre les signataires de l'accord issu du processus d'Alger.

1.1.2. Les conséquences de la crise

- Coups d'État à répétition (1991, 2012, 2020, 2021) ;
- généralisation de la corruption et de l'impunité ;
- la mise du pays sous tutelle française ;
- perte de repères moraux et politiques ;
- extension de l'insécurité aux pays voisins du Mali ;
- croissance sans développement.

1.1.3. Le pompier piromane

La France venue aider le Mali à repousser la meute séparatiste–djihadiste et narcotrafiquante s'est mue en acteur de partition du pays :

- en empêchant l'armée malienne de mener avec elle la bataille de Kidal, comme cela avait été le cas à Tombouctou et à Gao. C'est avec l'armée tchadienne que les Français ont mené la bataille du TEGHARGARE où fut tué Abou Zahid d'AQMI ;
- ce sont les Français qui sont allés chercher ce qui restait du MNLA, au Burkina Faso et en Mauritanie ;
- vu la faiblesse numérique et militaire du MNLA, les Français ont blanchi une partie des troupes d'Ansar Dine pour renforcer le MNLA, ce qui aboutit à la création de la Coordination des mouvements de l'Azawad (CMA) ;
- c'est encore sous la pression des Français et par inconsistance patriotique du président IBK et d'une classe politique corrompue et soumise à l'impérialisme que l'accord et son avenant du 15 juin 2015 ont été imposés au peuple malien. Plus de 10 pages de recommandations de l'opposition et de la société civile ont été jetées à la poubelle ;
- dans ces conditions, il n'est pas étonnant que la France échoue dans sa lutte contre le terrorisme : aucune armée ne peut gagner une guerre aux objectifs non avoués.

1.1.4. La 5e colonne

- Constituée de politiciens maliens au service de la France ;
- de gens qui ont fait de la lutte contre le terrorisme un Business.

1.1.5. Enjeux et défis de sortie de crise multidimensionnelle

1.1.5.1. Les enjeux

- Éviter la partition du pays ;
- rétablir la paix et la sécurité sur l'ensemble du territoire ;
- savoir et pouvoir négocier des réformes fondamentales porteuses de paix, de croissance économique et de développement humain durables.

1.1.5.2. Les défis

- Avoir le courage de se remettre en cause pour s'ouvrir à l'innovation et à la créativité ;

- être capable de suivre une démarche démocratique en allant au peuple pour concevoir et appliquer, sans contrainte extérieure, un nouveau contrat social régissant le vivre-ensemble et les actions convergentes de développement ;
- faire des réformes fondamentales déterminant le cadre et les conditions politiques et institutionnels d'un nouveau contrat social entre les pouvoirs publics et les employeurs d'un côté, les syndicats et les acteurs du domaine civique de l'autre côté ;
- savoir et pouvoir tirer profit des immenses potentialités du pays au service de la croissance économique et du développement humain, en tirant la majorité des Maliens de la misère à la prospérité ;
- réunir moyens et conditions d'élections transparentes et crédibles mettant fin au régime d'exception qu'est la transition ;
- que la nouvelle équipe issue des urnes soit à hauteur d'une bonne gouvernance, donc qui accepte d'aller aux communautés pour la mise en œuvre des réformes politiques, institutionnelles, des programmes et projets de développement objets du contrat social régissant le vivre-ensemble dans la stabilité et le progrès collectif.

1.1.6. Savoir et pouvoir concevoir un nouveau contrat social de stabilité, de cohésion, de croissance économique et de prospérité

- Qu'est-ce qu'un contrat social ?
- Dans Du contrat social, Rousseau soutient la thèse selon laquelle une organisation sociale « juste » repose sur un pacte garantissant l'égalité et la liberté entre tous les citoyens. Ce pacte est contracté entre tous les participants, c'est-à-dire l'ensemble exhaustif des citoyens.
- Pourquoi un contrat social prenant en charge les revendications corporatistes ?

L'écart immense entre les faibles moyens de l'État pauvre du Mali et les revendications corporatistes récurrentes a conduit à une rupture de confiance à tel point que les acteurs syndicaux pensent que seule la force de pression permet d'obtenir satisfaction auprès des pouvoirs publics. Cela nous a conduits à des grèves illimitées de corps sensibles comme les médecins, les magistrats.

Dans un tel contexte, seul le dialogue peut établir la confiance et la recherche collective des bases d'un consensus prenant en charge les besoins basiques des uns et des autres dans l'unité et la stabilité.

Quels doivent être les termes d'un tel contrat de rupture avec les pratiques décrites dans l'état des lieux ?
« L'expression contrat social désigne une convention tacite et librement consentie entre les membres du corps social, entre les gouvernés et les gouvernants, entre l'individu et l'État. Cette convention permet aux hommes de coexister pacifiquement »

1.1.6.1. Méthodologie

Approche démocratique, en allant au peuple pour concevoir, sans aucune contrainte, un **nouveau contrat social** devant régir le vivre-ensemble et les efforts collectifs dans une direction déterminée de commun accord.

1.1.6.2. Les axes de prise en charge inclusive des revendications corporatistes et catégorielles

1) tout processus de dialogue d'élaboration d'un contrat social de dimension nationale doit viser un consensus sur un chemin critique de passage de la pauvreté à la prospérité de l'ensemble du peuple de ce pays qui a tant souffert de la mauvaise gouvernance ;
2) vision d'un peuple debout sur le sentier du progrès, avec ses valeurs et ses missions intergénérationnelles ;
3) cadre et conditions de conciliation des revendications corporatistes avec les moyens du pays (les existants et les potentialités à gérer efficacement) ;
4) prise en charge à moyen et long termes des inégalités régionales pour concrétiser la participation positive des régions au développement global du pays. Combler les lacunes en matière de désenclavement, d'activités économiques locales, c'est booster les échanges et l'intégration nationale de toutes les régions. Le désenclavement, par exemple, permet de vaincre la distance dans un pays vaste comme le Mali. Le désenclavement n'est pas seulement des routes, des chemins de fer, des aéroports et autres, mais aussi et surtout les TIC, vecteurs de communication et de prestations de services ;
5) la gestion des biens publics en faveur :
   - des services publics chargés de la mise en œuvre du programme gouvernemental,
   - la sécurité sans laquelle les populations ne peuvent vaquer à leurs activités,
   - les services sociaux de base (eau, électricité, santé, éducation, etc.),

- cadre et conditions de relance des investissements de créations d'emplois et de richesses,
- dans un pays ayant 7 240 km de frontières avec 7 pays, les régions doivent se développer en cohérence avec leurs positionnements géographiques. Il n'est pas possible de concevoir la stratégie (politique, économique et sécuritaire) en faisant abstraction de la géographie et des ressources,
- savoir et pouvoir concilier les intérêts parfois divergents des parties prenantes, entre autres, les syndicats, les employeurs, les communautés avec les possibilités actuelles et futures des employeurs et des pouvoirs publics,
- enfin les mécanismes de collecte et de répartition des revenus, facteurs d'atténuement des frustrations, donc des conflits ;

6) évaluation des revendications corporatistes et catégorielles d'une part, et des ressources nationales (existants économiques et les potentialités exploitables à court, moyen et long termes) ;
7) un mécanisme de suivi et de veille citoyenne au niveau communal, préfectoral, régional et national. Cela pose directement la double redevabilité.

DOUBLE REDEVABILITÉ DES ACTEURS DU DÉVELOPPEMENT

Pour rendre compte, il faut être responsable, avoir des devoirs vis-à-vis de sa communauté ; et cela n'arrive pas spontanément. Il y a un long parcours qui caractérise le processus démocratique à savoir :
- recours au peuple pour concevoir ensemble un devenir commun,
- choisir les personnes chargées des différentes fonctions de réalisation du projet collectif, ce qui conduit aux élections et à la redevabilité des mandataires aux mandants,
- réalisation collective du projet commun, ce qui implique la responsabilité de chaque citoyen face à ses droits et à ses devoirs. Si vous ne remplissez pas votre devoir de citoyen dans le cadre du vivre-ensemble, vous ne pouvez demander de comptes à vos mandataires, tel est le cas du citoyen qui ne paie pas ses impôts, ne participe pas aux actions collectives ou qui collabore avec l'ennemi en ces temps d'insécurité,
- si chacun comprend, s'approprie, maîtrise et joue sa partition dans

la construction du devenir collectif alors mandants et mandataires sont en démocratie et en posture de double redevabilité,
- cette double redevabilité permet des actions correctives à la satisfaction de tous ;

8) organiser des élections transparentes et crédibles pour choisir celles et ceux qui porteront la charge du **nouveau contrat social** ;
9) dans ce Mali tombé plus bas que terre, il faudra au préalable procéder comme suit :

- faire intelligemment et rigoureusement des réformes fondamentales,
- renforcer l'indépendance et les moyens de la justice ; mais aussi avec des procédures, sans équivoque, de sanctions des magistrats en cas de non-respect de la déontologie. Il ne peut y avoir de stabilité sociale et politique sans une bonne justice,
- équité dans la gouvernance afin de rétablir l'égalité entre les citoyens (sanctionner le fautif et récompenser le méritant), et mettre fin à l'impunité qui est le terreau de toutes les délinquances,
- concevoir de façon transparente et consensuelle une nouvelle constitution donnant naissance à la IVe République,
- concevoir une loi électorale mettant fin aux pratiques mafieuses des rentes dernières années,
- adopter une nouvelle charte régissant les partis politiques,
- réunir les moyens et conditions d'élections crédibles mettant fin à la transition,
- par une gouvernance vertueuse et rigoureuse, préparer la transformation des comportements en faveur des valeurs fondamentales de la démocratie.

Il est évident que la réalisation des sept points se fera sur le cours, moyen et long termes selon les volets, pour éviter un travail bâclé dans la précipitation. Si nous sommes unis sur la défense des intérêts supérieurs de notre pays, personne ne peut nous imposer son agenda.
Si nous acceptons de faire le sacrifice nécessaire à travers un auto-ajustement en fonction des enjeux et défis d'un devenir collectivement désiré, même ceux qui vont nous boycotter reviendront au bout de quelques mois. La position géostratégique et les ressources naturelles du Mali en font un pays incontournable. Tout ce qui se passe au Mali peut se répercuter sur sept pays voisins.
Le Mali a des atouts, mais faible par l'inconscience et l'inconsistance

patriotiques de ses élites. Les pères fondateurs, par indignation, se retournent dans leurs tombes ;

10) Les bases politiques du contrat social :

1. Base doctrinale : Déconnexion comme doctrine politique, c'est-à-dire la soumission des rapports du pays avec son environnement (interne et externe) aux exigences de notre développement. Dans la compétition économique internationale, il faut savoir et pouvoir défendre ses intérêts. On peut savoir vaincre et ne pas pouvoir vaincre, tel est le dilemme de ceux qui ne peuvent faire preuve d'innovation et de créativité, mais aussi de courage et de constance dans la marche vers la sortie des ténèbres du sous-développement.

2. Le cadre et l'outil adéquats pour appliquer une telle doctrine est l'union sacrée des forces vives afin de :

- sauver la patrie du chaos et de la partition,
- rétablir l'intégrité du territoire national,
- rétablir la paix et la sécurité,
- satisfaire les besoins basiques du peuple,
- faire les réformes fondamentales permettant de résister à la résurgence des pratiques toxiques qui ont sombré le pays dans une régression au carré,
- organiser des élections générales crédibles mettant fin à la transition,
- respecter l'éthique et la déontologie de la transmission démocratique du pouvoir, comme seule garantie du développement des valeurs de la démocratie.

3. Approches démocratiques d'innovation et de créativité :

- faire preuve d'innovation et de créativité dans la conception et l'exécution du nouveau contrat social régissant le vivre-ensemble,
- choix des centres prioritaires dans un pays où tout est à faire ou à refaire.

Objectif général : Rétablir les valeurs et missions sur lesquelles toute société s'appuie pour fonctionner et évoluer sans débordement.

Objectifs spécifiques : Négocier un compromis sur les revendications corporatistes :

1) changer de méthode de gouvernance afin de trouver avec les acteurs socioprofessionnels une base globale de résolution des conflits récurrents qui handicapent le développement économique et social du pays ;
2) mobiliser les forces vives du pays pour une forte croissance économique et une progression continue du développement humain ;
3) inclure l'ensemble des acteurs, à savoir :
- les syndicats,
- les employeurs,
- les acteurs du domaine civique,
- le gouvernement,
- les partenaires.

Ils s'engagent à soutenir l'espérance et les efforts d'auto-ajustement économique, social et culturel du contrat social issu du dialogue social. Objectifs particuliers : prise en compte des spécificités des zones arides et semi-arides. Comme l'a si bien dit notre compatriote Ousmane Sy, Sikasso n'est pas Kidal.
Les trafics de toutes sortes et les révoltes sont partie intégrante des pratiques séculaires dans les zones nomades sahélo-sahariennes. Il faut travailler sur le moyen et long termes pour faire évoluer les mentalités et les pratiques à travers une intégration politique, économique et sociale cohérente et rigoureuse. Cela est une question :
- de projet de société ;
- de ressources humaines à former et à épanouir économiquement, politiquement et socialement ;
- d'infrastructures, mais aussi et surtout de tissu économique à bâtir. Cela est valable pour tout le Mali en général, et pour les régions nord et le Sahel occidental en particulier.

Une telle approche nécessite entre autres :
✓ l'anticipation, c'est-à-dire aller au-delà de la prévision en posant des actes qui engagent le présent et l'avenir ;
✓ l'auto-ajustement, gestion concertée du développement de l'espace sahélo-saharien, en tant que tampon géopolitique et géoéconomique reliant le Nord et le Sud du continent africain. Cela implique au préalable une reprise en main ferme du pays sur le plan sécuritaire,

et une diplomatie souple mais ferme, très ferme, ce qui obligera certains partenaires d'arrêter d'être des acteurs masqués vis-à-vis du Mali ;

- ✓ partenariats stratégiques avec les puissances industrielles (y compris la Chine et l'Inde) qui sont les détentrices du savoir-faire scientifique et technologique indispensable au passage à une économie du savoir ;
- ✓ œuvrer à une intégration africaine des peuples :
  - respect des règles et pratiques démocratiques,
  - libre circulation des biens et des personnes,
  - intégration politique,
  - intégration économique.

Une telle politique ne peut être appliquée que par un pouvoir fort, non autocratique. Un pouvoir politique impliquant la participation effective des forces vives du pays dans la conception et l'exécution des programmes et projets de développement. Un tel système ne peut fonctionner qu'avec des institutions fortes. Il ne peut y avoir d'institutions fortes que par les pratiques conséquentes des hommes et des femmes qui animent lesdites institutions.

C'est là le maillon faible de la gouvernance malienne. Les hommes politiques maliens, à les entendre, pensent que ce sont les institutions qui nous gardent, alors que c'est le contraire : « ne croyons pas que la règle nous garde, c'est nous qui gardons la règle », disait la mère supérieure à une novice.

1.1.6.3. Les moyens

- Les existants économiques et financiers à gérer judicieusement ;
- les ressources humaines à former et à utiliser de façon efficiente en ce XXIe siècle qui n'est plus une ère de simple changement technique, mais une ère de changement d'époque sous l'impulsion fulgurante du développement scientifique et technologique ;
- les ressources naturelles à exploiter et à utiliser comme actif principal de la stratégie de lutte contre la pauvreté ;
- la formation continue de capital culturel, social, économique, etc.

1.1.6.4. Conditions générales de réussite du contrat social

- Bonne gouvernance ;
- mettre au centre de tout les 7 transitions économiques de ruptures du cercle vicieux du sous-développement.

1.1.6.5. Conclusions

1.1.6.5.1. Contrat social

- De stabilité sociale ;
- de croissance économique (on ne peut partager que ce que nous produisons) ;
- de développement humain (l'homme au centre de tout).

Ce qui impose au préalable, paix et sécurité, triple réarmement culturelle, politique et économique. Ensuite la réalisation des 7 transitions économiques de rupture du cercle vicieux du sous-développement : on ne sort pas d'un cercle vicieux, on le rompt. Voici les 7 domaines de transitions :

- infrastructures et équipements ;
- énergies renouvelables ;
- transition industrielle ;
- transition économique et sociale du monde rural où vivent la majorité des populations ;
- services et prestations de services de l'ère numérique ;
- recherche et développement économie du savoir.

1.1.6.5.2. Les conditions politiques de réussite du contrat social

- Un leadership fort et vertueux. Au Mali, on dit que les pintades regardent la nuque de celle qui dirige la marche. Si les dirigeants respectent la morale, l'éthique et la déontologie, le peuple n'est pas fou pour ne pas suivre ;
- une démarche démocratique consistant à aller au peuple pour appliquer le contrat, et apporter des actions correctives aux programmes et projets au fur et à mesure de leur évolution ;
- le respect des engagements pris dans le cadre du contrat social. Un plan est rarement exécuté intégralement dans sa formulation initiale. La transparence et les corrections collectives empêchent les frustrations nuisibles.

1.1.6.5.3. Résultats attendus

- Confiance, collaboration et dialogue ininterrompus entre l'ensemble des acteurs pour le sauvetage et la prospérité du pays ;
- la bonne gouvernance régit l'application du contrat social ;
- une nouvelle dynamique d'auto-ajustement et de développement autocentré régit la production de biens et de services au profit de tous ;

- le respect de l'éthique et de la déontologie démocratiques régit l'alternance au pouvoir ;
- le pays renoue avec stabilité et progrès ;
- par ses 7 transitions économiques, le pays devient la locomotive de l'intégration économique régionale.

2. Modèle Mali Koura un pays à cinq systèmes

2.1. Le mali vecteur de la renaissance africaine en ce XXIe siècle

2.1.1. Mission universaliste de l'Afrique

La mort d'une grande puissance est toujours due soit :

- à une faiblesse militaire face aux convoitises extérieures ;
- à une dégérescence culturelle et politique ;
- à la non-maîtrise des contradictions inhérentes à tout processus dynamique ;
- à un cumul des causes ci-dessus qui finit à avoir raison du pouvoir qui représente l'ensemble géographique, humain, économique et politique.

L'impérialisme, ou la volonté d'accaparement d'autrui et de ses biens, est inhérent à l'ambition humaine.
L'idéologie, au sens négatif du concept, a tendance à falsifier les faits au profit des puissants. C'est ainsi que le monde occidental à tendance à nier le rôle historique de l'Afrique et des Noirs en particulier, alors que tout était noir de la naissance de l'humanité à la naissance de la science et de la technologie afin de maîtriser l'environnement pour la survie et le bien-être de l'espèce humaine, sous le soleil des tropiques. Tout est parti de l'Afrique et tout repartira de l'Afrique pour une nouvelle économie du savoir écologiste et une nouvelle société universaliste.

La socialisation, et le progrès de l'humanité, est une question de moyens, de conditions objectives et subjectives portées par de grands peuples organisés.
L'Afrique qui a vu naître l'humain, qui a porté dans la douleur, l'effort et l'espérance la naissance des mathématiques, des sciences et des technologies afin que survive et se développe l'humanité. C'est à cette Afrique que revient la mission messianique historique de reprendre le flambeau de la socialisation et du progrès continus d'une société universaliste, face à la dégérescence de la société occidentale libertaire.

Chaque continent a connu ses heures de gloires et de décadence. Après l'Égypte, l'Asie, la Grèce, depuis cinq siècles c'est l'Europe qui est passée de périphérie à centre du monde. Certains diront et les États-Unis d'Amérique ? Ils font partie intégrante de la civilisation européenne : c'est l'enfant incestueux de l'Europe, né du viol des peuples indiens et africains par l'Europe. La Grèce antique traitait de barbare le reste de l'Europe. N'oublions pas aussi que les Arabes ont été, cinq siècles durant, les précepteurs de l'Europe.

Les Européens ne sont pas les inventeurs de la science et de la technologie. Après l'Égypte, la Chine et l'Inde ont tout inventé.
La renaissance européenne est un exploit dû à la capacité européenne de s'approprier la Grèce antique qui était en réalité plus africaine et moyen-orientale qu'européenne dans sa capacité de compréhension et de création. Cette Grèce antique traitait de barbare le reste de l'Europe. Le mérite exceptionnel, qui a mis l'Europe au centre du monde, est l'invention du capitalisme.

En ce début du XXIe siècle, c'est l'Afrique (la lanterne rouge politique, économique, scientifique et technologique du monde) du capitalisme des cinq monopoles, qui réunit les conditions d'un nouveau grand bond de l'humanité. Je dis bien les conditions, mais les moyens sont à réunir comme le montage d'un grand puzzle géant à l'ère planétaire d'un monde unifié par les TIC et les moyens de transport.
Pour cela, l'Afrique doit savoir, mais aussi pouvoir rompre les liens tributaires qui la lient aux cinq monopoles de domination impérialiste néolibérale. « On peut savoir vaincre sans pouvoir vaincre » : voilà le dilemme des élites africaines qui n'arrivent pas à mettre la renaissance africaine au-dessus des intérêts individuels et étatiques. Sans le bouquet synergique des États-Unis d'Afrique déconnectés, nous resterons des troupeaux de biches dans une jungle de prédateurs sans foi ni loi.
Face aux cinq monopoles de domination néolibérale,
Que faire ?
Quelle éducation ?
Quel enseignement ?
Quelle praxis ?
Pour porter le projet alternatif africain de renaissance et de mutation de l'Afrique au XXIe siècle (REMA 21) :
✓ doctrine de gouvernance : déconnexion ;

- ✓ cadre et outil de réalisation de la REMA 21 : bouquet synergique des États-Unis d'Afrique ;
- ✓ champs prioritaires :
  - triple réarmement culturel, politique et économique,
  - réalisation des trois binômes,
  - réalisation des 7 transitions économiques de rupture des liens tributaires internes et externes,
  - réalisation des 5 transitions superstructurelles d'avènement d'une économie du savoir et d'une nouvelle société universaliste.

Les cinq systèmes politico-économiques

1) Un système politique et administratif souverain non soumis à aucune autorité extérieure :
- défense et sécurité ;
- administration du territoire ;
- justice ;
- affaires étrangères ;
- processus et financement de la transmission du pouvoir (élections).

2) Un système économique à trois volets :
- ✓ entreprises publiques de patrimoine dans les secteurs clés de l'économie. Ses entreprises auront deux missions essentielles :
  - produire biens et services,
  - assumer le rôle de l'État dans les PPP ;
- ✓ entreprises en PPP (État – privés nationaux et étrangers) ;
- ✓ entreprises privées en BOT et en BOO :
  - BOT : en anglais Build Operate Transfer. En BOT, l'investisseur assure la gestion de l'ouvrage réalisé, pendant une période suffisamment longue pour lui permettre de récupérer sa mise et de dégager une rentabilité. C'est le système de concession (barrages hydroélectriques, chemins de fer, etc.),
  - BOO : Build Own Operate. En BOO, l'investisseur peut assurer l'exploitation de l'ouvrage de façon permanente.

3) Système de captations des ressources, de l'exploitation des ressources naturelles comme actif de la stratégie de sortie de la pauvreté

DE LA MALÉDICTION À LA BÉNÉDICTION MINIÈRE AU MALI

Comment attirer des investisseurs avec un bouquet de produits miniers ?

Quiconque veut comprendre le passé et façonner l'avenir aurait intérêt à examiner avec attention non seulement la pratique, mais aussi le cadre doctrinal qui le soutient. Ce qui explique la motivation du texte ci-dessous, qui n'est pas une politique minière du Mali, mais le cadre logique d'une stratégie globale intégrée de développement avec les ressources naturelles comme actif principal.

« Faire du sous-sol malien l'un des principaux contributeurs au développement économique et social » ! Autrement dit, faire ce que de nombreux observateurs considèrent comme une malédiction, une bénédiction minière. Et cela d'autant plus que les ressources du sous-sol font partie des ressources naturelles que peut disposer un pays.

Au sens large, « les ressources naturelles désignent tout ce que l'homme peut tirer de n'importe quelle partie de l'univers pour s'en servir ». Il s'agit de ressources que l'homme n'a pas créées, mais qui sont à sa disposition dans la nature. On peut citer, entre autres, pour les besoins actuels des Maliens, la terre, l'eau, la forêt, la flore, la faune, le soleil, le vent, les minerais, les hydrocarbures…

Elles peuvent être classées en ressources renouvelables et non renouvelables. Mises à la disposition de l'homme par Dieu, elles ne sont que des potentialités. Elles ne deviennent richesses que par notre travail. Cette richesse produite peut être une malédiction ou une bénédiction selon l'usage que nous en faisons.
La malédiction des ressources naturelles résulte de la mauvaise gouvernance. Les cas de la République démocratique du Congo (RDC) et de la République du Mali en disent long. La RDC regorge par exemple 10 et 80 % des réserves mondiales respectives de cuivre et de coltan. Mais, en dépit de ces immenses richesses, 73 % des Congolais vivent en dessous du seuil de pauvreté (avec moins de 1,90 dollar US par jour) selon la Banque mondiale.

Entre 1980 et 2014, le revenu national brut (RNB) par habitant mesuré en parité de pouvoir d'achat (PPA) a diminué de 56,4 % (PNUD, 2015). La RDC est classée parmi les nations les plus corrompues au monde (156e sur 176 en 2017) selon l'Indice de perception de la corruption de Transparency international. Plusieurs décennies de résurgence récurrente des tensions politiques et sécuritaires l'ont placée dans un état permanent de fragilité.

En économie d'entreprise, le cas de l'État du Mali ne s'appelle pas faillite, mais banqueroute. Les systèmes d'éducation et de santé sont en lambeau. L'administration publique chargée d'appliquer la politique gouvernementale vit dans la misère. Les grèves des administrateurs civils, des magistrats, du personnel de la santé, etc. prouvent à suffisance la mauvaise gouvernance qui caractérise des gouvernants n'honorant jamais les engagements pris avec les partenaires sociaux.

Le cadre général d'emploi des ressources doit reposer sur les infrastructures, l'amélioration de la gouvernance, l'amélioration et l'augmentation des capacités de production de biens et services, éducation–formation–santé, emplois et revenus, l'amélioration du cadre et des conditions de vie et de travail du peuple, paix et sécurité…

Et pourtant, selon Dramane Dembélé (ancien directeur général de la Géologie et des Mines du Mali, ancien ministre et deux fois candidat à la présidentielle en 2013 et 2018) en 20 ans, le Mali a produit 1 000 t d'or pour environ 40 à 50 milliards de dollars US. Donc, plus de 10 ans de recettes budgétaires de notre pays. Mais, cela n'a pas impacté positivement la vie des Maliens (eau, électricité, nourriture, santé, éducation…). Pis, l'extrême pauvreté ne fait que s'accroître au Mali.

4) Des statistiques paradoxales pour un pays riche en ressources naturelles

Quant à l'évolution de la pauvreté, selon les résultats de l'EMOP 2015, il ressort que 47,2 % de la population vivent en dessous du seuil de pauvreté, soit avec moins de 177 000 F CFA par personne et par an. Au niveau des régions, l'ampleur de la pauvreté est plus élevée à Sikasso, à Mopti et à Ségou avec des incidences respectives de 65,1, 63,6 et 59,1 %.

Parlant du secteur emploi, la revue fait ressortir que le taux de chômage au sens du BIT est passé de 8,2 % en 2014 à 9,6 % en 2015. Au cours de cette même année, la quasi-intégralité des emplois était dans le secteur informel, soit 96,4 %.

En ce qui concerne le secteur des mines, il faut soutenir que le Mali a conservé son statut de pays conforme à l'ITIE et de pays membre du processus de Kimberley. Ainsi, la valeur des exportations du secteur en 2015 a été de 987 milliards de francs CFA, représentant 67 % de la valeur totale des exportations au Mali, soit 1 475 milliards de F CFA, contre 918 milliards en 2014 avec une augmentation de 8 %.

La problématique du développement implique nécessairement la transformation des structures. Le rôle de l'État, sujet privilégié de changement, se manifeste par sa capacité de susciter et de conduire la transformation des structures socioculturelles, économiques et politiques. Lorsque l'État n'arrive pas à jouer le rôle d'incitation et de conduite du changement, il y a régression sociale. Dans un monde qui avance à la vitesse des techniques de l'information et de la communication, stagner est une régression au carré.

En introduction, nous avons dit que les ressources naturelles constituent le seul actif des pauvres sur lequel on peut bâtir une stratégie de sortie de pauvreté. Nous avons dit que ces ressources naturelles ne sont que des potentialités qu'il faut transformer pour en faire des richesses. Mais ces richesses ne peuvent être facteurs de développement que par l'usage que l'on en fait.

5) Le secteur minier malien souffre du manque de vision politique

Mais, avant l'usage, il y a la participation des populations dans le processus de production. Cet aspect capital échappe aujourd'hui aux Maliens : nous avons des sociétés de production d'or, de construction des infrastructures « clés en main » au lieu d'être « clés en tête ».

En 62 ans où sont les sociétés maliennes de BTP, d'exploitation industrielle de l'or, du ciment et autres matériaux de construction, de transformation de nos produits agricoles ? Il y en a très peu ou pas du tout quand on sait que celles qui existent arrivent à peine à fonctionner.

Au niveau étatique, le secteur minier malien se caractérise par l'absence de vision, de stratégie, de volonté politique. Sinon comment expliquer

que, depuis 30 ans, l'État se contente de 20 % de participation dans le capital des sociétés aurifères ? Ce taux a été imposé au Mali par la SFI (Société financière internationale) au montage de la SEMOS (Sadiola). Si cela pouvait être tolérable, il y a 30 ans, il n'est pas admissible que ça continue de nos jours.
Il faut aussi déplorer l'absence d'impact sur le développement local comme le manque de routes dignes de ce nom sur les axes Kayes–Sadiola–Kéniéba. Sans compter l'état déplorable des infrastructures sanitaires, d'éducation… à Kéniéba, à Morila, à Kadiolo, etc. Tout comme la mauvaise affectation des recettes prélevées sur les sociétés minières.
Je prends un seul exemple : le Mali aurait boosté la prospection minière si la dime (2,5 %) des 250 à 350 milliards de recettes sur les sociétés minières par an (soit 6,250 à 7,500 milliards) était affectée à la DNGM pour la recherche minière. Pour cela, les fonds seront débloqués en fonction de la qualité des projets de recherches soumis à l'approbation des décideurs et renouvelés en fonction des résultats obtenus.

Les dirigeants, à travers l'État, ont pour devoir de réunir les conditions objectives de la transformation des structures socioculturelles, économiques et politiques. Mais cela n'est possible qu'à travers une pédagogie, en ayant par exemple un comportement exemplaire. Le développement, pour s'amorcer, demande des sacrifices. Or, les sacrifices et la misère ne sont acceptables que partagés par tous.

Comme les autres États africains, le Mali subit un environnement néolibéral. Si la mondialisation et la globalisation constituent les stades suprêmes actuels des relations économiques, culturelles et politiques, il y a deux aspects que tout stratège africain doit prendre en compte. Ainsi, avant d'explorer la nature et la culture de la spéculation globale comme système de pouvoir de classe, il faut admettre que la souveraineté des firmes l'a discrètement emporté sur celle des États.

Comme un simple moment technique, marquant le passage de la « configuration multinationale » des firmes à leur « configuration globale ». Et cela en sachant que, dans la configuration multinationale, les firmes se font concurrence pour avoir les faveurs des États. Mais, dans la configuration globale, les États se font concurrence pour attirer les firmes.

2.2. L'élite malienne doit se ressaisir en mettant les intérêts de la patrie au-dessus de leurs ambitions

Ce changement de rapport de force entre firmes et États est plus qu'une nuance. Tout décideur, qui ne saura pas retourner la force des puissances d'argent, ne peut qu'accepter de subir la logique de prédation, de l'esclave par le maître. Mais comment retourner la force du plus fort contre lui ?

Je dirai que la question ne se limite pas au savoir, mais aussi au pouvoir le faire. On peut savoir vaincre sans pouvoir vaincre. Là se pose dans toute sa cruauté la corruption culturelle, politique et financière des élites, pour ne pas dire la trahison des peuples africains par les élites africaines (toute tendance confondue). L'Afrique ne peut être sans une élite ayant une conscience des forces et faiblesses du continent. Cette conscience ne suffit pas si elle ne se décline en projet de renaissance et de mutation de l'Afrique en ce XXIe siècle à hauteur des réalités scientifiques, technologiques, économiques et politiques d'un monde du savoir et des grands ensembles. Le défi est la capacité des Africains à faire preuve de résilience à 400 ans d'aliénation culturelle, politique et économique. Pourrions-nous être à hauteur des autres dans un monde de savoir ? « To be or not to be » ! Voilà le défi. Pour le relever (c'est notre mission), à notre humble avis, il faut un cadre conceptuel de la renaissance et de la mutation de Maliba.

Il faut au préalable que l'élite malienne se ressaisisse en mettant les intérêts supérieurs de la patrie au-dessus de tout. Cela n'est pas facile dans le contexte de multipartisme intégral qui a été dévoyé de son sens. Au pourrissement du système démocratique s'ajoute la difficulté de la philosophie politique à savoir qu'elle ne peut unir qu'en divisant.

Il nous faut avoir une vision du Mali émergent avec les ressources naturelles comme actif principal de la stratégie de sortie de la pauvreté. Il faut se fixer des objectifs précis à hauteur des enjeux et défis de la crise multidimensionnelle que vit le pays. Nous devons également définir une politique de recherche, d'exploitation des minerais et hydrocarbures. Tout comme il est indispensable d'élaborer un Code minier et un Code pétrolier qui, en réalité, sont le Comment faire de la vision et de la politique du Gouvernement. C'est là qu'interviennent les techniciens. Au Mali, faute de vision et de politique clairement définies, les autorités se déchargent sur les techniciens, en oubliant qu'on ne résout pas techniquement un problème politique. Tout cela ne conduira pas à briser la malédiction minière sans une gouvernance vertueuse affectant judicieusement les ressources à la réalisation d'une croissance économique forte et un développement humain durable.

Il convient de se rappeler que la transformation des ressources naturelles de potentialités en « richesses » est un processus multidimensionnel d'infrastructures préalables (dans les pays qui n'en non pas). Et cela peut augmenter le coût du projet de plus de 30 %. Ces infrastructures (routes, chemins de fer, énergie, etc.) peuvent avoir des impacts considérables sur l'économie.

Il faut savoir et pouvoir attirer les firmes qui détiennent le savoir-faire et les moyens financiers (dans la globalisation, ce sont les États qui se font concurrence pour attirer les firmes). Dans un pays continental comme le Mali, il faut savoir faire des offres alléchantes.

Par exemple, le Mali dispose de plus d'un milliard de tonnes de bauxite et un milliard de tonnes de fer à sa frontière avec la Guinée. La Guinée dispose de 20 milliards de tonnes de bauxite et 5 milliards de tonnes de fer. Dans un tel contexte, c'est avec une offre d'un bouquet de produits miniers que le Mali peut attirer des investisseurs pour des projets miniers nécessitant des chemins de fer, des centrales hydroélectriques. Des infrastructures indispensables pour viabiliser et rentabiliser plusieurs usines sidérurgiques et métallurgiques dont les productions sont destinées au marché mondial. Par exemple pour les cercles de Kita et de Kéniéba, dans cette zone, notre pays peut promouvoir un bouquet comprenant de la bauxite, du fer, du manganèse, du zinc, du cuivre, du platine et du plomb.

Rappelons qu'une aciérie pour le milliard de tonnes de fer de Kita créera 3 000 emplois directs et 30 000 emplois indirects. Avec trois usines pour la bauxite et autres minerais et cinq barrages hydroélectriques, c'est le visage économique du Mali qui va changer. Là toute la question est d'obtenir la transformation locale des ressources naturelles du pays.

Cette vision repose sur deux aspects essentiels à savoir la captation de richesses tirées des ressources naturelles d'une part et, d'autre part leurs affectations judicieuses à la croissance économique et au développement humain durables.

Des stratégies innovantes pour booster les investissements
À notre avis, la participation de l'État ou des nationaux au capital des sociétés minières doit être modulée en fonction des forces et faiblesses des acteurs économiques maliens d'une part, et de l'intérêt stratégique de la ressource naturelle à exploiter d'autre part. Il s'agit pour eux de trouver les voies et moyens d'augmenter leurs participations dans le capital des sociétés exploitant les ressources stratégiques comme l'or, les diamants, les hydrocarbures, les métaux précieux, etc.

Par contre, dans la sidérurgie et la métallurgie ainsi que les cimenteries, l'État doit miser sur la taxe sur la valeur ajoutée à travers la transformation locale de nos ressources. Il doit même renoncer à taxer les bénéfices de certaines productions, si ceux-ci sont réinvestis dans des secteurs structurants et porteurs de développement durable comme les énergies renouvelables, l'agroécologie, les nouvelles technologies capables de booster la rentabilité et la compétitivité de l'économie nationale.

Les autorités maliennes doivent veiller aussi à mettre dans les conventions d'établissement une clause rendant obligatoire l'embauche des nationaux. Pour cela, l'employeur formera son personnel, et les frais de formation seront déduits de ses impôts et taxes sur une période de 1 à 5 ans.

Une telle pratique va faciliter le recyclage et la reconversion des jeunes en fonction des besoins du marché. Et une telle démarche est nécessaire quand on sait que la formation actuelle au Mali n'est pas faite en fonction du marché.

Il faut aussi trouver les astuces obligeant les entreprises à traiter avec les fournisseurs maliens. Pour cela, l'État garantira les opérateurs maliens auprès des banques locales à la condition que tous les paiements passent par la banque du fournisseur. Avec les sociétés d'exploitation d'or ou d'hydrocarbures, l'État et la banque ne courent aucun risque tant que la société d'exploitation n'est pas en faillite, ce qui est rare dans les secteurs stratégiques ayant comme débouché le marché mondial.

L'État doit également exiger que les sous-traitants miniers soient des Maliens et garantir les sous-traitants auprès des banques pour les équipements et le fonds de roulement à la condition que tous les paiements aux sous-traitants passent obligatoirement par la banque. Et, une fois de plus, tant que la société minière n'est pas en faillite, il y a très peu de risque pour l'État et les banques. Ces trois mesures permettront aux nationaux de récupérer la majorité des coûts directs de production des sociétés minières.
Les financements innovants comme l'économie elle-même ne sont que des créations politiques et juridiques en dernier ressort.
Faut-il rappeler que la majorité des grands empires industriels et autres se sont constitués avec le soutien de la puissance publique (commandes, protections diverses). Et cela en partie grâce à l'exonération des bénéfices réinvestis dans des secteurs à impacts multiplicateurs définis par le Gouvernement. Comme par exemple la production d'énergies renouvelables qui positivement impacte tous les secteurs de la vie socio-économique et culturelle d'un pays.

Affectations judicieuses des ressources aux programmes et projets d'avènement d'une nouvelle économie du savoir et d'une nouvelle société universaliste

Voici schématiquement le chemin critique d'avènement de Mali Koura :

- ✓ projet Mali Koura avec sa vision, ses objectifs, sa stratégie, ses structures et sa tactique ;
- ✓ réaliser la colonne vertébrale de la bonne gouvernance que sont les trois binômes :
  - paix et sécurité,
  - justice et démocratie,
  - croissance économique et développement humain durables ;
- ✓ réaliser au préalable le triple réarmement culturel, politique et économique du pays ;
- ✓ réaliser les 7 transitions économiques de rupture des liens tributaires :
  - transition infrastructurelle,

- transition énergétique,
- transition industrielle,
- transition économique rurale,
- transition services et prestations de services de l'ère numérique,
- recherche et développement,
- transition scientifique et technologique comme résultat du réarmement culturel et des 6 transitions ci-dessus, et vecteur d'une nouvelle économie du savoir.

Les transitions économiques ne sont que des facteurs du développement humain durable à savoir, entre autres :

- santé ;
- éducation–formation–excellence ;
- emploi et revenus ;
- cadre et conditions de vie et de travail ;
- liberté–justice–démocratie ;
- recherche et développement ;
- socialisation et progrès continus.

2.3. Douze (12) pôles économiques d'intégration du Mali Koura

1) OFFICE DU NIGER :
   1-1. zones inondées ;
   1-2.zones exondées.
2) BASSIN DU FLEUVE SÉNÉGAL :
   2-1.sous bassin Bafing ;
   2-2.sous bassin Bakoye.
3) SPÉCIAL : TAOUSSA – SYSTÈME FAGUIBINE
4) SÉLINGUÉ
5) ZONES COTONS
6) PAYS DOGON
7) TRIANGLE DIÉMA–YÉLIMANÉ–NIORO
8) ZONES DES BARRAGES DU BAOULÉ
9) RECONSTITUTION DES 112 FORÊTS CLASSÉES
10) RÉALISATION (en BOT) de la Grande Muraille verte
11) ZONES MINERAIS :
    11-1. minerais du futur ;
    11-2. autres minerais.
12) ZONES D'HYDROCARBURES :
    12-1. pétrole et gaz ;
    12-2. hydrogène.

2.4. Domaines de créations de sociétés nationales de patrimoines

1) OR
2) DIAMANTS ET PIERRES SEMI-PRÉCIEUSES
3) MÉTAUX PRÉCIEUX (Minerais et industries de la transition énergétique et climatique)
4) MÉTAUX LOURDS (SIDÉRURGIE ET MÉTALLURGIE)
5) INDUSTRIES EN AMONT ET EN AVAL DES PRODUCTIONS AGROSYLVOPASTORALES.

2.5. Cas spécifiques

- machines et outils ;
- engrais et chimie ;
- textiles ;
- sucreries ;
- autres industries agroalimentaires ;
- et les services d'accompagnement.

À réaliser dans les 12 pôles économiques comme aires de production ci-dessus.

2.5. Politique et stratégie maliennes d'intégration dans une Afrique sans volonté de sortie du tunnel

- Union africaine : un mollusque.
- NEPAD : un éléphant né avec les pattes casées.
- Intégration économique : de la musique sans instrument.
- Que faire pour relever tant de défis pharaoniques ?

Il n'y a pas de bon vent pour celui qui ne sait où il va. Face à la chasse en meute de l'impérialisme néolibéral d'une part, et à la balkanisation fragilisant l'Afrique d'autre part, il y a la nécessité de la reconstitution de l'Afrique en tant que force alternative dans la recomposition d'un nouvel ordre mondial multipolaire. La destruction de la Libye par l'OTAN en 2011 a eu des conséquences incalculables sur l'ensemble des pays sahélo-sahariens [[Merci de vérifier correction apportée Correcte, je valide]]. Aucune puissance n'oserait envahir une confédération africaine déconnectée de la dimension de la CDEAO, d'où l'ardente obligation d'une doctrine de souveraineté et de regroupement des forces politiques, militaires et économiques en bouquet synergique comme cadre et outil de réalisation de la renaissance africaine en ce XXIe siècle. C'est de cette approche globale, volontariste et prospective que découleront les approches spécifiques nationales dont Mali Koura.

Face à l'ex-URSS et aux États-Unis d'Amérique, les États européens ont été obligés de créer le marché commun européen qui s'est mué en Union européenne sans pouvoir finaliser ce processus en États-Unis européens. L'Europe est malade de son histoire ; l'Afrique doit être capable de soigner ses plaies historiques afin de renaître à elle-même et au reste du monde. La solution n'est pas le modèle européen et encore moins l'avorton qu'est l'Union africaine dans ses dimensions institutionnelles et missions de développement actuelles. L'exemple dont nous devons nous inspirer est celui des États-Unis d'Amérique en termes de libre circulation des personnes et des biens. Le NEPAD est un exemple éloquent de la maladie congénitale politique de l'Afrique post-coloniale.

En tant que détentrice des minerais du futur (transition énergétique et climatique), l'Afrique revient au centre des convoitises de l'impérialisme libéral. Si à cela on ajoute la naissance d'un nouveau monde multipolaire à travers les BRICS, pour survivre l'Afrique doit développer ses capacités de création et faire preuve de courage, de constance pour s'arracher des griffes de l'impérialisme néolibéral.

Début des années 1990 : fin de la « guerre froide » et dislocation de l'URSS. La domination occidentale d'un « monde unipolaire » (triade États-Unis–Europe occidentale–Japon) sous l'hégémonie et la férule des États-Unis d'Amérique s'impose dans ce contexte durant plus d'une vingtaine d'années. Mais cette domination, qui s'exerce par les méthodes de l'« impérialisme libéral », est maintenant en voie d'être évincée par l'émergence et l'impulsion d'un groupe de pays concurrents plus compétitifs ou autonomes : les BRICS (Brésil, Russie, Inde, Chine, Afrique du Sud), l'Organisation de coopération de Shanghai, l'Union économique eurasiatique, etc.

Ce nouveau contexte d'un « monde multipolaire » en construction offre une opportunité historique à l'Afrique, constamment divisée, fragilisée, dominée, vassalisée ou marginalisée, systématiquement pillée et aliénée depuis plus de quatre siècles, de réaliser sa renaissance aux yeux d'elle-même et du monde, ainsi que son unité dans le cadre d'un État fédéral continental, tout en marquant le XXIe siècle de son empreinte de leader.

BIBLIOGRAPHIE

Amin S., La Déconnexion. Pour sortir du système mondial, Paris, Éd. La Découverte, 1986.

Chomsky N., Le Profit avant l'homme, Éd.10/18, 2004.

De Soto H., Le Mystère du capital : Pourquoi le capitalisme triomphe en Occident et échoue partout ailleurs ?, Éd. Flammarion, 2005.

Guernier E., L'Apport de l'Afrique à la pensée humaine, Éd. Payot, 1952.

Gélinier O., Direction participative par objectifs, Éd. Hommes et Techniques, 1980, FeniXX réédition numérique.

Généreux J., Nous on peut ! Pourquoi et comment un pays peut toujours faire ce qu'il veut…, Éd. Le Seuil, 2011.

Janeway E., L'Économie de crise, Éd. Laffont, 1968.

Joxe A., Les Guerres de l'empire global : Spéculations financières, guerres robotiques, résistance démocratique, Paris, Éd. La Découverte, coll. : « Cahiers libres », 2012.

Ki-Zerbo J., « À quand l'Afrique ? », entretien avec René Holenstein, Éditions d'en bas, Lausanne, 2013.

Lebret L.-J., Pour une civilisation solidaire, Éd. Les Éditions ouvrières, 1963.

Maris B., Anti-manuel d'économie, t. 1 : Les Fourmis, Éd. Bréal, 2015 ; t. 2 : Les Cigales, Éd. Bréal, 2020.

Mveng E., Le Dossier culturel de l'Afrique, Éd. Présence Africaine, 1966.

Nkrumah K., L'Afrique doit s'unir, Éd. Présence Africaine, 2009.

Nubukpo K., L'Urgence africaine : Changeons le modèle de croissance ! Éd. Odile Jacob, 2021.

Orsana E. et le Cercle des économistes, Un monde de ressources rares, Éd. Perrin, 2014.

Rocard M., Barreau J.-C., Questions à l'État socialiste, Éd. Stock, 1972.

Stiglitz J., La Grande Désillusion : La mondialisation et ses mécontentements, Éd. Fayard, 2003.

Sun Tzu : L'Art de la guerre, Éd. Flammarion, 2017.

Thomas L.-V., Le Socialisme et l'Afrique : Essai sur le socialisme africain, Éd. Le Livre africain, 1966.

Von Clausewitz C., De la guerre, Éd. Ivrea, 2000.

Wilson A., 1976, La Guerre et l'Ordinateur, Éd. Robert Laffont.

Samir Amin, Entretiens :

- « 1492 : La polarisation des mondes », entretien avec « Horizon IRD » (Trente ans de « Cahiers des sciences humaines »), 1992.
- « Le tiers-monde reste la zone des tempêtes et de l'échange inégal », entretien avec Le Monde, 26 mai 1992.
- Le monde arabe dans la longue durée : un printemps des peuples ?, Éd. Le Temps des Cerises, 2011, entretien avec « Nouveaux cahiers du socialisme », 2012.
- « 4 Entretiens », avec Demba Moussa Dembélé, CODESRIA, Dakar – Sénégal, 19 décembre 2012.
- « La dernière grande leçon de Samir Amin », entretien avec Ulysse Lojkine, Paul Guerpillon, Le Grand Continent, 13 août 2018.

TABLE DES MATIÈRES

Structures éditoriales du groupe L'Harmattan

L'Harmattan Italie
Via degli Artisti, 15
10124 Torino
harmattan.italia@gmail.com

L'Harmattan Hongrie
Kossuth l. u. 14-16.
1053 Budapest
harmattan@harmattan.hu

L'Harmattan Sénégal
10 VDN en face Mermoz
BP 45034 Dakar-Fann
senharmattan@gmail.com

L'Harmattan Cameroun
TSINGA/FECAFOOT
BP 11486 Yaoundé
inkoukam@gmail.com

L'Harmattan Burkina Faso
Achille Somé – tengnule@hotmail.fr

L'Harmattan Guinée
Almamya, rue KA 028 OKB Agency
BP 3470 Conakry
harmattanguinee@yahoo.fr

L'Harmattan RDC
185, avenue Nyangwe
Commune de Lingwala – Kinshasa
matangilamusadila@yahoo.fr

L'Harmattan Congo
219, avenue Nelson Mandela
BP 2874 Brazzaville
harmattan.congo@yahoo.fr

L'Harmattan Mali
ACI 2000 - Immeuble Mgr Jean Marie Cisse
Bureau 10
BP 145 Bamako-Mali
mali@harmattan.fr

L'Harmattan Togo
Djidjole – Lomé
Maison Amela
face EPP BATOME
ddamela@aol.com

L'Harmattan Côte d'Ivoire
Résidence Karl – Cité des Arts
Abidjan-Cocody
03 BP 1588 Abidjan
espace_harmattan.ci@hotmail.fr

Nos librairies en France

Librairie internationale
16, rue des Écoles
75005 Paris
librairie.internationale@harmattan.fr
01 40 46 79 11
www.librairieharmattan.com

Librairie des savoirs
21, rue des Écoles
75005 Paris
librairie.sh@harmattan.fr
01 46 34 13 71
www.librairieharmattansh.com

Librairie Le Lucernaire
53, rue Notre-Dame-des-Champs
75006 Paris
librairie@lucernaire.fr
01 42 22 67 13

www.ingramcontent.com/pod-product-compliance
Lightning Source LLC
LaVergne TN
LVHW011444061026
849535LV00004BA/946